지능, 운명, 교육

-지능검사의 이념적 뿌리-

지능, 운명, 교육
-지능검사의 이념적 뿌리-

1판 1쇄 발행 2023년 1월 3일

저자 John White
역자 이지헌

발행인 한은택
발행처 공감플러스
등록 제2014-6호
주소 서울특별시 송파구 송이로 12길 17 우편번호 05678
전화 02) 420-6228 팩스 02) 424-9036
e-mail gkp2014@hanmail.net

ISBN 979-11-88076-22-2(93370)
정가 20,000원

지능, 운명, 교육

-지능검사의 이념적 뿌리-

JOHN WHITE ı 이지헌 옮김

차례

역자 서문

이 책은 존 화이트(John Peter White, 1934~)의 *Intelligence, Destiny and Education: The ideological roots of intelligence testing*(Routledge, 2006)을 우리말로 옮긴 것으로 출간된 다음 해에 영국교육학회의 우수학술상을 받았다.

존 화이트는 런던대학 교육전문대학원(UCL Institute of Education) 교육철학 명예교수로 현대교육을 이끈 50인의 교육사상가에 속한다.[1] 그는 교육목적과 교육과정에 관한 한 세계적으로 권위 있는 교육철학자로 인정받아왔다.[2] 그의 수많은 저서 중에서 4권이 이미 한국어로 번역되었고, 그의 교육철학에 관한 연구서도 이미 2권이 출간되었다.[3] 이 모든 작업에 역자가 참여했다.

이 책은 어떤 책이고 왜 번역하게 되었는가? 이를 밝히기 전에 이 책과 연관된 우리 교육 이야기를 꺼내 보자.

한국교육은 어떤가? 우리 교육은 단연코 시험경쟁 중심이다. 시험은 교과시험이다. 시험을 보는 과목은 주로 지적 교과다. 그중 수학/영어/국어가 차지하는 비중이 크다. 교과마다 시험 문제는 전문가들이 만들어 준다. 교과별 시

1) Joy A. Palmer 편저(2001), 조현철, 박혜숙 공역(2009). 『50인의 현대 교육사상가: 피아제에서 현재까지』 서울: 학지사. pp. 490-497.

2) Judith Suissa, Carrie Winstanley and Roger Marples(2015). *Education, Philosophy and Well-being: New perspectives on the work of John White*. London: Routledge.

3) i) John White(1990), *Education and the Good Life*, 『교육목적론』(2002, 이지헌/김희봉 공역),
ii) John White(2011), *Exploring Well-being in Schools*:, 『잘삶의 탐색』(2014,이지헌/김희봉 공역),
iii) John White(2011), *The Invention of Secondary Curriculum*, 『중등 교육과정, 그 역사와 철학』(2016, 이지헌/김희봉 공역),
iv) John White(with M.J. Reiss, 2013), *The Aims-based Curriculum*, 『청소년의 행복을 위한 교육』(이지헌 역).
i) 이지헌(2022), 『마음과 교육』(학지사). ii) 이지헌/임배(2016), 『과로사회를 위한 존 화이트의 교육철학』(학지사).

험 문제는 모든 학생이 정해진 시간 내에 풀어야 한다. 그 결과가 정답/오답으로 판정되고, 점수로 합산되며, 합산된 총점은 등수로 서열이 매겨진다. 시험 점수의 서열에 따라 학교/대학의 진학이 좌우된다. 진학은 보수와 명예가 크게 달라지는 직업 세계로 이어진다. 이것이 우리 교육의 핵심 단면이다.

이런 교육은 '입시 공화국'을 낳고, '시험국민'[4]을 탄생시키고, '시험이 없는 세상에 살고 싶다'라는 꿈을 만들어낸다. 여기서 교육=교과=시험=경쟁=서열=승패의 고리는 우리 아이들을 옥죄는 운명의 쇠사슬이 되기 쉽다.

그런데 잠깐 우리의 언어와 상식을 돌이켜 보자. 여기에는 교육적 지혜가 많이 담겨있다. 몇 개만 보자. **지행합일**(이론과 실천이 온전한 하나를 이루는 삶의 세계), **문무겸비**(마음 공부와 몸 공부가 병행되는 온전한 인간), **지덕체**(지육, 덕육, 체육의 조화로운 교육), **진선미**(진리, 선행, 아름다움이 어우러지는 삶). **지정의**(지식, 감정, 의지가 두루 발달한 인간). 이와 같은 언어, 상식, 지혜가 아직 짙게 남아있기에 우리는 교과 시험의 경쟁교육을 안타깝게 바라본다. 그러나 현실은 쉽게 떨쳐버리기가 어렵고, 거기엔 복잡다기한 사연과 역사가 뒤엉켜있다.

여기서 차분하게 깊이 생각해보자. 시험이라는 것이 도대체 어디서 생겨난 것일까? 시험으로 경쟁하고, 서열을 정하고, 사람을 차별하는 일은 언제 어떻게 해서 생겨났을까? 시험은 어째서 여러 교과 지식을 대상으로 삼아서 치르게 되었을까? 왜 언제 어디서 어떻게 해서 수학/영어/국어/과학/사회가 시험과목으로 중시되었고, 가정/음악/미술/체육은 빠지게 되었을까?

현재 우리 아이들이 배우는 이런 교과목과 시험은 근대교육의 산물이다. 이는 서양의 근대교육이 19세기 말엽에 인도, 중국, 일본에 이어 한국으로 건너온 것이다. 그것이 식민지 시대, 그리고 해방 후 분단 시대를 거치면서 다양하게 변하기도 했었지만 큰 틀에서는, 앞서 말한 의미에서, 크게 달라진 것이 없다. 그렇다면 학교, 교과, 시험, 경쟁, 차별 등과 관련된 이런 교육은 서양의

4) 이경숙(2019) 『시험국민의 탄생』 서울: 푸른역사. 이 책의 '새로운 시험의 세기(pp. 47-64)'는 이 역서와 여러 면에서 깊은 관련성을 갖는 부분임.

근대에서 어떻게 발전해온 것일까? 그곳의 근대학교와 이곳의 현대학교는 어떤 점에서 얼마나 비슷한 것일까? 만일 오늘날 우리의 학교 교육이 서양이라는 먼 곳의, 그리고 근대라는 먼 시기의 그것과 상당히 비슷하다는 점을 알게 된다면 놀라게 될 것이다. 현실에는 우리가 모르는 긴 역사가 늘 깔려있기 마련이다.

여기서 존 화이트의 책을 번역한 까닭이 이해될 것이다. 책 제목에서도 짐작할 수 있듯이, 몇 가지 지적 교과를 중심으로, 연속적인 시험을 통해서, 점수로 판정되고 합산되고 서열화되는, 극히 일부분의 **지적 능력**이 아이들의 현재와 미래의 희비를 **운명**처럼 갈라놓는 **교육**의 역사를 이 책에서 다루고 있기 때문이다. 그런 교육의 역사는 더 구체적으로 지능 심리학 및 청교도주의의 발전과정 속에서 다루어지고 있다. 물론 독자에게는 서양의 낯선 용어, 개념, 사건 등이 난해하게 느껴질 경우가 많을 것이다. 그렇지만 이런 역사 이야기가 입시 공화국 한국의 교육을 이해하고 극복하는 데에 보탬이 될 수 있기를 희망한다.

독자에게 고진감래의 즐거움을 줄 수 있는 명쾌한 번역서가 되도록 역자로서 최선을 다했음을 고백하고 싶다. 이 책을 위해 도와주신 많은 분께 이 역서를 바친다. 그리고 늘 응원해 준 임배 박사, 라틴어 관련 부분을 도와준 이무영 선생, 출판에 힘써준 한은택 사장, 그리고 번역판 서문을 보내준 존 화이트 교수(John White)께 감사의 마음을 전한다.

2022. 12. 21.
이지헌 드림

한국어판 저자 서문

1945년 제2차 세계대전이 끝날 무렵이었다. 나의 초등학교 선생님은 우리 반 아이들에게 주마다 지능검사 연습을 시키셨다. 그것은 열 한 살에 치르는 시험(11+)의 일부분이었고, 지능검사에서 높은 IQ 점수를 얻은 아이들은 우수 학교였던 문법학교로 진학할 수 있었다. 그때는 중등학교가 이원화되어 있었고, 이런 중등학교 선발 시스템이 1944년에 입법화되었기 때문에 우리 반은 최우수 집단에 들어가야만 했다. 그때는 나도 몰랐었다. 그때부터 25년이 흐른 후, 지능검사를 비판하는 철학자로서 내가 IQ 측정으로 가장 유명한 영국 심리학자 시릴 버트(Cyril Burt)와 오랫동안 서신을 교환하게 될 줄은 몰랐었다.

https://www.researchgate.net/publication/281899483 Learning without limits Correspondence with Cyril Burt 1970-1

시릴 버트는 이 책에서 다루는 중심인물에 속한다. 프랜시스 골턴 등과 같은 영국의 심리학자 그리고 미국의 지도적인 심리학자와 함께 다룬다. 이들 중에는 우생학자가 많다. 이들이 사용했던 지능의 개념에 대해서 이 책에서는 철학적 문제점을 제기하고 있다. 예컨대 추상적 추론에 초점을 두었던 점, 그리고 생득적으로 결정되는 능력의 천장이 있다고 가정했던 점을 문제로 다루고 있다. 이런 점은 오래된 종교적 아이디어가 반영된 것으로 보인다. 예컨대 그 중 하나가 예정론이다. 예정론은 영국과 미국의 역사에서 아주 큰 영향을 미쳤던 청교도 혹은 비국교도 사상운동과 연관된 것이다.

이 책은 '그런 종교적 전통'이 '지능 및 지능검사에 관한 근대 심리학의 견해'와 어떤 식으로인가 인과적으로 연결될 것이라고 생각하는 이유를 탐구한다.

역사적 인과 관계는 복잡한 것임을 감안하면서, 이 책에서 주장하는 점은 전자가 후자의 **유일한** 뿌리라는 말이 아니라, 전자에 모종의 인과적 역할을 부여할 만한 이유가 있다는 말이다(돌이켜 보면 이런 구분을 이 책에서 더 강조했었으면 더 좋았을 것이다). 이 책에서 논의되는 대다수 심리학자의 종교적 배경에 어떤 공통점이 들어있는가를 밝혀내고, 그리고 청교도 전통에서 예정론, 영혼, 논리적 사고와 같은 아이디어가 어떤 의의를 갖는가도 밝혀낸다. 또한 이 아이디어는, 오늘날 우리가 말하는 '전통적인' 학교 교육과정 및 이와 깊이 연관된 시험(의 근대 초기)의 기원과 연결된다. 이런 복합적 이야기는 마지막 장에서, 이 책의 출간 연도인 2006년까지 이어진다.

이 책이 출판된 지 어느덧 17년의 세월이 흘렀다. 그런데 그 이후 2010년부터 잉글랜드에서는 전통적인 국가 교육과정 및 이와 연관된 시험이 더욱 치열한 형태로 바뀌고 말았다. 이런 변화는, 자기 자녀를 대학에 보내고 최상의 직업을 얻도록 만드는 일에 혈안이 되어있는 더 부유한 가정에 편파적이라는 인식이 시간이 흐를수록 더 명확해졌다. 나는, 이런 안타까운 변화가 은밀한 형태의 선발이요, 과거에 11살에 아이들이 치렀던 IQ 점수를 기반으로 삼아 명문/비명문 학교로 그들을 선발했던 제도처럼 노골적이며, 이와 똑같은 결과가 반복되고 있다고 생각한다.

그동안 긍정적 변화도 없지 않았다. 2021년에 내가 소속된 런던 대학(University College London)에서는 과거에 우생학 운동이 벌어진 시기를 주도했던 인물, 즉 (이 책에서 다루는) 프랜시스 골턴, 혹은 칼 피어슨에게 명예로운 대우를 했었는데, 대학은 역사적으로 저질렀던 이런 과오에 대해 공식적으로 사과를 표명했다. 이미 2020년에 런던 대학은 강의실과 건물에 붙어 있었던 골턴과 피어슨의 이름을 취소했다.*

그뿐만 아니다. 케임브리지 대학에서는 <한계 없는 학습>이라는 프로젝트를 1999년에 시도한 이후로 갈수록 성공적으로 운영하는 중이다. 그 프로젝트의

* https://www.ucl.ac.uk/news/2021/jan/ucl_makes_formal_public_apology_its_history_and_legacy_eugenics.
https://www.ucl.ac.uk/news/2020/jun/ucl_denames_buildings_named_after_eugenicists

해설에 따르면, “한계 없는 학습 프로젝트는 능력에 관한 결정론적 믿음을 따르지 않는 교수-학습 접근방식을 개발하는 일에 헌신한다. 이 프로젝트는, 고정된 능력이라는 아이디어, 그리고 이런 아이디어에 기반을 둔 교육 실천이 학습을 제한하는 수많은 복잡한 방식에 주목했던 수십 년의 연구가 축적되어 비로소 촉발된 것이다.”**

나는 한국의 독자가 내 책을 즐겁게 읽어주기를 희망한다. 여러분이 내 책을 한글판으로 읽을 수 있게 되어 내 마음은 기쁘기 짝이 없다. 번역하고, 또 출판에 신경을 쓰느라 수고가 많았을 나의 오랜 친구, 그리고 교육철학 동료인 전남대학교 이지헌 명예 교수에게 깊은 감사를 전한다.

2022. 11. 9.

존 화이트(John White)

** https://learningwithoutlimits.educ.cam.ac.uk

감사의 말

이 책을 위해 구체적인 도움을 주신 분들이 많다. 이들에게 저자는 큰 빚을 진 셈이다. 누가 어떤 도움을 누가 주었는가를 간략하게 밝힌다.

- 케니스 베이커 경: 1988 국가 교육과정의 발단에 관한 교신
- 크리스토퍼 브랜드(에딘버러 대학)와 리차드 린(얼스터 대학 명예교수): 골턴의 전통에서 연구하는 현대 심리학자들의 가족 배경에 관한 조언
- 앤과 엘런 클라크: 시릴 버트에 관한 논의
- 레이먼드 팬처(캐나다 요크 대학): 골턴과 콤베와의 연결 가능성에 관한 교신
- 노먼 프랑케(캐나다 토론토): 시릴 버트의 회중교회파 조상에 대한 조언
- 짐 게리슨(미국 버지니아 텍 출신): 지능검사와 교육과정에 관한 듀이의 견해에 대한 조언
- 제인 그린(런던대 교육전문대학원 박사과정): 피아제의 심리학에 청교도 뿌리가 있을 것이라는 아이디어를 처음으로 나에게 알려줌
- 로이 로우(런던대 교육전문대학원 객원교수): 잉글랜드 학교 교육과정의 역사에 관한 나의 원고에 대한 논평
- 더글러스 맥나이트(미국 앨라배마 대학): 라무스, 그리고 미국 학교 교육과정의 청교도 기원에 관한 그의 연구에 관한 교신
- 헨리 민턴(캐나다 온타리오 윈저 대학): 루이스 터만의 가족 계보에 관한 조언
- 루이스 터만(미국, IMB 테크놀로지 아카데미 회장): 그의 조부의 청교도 조상에 관한 논평
- 티어리 베이론(프랑스 생티엔 도시 장서): 장 피아제의 영국인 조상에 관한 자료 송부

나는 런던대학교 교육전문대학원에 근무하는 동료 교수와 대학원생들에게 진심으로 감사한다. 나는 교육과정, 철학, 심리학, 사회학 영역의 세미나에서 여러 차례 발표했고, 그들은 유익한 논평을 제공해주었다.

서론

이 책의 초점은 두 가지다. 지능이론 그리고 학교 교육과정이다. 이 둘은 지적 차원에서 또 실제 차원에서 연결된다. 실제로 이 둘은 정책의 수준에서 분명히 나타난다. 지난 세기, 즉 20세기에 다음과 같은 믿음이 널리 퍼졌다. 이는 'IQ 검사로 측정되는 타고난 지능(intelligence)은 사람마다 다르다'라는 믿음이다. 이 믿음이 영국, 미국 및 다른 나라로 퍼졌다. 20세기에 또 다른 믿음이 널리 퍼졌다. 이는 '지능이 우수한 아이들의 중등학교는 이와 다른 아이들의 학교보다 더 학문적인 교육과정이 필요하다'라는 믿음이다. 이 두 가지 믿음을 서로 연결해준 것은 추상적 사고였다. 언어적, 논리적, 수학적 능력을 중심으로 지능검사가 만들어졌으며, 그런 능력은 선발(된 학생이 다니는) 학교에서 유별나게 중시했었다.

지능은 오늘날에도 여전히, 그러나 약간 다르게 학교 교육과정과 연결되어 있다. 예컨대 잉글랜드의 학교 교육과정은, 과거에는 소수만을 위한 것이었는데, 오늘날에는 국가 교육과정이라는 형태로 모든 학생이 일상적으로 경험하는 것이 되었다. IQ 검사는 사라졌고, 이와 함께 '지능은 추상적 사고를 위한 단일한 능력이다'라는 아이디어도 사라졌다. 그 대신 오늘날에는 이와 다른 믿음이 수많은 교사에게 퍼져있다. 이는 학생은 '다중' 지능이 결합된 존재라는 믿음이다. 그런데 다중 지능은 전통적인 교육과정의 여러 영역과 딱 들어맞는다. 한편으로 다중 지능은 추상적 교과, 그리고 다른 한편으로 예술, 체육 교과와도 맞아떨어진다. 따라서 추상적 사고에 관여하지 않는 사람도 요즈음에는 빛날 수 있다. 다시 말하면 모든 학생을 위한 '교육과정'이 모든 학생을 위한 '지능이론'과 연결되어 있다.

이처럼 정책의 수준에서 지능과 교육과정은 지금까지도 연결되어 있다. 그런데 지적 수준에서 이 두 가지는 훨씬 더 깊이 연결되어 있다. 바로 이 점을 탐구하는 것이 이 책의 목표다.

이 책의 논의는 철학적 의문에서 출발한다. 두 가지의 핵심 믿음(IQ의 생득적 차이, 그리고 전통적 교과-기반 교육과정)은 과연 정당화될 수 있는가? 프랜시스 골턴(Francis Galton)에서 시릴 버트(Cyril Burt), 루이스 터만(Lewis Terman)에 이르기까지 심리학자들은 다음과 같이 주장했다: 모든 개인은 서로 다른 수준의 생득적, 일반적 지능을 가지고 태어난다. 그리고 20세기 초 잉글랜드의 로버트 모란트(Robert Morant)라는 교육행정가와 20세기 말의 케니스 베이커(Kenneth Baker)라는 교육부 장관은 폭넓은 학문적 교과에 기반을 둔 학교 교육과정을 도입하였다. 이것은 20세기 초에는 중등학교 입학생을 위한 것이었는데, 최근에는 5~16세 사이의 모든 국공립학교 학생을 위한 것이 되었다. 두 가지의 핵심 믿음은 큰 영향력을 미치고 있지만, 만일 그것을 뒷받침해줄 타당한 근거가 없다고 한다면, 여러분은 놀랄 것이다. 사실상 그렇다. 'IQ의 생득적 차이'에 대한 확실한 근거도 없고, 그리고 '전통적인 교과 기반 교육과정'을 옹호해줄 확고한 기반도 없다.

만일 두 가지 믿음이 이처럼 허술한 것이라면, 어떻게 지난 백 년 동안 교육정책의 강력한 추진력이 될 수 있었을까? 이 질문의 답을 찾으려면 우리는 철학에서 역사로 눈을 돌려야 한다. '정당화'가 가능하지 않은 데에서 우리는 '설명'으로 나아가야 한다.

이 책을 쓰게 된 **동기**는 다음과 같은 생각 때문이었다: 두 가지 믿음의 기원은 똑같다. 두 가지의 뿌리는 16세기 프로테스탄트 종교개혁으로까지 거슬러 올라간다. 더 구체적으로 말해서, 두 가지 믿음은 대서양의 양쪽에서, 17세기에 그리고 그 이후에, 청교도/비국교도의 공동체를 형성했던 급진적 프로테스탄티즘이 낳은 산물이다.

나는 이런 주장의 근거를 6개 장에 걸쳐서 찾아낼 것이다. 그 전반부는 지능의 심리학에 대해서, 그 후반부는 학교 교육과정에 대해서 살펴볼 것이다.

제1장에서 나는 골턴, 버트, 터만 등이 갖고 있었던 전통적인 지능관[1]이 정말 얼마나 **엉뚱한** 설명인지를 밝혀볼 것이다. 면밀하게 검토해보면 그것의 여러 측면이 하나씩 흔들리게 된다. 따라서 철학에서 역사로 넘어가게 된다. 그처럼 강력한, 그러나 심하게 비뚤어진 아이디어가 도대체 어떻게 생겨났던 것일까?

지능검사와 우생학적 아이디어 간의 연관성에 관한 골턴 이후의 이야기는 학계에서 그동안 자주 나타났었다. 이런 이야기의 일부도 반복하겠지만, 나의 관심은 그것보다 더 뿌리 깊은 설명으로 올라간다. 지능검사와 우생학은 애당초 어떻게 해서 생겨났을까? 그 발단은 무엇이었을까?

이를 추적하는 앞부분은 비교적 따라가기가 쉽다. 어느 정도 따라가다 보면 마침내 도달하는 지점이 나온다. 이는 1869년에 출판된 『유전적 천재*(Hereditary Genius)*』에 담겨있는 골턴의 견해, 즉 지적 탁월성의 유전가능성에 관한 견해다(Galton, 1978). 이보다 4년을 더 거슬러 올라갈 수 있다. 즉 1865년에 골턴은 어떤 잡지에 글을 기고했는데, 여기서 우리는 그의 1869년도 저서에 들어있는 우생학적 사고의 발단을 찾아볼 수 있다. 그런데 여기서 그런 흔적은 끝나는 것처럼 보인다. 그렇다면 골턴의 아이디어는 여기서 갑자기 생긴 것이었을까? 우리가 아는 것처럼, 골턴의 사촌이 찰스 다윈*(Charles Darwin)*인데, 골턴은 다윈이 1859년에 출판한 『종의 기원(Origin of Species)』을 읽었고, 다윈의 진화론을 나름대로 독특하게 활용했다. 아무튼 골턴이 우생학적 비전을 창안했을까? 아니면 더 깊은 뿌리가 어딘가에 있지 않았을까?

골턴의 추종자들에 의해서 영국과 미국에서는 지능검사가 사회제도로서 급성장하였다. 지능검사는 다양하게 활용되었다. 지적으로 비-정상적인, 혹은 아주

1) account of intelligence, conception of intelligence, concept of intelligence. 이를 모두 '지능관'으로 혹은 지능의 개념으로 옮겨쓴다.

뛰어난 사람들을 식별하는 일; 초등학교 아이들을 적절하게 수준별로 나누어 배치하는 일; 초등학교 졸업생을 엘리트 중등학교나 비-엘리트 중등학교로 배정하는 일; 바람직하지 못한 이민자를 축출하는 일; 직업 선택을 도와주는 일 등에서 지능검사가 활용되었다. 몇 년 전에 필자를 사로잡은 생각이 있었는데, 이것은 이미 수십 년 전에 미국의 언론인이었던 월터 리프먼(Walter Lippman)을 사로잡은 것이었다. 이는 '예정설(predestination)은 지능검사의 핵심 특성일 뿐 아니라 칼뱅주의(Calvinism)와 그 청교도(puritan) 분파의 핵심 특성이다'라는 생각이다. 여기서 보이는 공통점은 '개인이 살아있을 때나 죽은 후에 결국 어떻게 되는가는 그가 태어날 때 신이나 자연에 의해 전적으로 혹은 대체로 정해진다'라는 것이다. 저주받을 운명을 타고난 인간은 구제받을 길이 없는 것처럼, 아주 낮은 IQ를 타고난 아이는 의사/법률가가 될 가망성이 없다는 뜻이다. 여기서 필자에게는 궁금한 문제들이 떠오른다: 우생학적 특징은 청교도 사상-세계의 다른 요소들 안에도 과연 얼마나 들어있을까? '교육받은 엘리트'라는 근대적 생각과 '구원이 예정된 사람의 선정(elect)'이라는 생각 사이에는 어떤 연관성이 있지 않을까? 구원받는 자와 저주받는 자를 구분하는 청교도 이분법은, 지능 개척자들이 영특한 아이와 저능한 아이에게 집중하는 경향성에 어떻게 반영되어 있지 않을까? 터만, 골턴 및 다른 사람들이 말하는 '영특한', '재능있는'은 '각 개인에게 신이 부여한 천부적 선물을 찾아내어 선용하라'라는 신의 소명(에 관한 청교도 주장)이 반영된 것은 아닐까? 버트와 다른 사람들이 직업 선택(vocational selection)에 쏟았던 관심은 이런 오래된 소명(vocation)의 의미와 얼마나 연관되는 것일까?

이런 문제와 다른 문제를 제2장에서 거론할 것이다. 내가 이 책에서 검토하는 지능 개척자는 주로 영국과 미국 출신이다. 두 나라에서 우생학적 지능검사가 아주 확고하게 자리를 잡았는데, 여기에는 어떤 의미가 들어있지 않을까? 두 나라에서 청교도의 뿌리가 깊다는 것은 그저 우연일 뿐일까?

제2장에서 질문은 길고 답변이 짧았는데 제3장에는 정보가 많다. 왜냐면 주도적이었던 지능 개척자들의 가족 배경에 관한 연구이기 때문이다. 이런 연구는 앞

서 언급한 심리학적 사고와 종교적 사고 간의 유사성에 관해서 어떤 점을 밝혀 줄 수 있을까? 이를 살펴보면 놀라운 사실이 드러날 것이다. 영국과 미국에서 골턴의 전통에 속하는 초기의 거의 모든 지능 심리학자에게 청교도 혹은 청교도와 관련된 조상이 있었다. 종교적 분파 중에서도 회중교회파(Congregationalism)와 퀘이커파(Quakerism)가 특히 그랬다. 이런 점은 골턴의 전통에 속하지 않았지만 추상적 사고에 똑같은 관심을 쏟았던 지능 심리학자, 장 피아제(Jean Piaget)에게도 적용된다. 피아제의 어머니, 레베카 잭슨(Rebecca Jackson)은 잉글랜드 출신 퀘이커 이민자의 후손이다. 주도적이었던 학자 중에서 청교도 혹은 청교도와 관련된 연결고리가 없는 사람은 찰스 스피어만(Charles Spearman)뿐인 것 같다. 물론 그에 관한 증거는 불확실한 편이다. 다른 주도적 학자들은 19세기의 청교도적 사고에 젖은 가정에서 성장했는데, 이것이 우생학적 아이디어가 쉽게 스며들 수 있는 마음에 어떤 영향을 주지 않았을까? '종교가 지능 개척자들의 연구에서 일정한 역할을 했다'라는 주장에 어떤 직접적 증거가 있지 않을까? 이런 문제를 제3장에서 탐구할 것이다. 그런 주장과 상반되는 증거도 더 찾아볼 것이고, 그리고 이 모든 논변을 니콜라스 패스토어(Nicholas Passtore)의 오십 년 전의 명제와 연결지어 볼 것이다. 패스토어의 명제에 따르면, (다른 과학자 중에서도) 유전에 관한 초기의 지능 심리학자들의 믿음은 이들 대다수가 공유했던 보수적 정치관과 폭넓게 연결된다.

제4장은 그 문제를 더 깊이 탐구할 것이다. 앞서 암시했듯이, 골턴-버트의 지능관에는 특이한 점이 있다. 현실 세계의 사례를 보면, 우리는 욕실을 고치는 일에서 인간관계를 해결하는 일에 이르기까지 온갖 영역에서 지능적으로(intelligently) 행동하고 사는데, 우생학자의 개념은 특이하게도 **지적**(intellectual) 능력, 그중에서도 추상적인 쪽으로 기울어진다. 이는 지능검사의 항목에서 논리, 분류, 수학에 관한 문제가 두드러진다는 점에서 나타난다. 나는 17세기 뉴잉글랜드의 청교도 사상-세계(thought-world)에 관한 페리 밀러(Perry Miller)의 저술을 읽고 나서, 비로소 다음과 같은 사실을 알게 되었다. 이 종교적 견해에서는 일반적으로 추상적 사고가, 그리고 특수하게는 논리가 그 중심을 차지하고 있었다. 19세기에

도 추상적 사고와 논리가 그 중심을 차지했다.

왜 논리인가? 그러면, 아리스토텔레스의 삼단논법은 금욕적 프로테스탄티즘과 어떤 관계에 있었을까? 그 답은 '별로'다. 프로테스탄티즘에게 아주 큰 의미가 있던 것은 아리스토텔레스의 논리가 아니라, 16세기 프랑스의 철학자인 라무스(Ramus, Pierre de la Ramée)의 논리였다고 말할 수 있다. 라무스는 아주 체계적 방식으로 '신이 창조한 우주에 관한 지식'의 지도를 만들었다. 이런 지식은, 과거 성직자의 권위로부터 자유로운 프로테스탄트들에게 개인 구원의 조건으로 필요한 것이었다. 라무스가 지식의 지도를 만들 때, 가장 추상적 범주에서 점점 더 특수한 것으로 나아가는, 이분화(dichotomising)를 반복하는 대체로 **선험적**(*a priori*) 과정을 거쳤다. 라무스는 청교도에 소속되는 신학 집단이나 (제5장에 나오는) 교육 집단에 대해서 특별히 영향력을 미쳤다. 라무스의 아이디어는 경험과학의 등장으로 무대의 뒤편으로 사라졌지만, 논리(logic)라는 교과는 18세기에 그리고 19세기에도 잉글랜드의 구(old) 비국교도, 스코틀랜드의 장로교파, 그리고 미국 청교도의 종교적, 학문적 사고에서 중심을 차지했었다, 이런 논리 교과와 밀접하게 연관된 것은 '성령론(pneumatology)'이었다. 성령론은 인간이나 신의 마음의 본성을 밝히는 과목이었다. 나는 앞으로, 청교도 전통에 속하는 이것이 미국 대학에서 학문적 심리학의 초창기 형태로 바뀌는 과정을 살펴볼 것이다. 미국의 대학에서 스탠리 홀(G. Stanley Hall, 1846-1924) 교수를 통해서 헨리 H. 고다드(Henry Herbert Goddard, 1866- 1957), 루이스 터만(Lewis Terman, 1877-1956), 제임스 카텔(James M. Cattel, 1860-1944)이 배출되었다. 이런 탐구를 통해서, 제1장에서 남겨진 다음 질문에 대한 해답이 밝혀질 수 있다. 지능검사의 발단에 대한 탐색은 골턴의 1865년도 잡지에 실린 골턴의 글에서 멈추고 말았을까?

제4장에서 탐색했던 문제를 통해서 나는 다음 사항도 알게 되었다. 그런 문제는 지능검사의 역사뿐만 아니라 학교 교육과정의 역사와도 관련성이 있었다. 1988년 이후 잉글랜드는 법적으로, 십여 개의 학교 교과를 기반으로 구성된 교육과정이 시행되었다. 이런 교과는 1904년에 새로 설립된 국공립 중등

학교를 위해서 교육부(Board of Education)의 로버트 모란트가 만든 교육과정 속의 교과와 거의 똑같다. 이런 교과-기반 교육과정은 어떻게 생겨났는가? 이 문제를 제5장에서 탐구할 것이다. 이런 탐구의 한 가지 방향은 교과-기반 교육과정의 발단을 18세기 비국교도 아카데미에서 찾았는데, 이 설명에는 많은 단서가 필요하다. 그러나 스코틀랜드 장로교 공동체를 포함시켜서 더 일반적으로 말한다면, '(구) 비국교도 공동체가 거기서 주도적 역할을 했다'라는 주장에 타당한 증거가 있는 것 같다. 또 이런 이야기는 라무스의 '지식의 지도(들)', 중복이 없는 분류, (일차적으로 일반적인 것에서 특수적인 것으로 나아가면서 지식의 항목을 가르치는) 방법론적 방식 등으로 거슬러 올라간다. 또한 이런 이야기에는 두 가지 특징이 들어있다. 하나는 (앞서 말한 방식으로 교육 내용을 나누었기에 한 교과의 학습이 끝나면 다른 교과로 넘어가는) 치밀한 시간표이고, 그리고 다른 하나는 (구 비국교도 안에서 자리를 잡았던 자기-시험을 비롯한) 시험의 위치다. 또한 18세기 중엽에 이르러 근대적 교육과정의 윤곽이 뚜렷해졌다. 이런 교육과정은 자연철학과 수학을 비롯한 주요 지식 영역들을 종합적 기반으로 삼았던 것인데, 이는 영국국교회(성공회)가 선호했던 고전적 교육과정과 크게 달랐다. 근대적 교육과정의 역사는 그 이후 19세기를 관통하여, 1860년대의 톤턴 위원회(Taunton Commission)의 제안, 그리고 1904년의 모란트 규정으로 이어질 것이다. 이 시기를 거치면서 근대적 교육과정은 '중산계급 교육', 그리고 더 폭넓게 비국교도와 연결되었다. 아마도 이런 연관성에서 중요한 것은, 제3장에서 밝혔듯이, 모란트 자신이 인상 깊게도 청교도 혈통이라는 점이다.

제6장은 최근의 이야기를 담고 있다. 오늘날은 어떠한가? 전통적 지능관, 그리고 전통적 학교 교육과정은, 도전은 받고 있을지라도, 여전히 우리 곁에 남아있다. 청교도/비국교도가 이 두 가지에 관한 우리의 사고방식에 모종의 영향을 미쳤다는 어떤 흔적이 있지 않을까? (교육계에서 인기가 많은 '다중 지능' 이론을 포함해서) 현대의 지능관은 그런 영향에 관한 긍정적 증거를 별로 제공해주지 못하지만, 최근 영국 정부의 '영재' 프로젝트('Gifted and Talented' initiative)는 골턴,

터만, 버트의 우생학 프로젝트와 공통점이 있으며, 또 공통된 근원도 어느 정도는 있을 것으로 보인다.

교과-기반 학교 교육과정은 1988년도 이후 잉글랜드에서 법제화되었지만, 그것이 과연 정당한가에 대해 온갖 비판이 끊이지 않았다. 이는 놀랄 일도 아니다. 왜냐면 거기에 들어가 있어야 할 목적들이 규명되지 않은 상태에서 교육과정이 도입되었고, 교육부 장관들은 '이것은 좋은 것이고, 그 이상 뒷받침할 일도 없다'라면서 당연시했기 때문이다. 18세기 초에 교과-기반 교육과정이 처음 생겨났을 때는 합당한 이유가 아주 확실하게 있었다. 무지는 악이었고, (구원을 받기 위한 조건으로서) 그것은 극복되어야 했다. 신이 창조한 세계의 전체 구조를 파악하고, 그리고 각 부분이 모여 어떻게 총체적 그림이 그려지는가를 이해하는 일은 신학적, 교육적 이상이었다. 이런 근본 이유는 여러 세기를 거치면서 퇴색되었고, 그리고 설득력 있는 이유로 바뀌지도 못했다. 이런 사정이 노골적으로 드러나게 된 것은 1999년에 포괄적인 학교 교육목적이 발표되었을 때였다. 다시 말해서, '포괄적인 학교 목적들과 전통적인 여러 교과의 내적 목표가 전혀 합치되지 못한다'라는 점이 밝혀지고 말았다. 최근에 여기저기서 새로운 움직임이 나타났는데, 이는 '교육과정을 기획할 때 개별적 교과에서 출발하지 말고, 폭넓은 교육목적에서 시작하자'라는 것이다. 여기서 교과는 교육목적을 달성할 수 있는 여러 가지 방식 중 하나일 뿐이다.

교육과정에 대한 이런 대안적 사고방식에서 돋보이는 것은 목적 자체다. 바람직한 학교 목적(들의 집합)으로는 어떤 것이 있을까? 이는 거창한 질문이다. 그러나 견해 차이가 별로 없을 내용으로는 다음과 같은 것이 있다: 학생이 성공적인 삶을 살아가는 것, 그리고 다른 학생도 그렇게 살아가는 것에 도움이 되도록 준비시키는 일이다. 이것이 학교의 목적에 들어가야 한다. 나는 제6장의 마지막에서 성공의 의미를 두 가지로 제시한다. 하나는 청교도 유산에서 파생된 개념이다. 이 개념의 핵심은 이 세상에서 성공하는 것, 그리고 끊임없이 열심히 일하는 의무다. 이것은 구태의연한 관점이다. 여기서 벗어나서, 더 수용할 만한 의미를 담은 성공적인 삶으로 전환해야 한다고 나는 주장할 것이다. 이런 삶에는 전혀 다른 의미의 인간적 충족(personal fulfillment)이 들어있다. 이 주제를 최근의 철학적 윤리학에서 탐구하고 있는 중이다. 제6장과 이 책 전체에서 제안하는 바는 다음과 같다: 우리의 교육적 사고는, 더 넓게 우리의 윤리적 사고는 '인간적 충족'이라는 핵심 개념에서 다시 시작해야 한다.

서론을 마무리하기 전에 언급할 점이 있다. 이 책에서 쓰는 용어다. 서론에서 이미 밝혔듯이, 종교집단을 거론할 때 논란을 피하기가 정말 어렵다. 왜냐면 금욕적 프로테스탄티즘의 세계에는 초창기부터 수많은 종파와 교파가 있었기 때문이다. 예컨대 '청교도'라는 용어는 퀘이커 교도를 포함하는가, 혹은 예정설을 믿는 집단에만 한정되는가? 19세기 후반의 잉글랜드에서 '비국교도'는 퀘이커 교도를 포함하는 더 오랜 청교도 집단뿐만 아니라 많은 감리교도를 포함하는 용어였다. 이 책의 후반부에서 '구(old) 비국교도'는 잉글랜드 회중교회파, 장로교파, 침례교파, 퀘이커교도를 포함하는 용어로 자주 사용된다. 그러나 '구 비국교도'는 18세기의 스코틀랜드 장로교파를 가리키는 데에는 부적절하다. 왜냐면 비국교도는 잉글랜드의 법에 반대한다는 뜻이 들어있기 때문이다. 그러므로 나는 '청교도' 공동체라고 가끔 쓸 것이다. 게다가 네덜란드의 칼뱅주의자를 청교도라고 부를 것인가, 혹은 청교도는 영어를 사용하는 공동체에만 써야 하는가? 잉글랜드-미국 청교도, 19세기 네덜란드의 루터교, 그리고 스위스의 복음주의를 포괄하는 용어가 있는가? 이렇게 생각할 때, 앞서 사용한 '금욕적 프로테스탄티즘(ascentic protestantism)'이 오히려 더 유용할 것이므로 (Weber, 1930) 필자도 가끔 그렇게 쓸 것이다. 물론 앞서 말한 문제점이 완전히 해소되지는 못한다. 최선을 다하겠지만, 내가 글을 쓸 때 어느 집단을 가리키고 있는지가 문맥에서 잘 드러날 수 있기를 바랄 뿐이다.

Chapter 1. 지능이론의 새로운 설명

1. 교육 시스템: 두 사람의 역할
2. 버트, 골턴 그리고 지능
3. 골턴의 지능 개념: 특이함
4. 골턴의 지능관은 어떻게 생겨났는가? 그의 우생학 프로젝트
5. 골턴의 계승자: 버트
6. 골턴 프로젝트: 미국에서
7. 이해의 공백: 왜 골턴주의인가?
8. 결론

01 교육 시스템: 두 사람의 역할

최근에 출간된 책으로 『50명의 주요 교육사상가: 공자에서 듀이까지(Palmer 2001)』가 있다. 이는 동양의 공자로부터 서구의 존 듀이에 이르기까지 50명의 저명한 교육사상가를 다룬 책이다. 여기에는 19세기 후반에 태어난 영국인이 네 명이나 들어있다. 이들은 시릴 버트, 로버트 모란트, 버트랜드 러셀(Bertrand Russell), 알프레드 노스 화이트헤드(Alfred North Whitehead)다.

러셀과 화이트헤드의 영향력은 교육사상에도 미쳤지만 그들의 주요 업적은 수학과 철학에 있었다. 그런데 모란트와 버트는 다르다. 로버트 모란트는 교육행정가로서, 시릴 버트는 교육심리학자로서 지도적 전문가에 속했다. 화이트헤드와 러셀은 서로 협력 작업도 했지만 모란트와 버트는 협력 작업은 하지 않았어도 업적은 서로 긴밀한 것이었다. 모란트와 버트처럼 20세기 잉글랜드 국가 교육의 특징적 형태를 만들어낸 사람은 찾아볼 수 없다.

그 특징적 형태는 엘리트주의다. 20세기로 들어설 무렵, 잉글랜드의 국가 교육은 이론적으로 볼 때 여전히 초등 수준에서만 제공되고 있었다. 그러나 1870년 이후에 형성되었던 시스템은 기초적인 것에서 급속도로 벗어나고 있었다: 읽기/쓰기/셈하기에서 '기준'을 넘어선 아이는 흔히 말하는 상급 학교(higher grade schools)에 가서 실용적/직업적 교과를 포함한 더 높은 수준의 교과를 공부할 수 있었다.

아래로부터 밀려오는 이런 압력이 정책에도 반영될 수 있었을 것이다. 모든 아이는, 실용적/직업적 방향이건 혹은 더 내재적 이유에서건, 원하는 데까지 학습하도록 장려받을 수도 있었을 것이다. 일단 한 수준의 학습이 끝나면 그

다음 수준으로 나아갈 길이 열릴 수도 있었을 것이다.

이론적으로, 잉글랜드의 교육 시스템은 1900년 이후로 '그런 방향으로' 나아갈 수 있었다. 때때로 그런 방향으로 나아가려는 단기적 시도가 20세기에 있었으나 단명했다. 그런 정책은 모든 아이의 교육을 증진하고, 이에 필요한 재정을 뒷받침하는 데에 헌신적인 정부를 요구했었다. 그러나 이런 정부는 드물었다. 20세기 초에 권력을 장악한 보수당 정권은 그런 기준에는 턱없이 미흡한 쪽이었다.

1) 로버트 모란트

20세기에 들어설 무렵, 교육부의 핵심 인물은 로버트 모란트(1863-1920)였다. 그는 1903년에 교육부 차관이 되었는데, 이미 1902년에 교육법(Education Act)을 만드는 데에 주도적 역할을 했었다. 1902년 교육법에 따라서, 새로 설립된 '지역교육청(local education authorities)'은 초중등 교육을 공적으로 통제하기 시작했다. 1904년에 모란트는 새로운 초등학교 규약(code), 그리고 새로운 공립 중등학교 규정(regulation)을 도입했다. 이 두 가지는 두 시스템 간에 깊은 균열을 일으켰다. 이는 교육과정에서 가장 뚜렷했다. 중등학교에서 정상적으로 가르치는 과목은 다음과 같았다. "영어와 문학, 외국어(한 가지 이상), 지리, 역사, 수학, 과학, 그리기, 공예(남), 가사(여), 체력 단련과 집단 게임"(Aldrich, 1988, 22). 초등학교에서 정상적으로 가르치는 교과는 다음과 같았다. 영어; 산수; 그리기; 실습(수공, 정원 가꾸기, 가사 등); 관찰 수업과 자연 공부; 지리; 역사; 노래; 위생; 체력 단련과 훈육 등이다. 이것이 의미하는 바는 무엇일까? 이는, 초등학교에 다니는 아이의 75%는(McKibbin 1998, 208) 외국어, 산수 이상의 수학, 자연 공부 이상의 과학, 혹은 영문학에 대한 체계적 안내를 받을 기회가 없었다는 뜻이다. 그들의 교육과정은 두뇌가 아닌 두 손으로 일하는 삶을 준비시키기 위한 것이었다.

모란트의 개혁에 대한 아래와 같은 에릭 이글쉠(Eric Eaglesham)의 비판에 동의하지 않기도 어려울 것이다. 그런 개혁은 '지도자를 위한 교육'과 '추종자를 위한 교육' 사이에 극명한 균열을 낳고 말았다(Eaglesham 1967, 51-61). 그 이전에(예컨대, 1890년과 1900년 사이에 런던에서는 과학을 가르치는 시간이 놀랄 정도로 늘어났다(White 1975, p. 36, note 7)) 초등 시스템에서는 아래로부터의 성장이 나타났는데 이것이 뻗어나게 하기는커녕, "모란트는 초등교육을 정체시키려 했고, 이를 달성했다(Eaglesham, 1967, 51)". 따라서 그 이후 60년 동안, 그리고 일부에서는 오늘날까지도 잉글랜드의 교육 시스템은 고도로 선발 위주의 특성을 갖게 되었다. 극소수의 아이는, 의지가 있어야, 중등학교(나중에는 중등 문법학교)에 가서 전문직이나 대학을 지향하는 폭넓은 교육을 받을 수 있었고, 대다수 아이는 초등학교(나중에는 중등 모던학교)에서 학문적으로 평이한 교육과정을 배울 수 있었다.

두 가지 시스템 간의 균열은 뛰어넘을 수 없는 것은 아니었다. 1904년의 초등학교 규약(Board of Education, 1929, 9)에는 다음과 같은 내용이 들어있다.

> 학교의 부차적이지만 중요한 목표는 예외적 능력이 있는 아이를 찾아내고, 그런 아이의 특수한 재능을 (다수 아이의 이익을 희생시키지 않는 한도에서) 발달시키는 것이다. 그러면 그 아이는 적절한 나이에 중등학교에 진학할 자격을 갖추고, 거기서 제공되는 교육을 통해서 자신의 이득을 최대한 얻어낼 수 있을 것이다.

이처럼, 예외적 능력이 있는 아이가 선발(selective) 학교에 들어갈 수 있는 기회의 '사다리'라고 말하는 20세기의 전통이 시작되었다. 이런 전통에서 20세기 중반에 '11+' 시험(11+ exam)이 생겼고, 20세기 말엽에는 사립학교 입학을 위한 '학비 지원 프로그램(assisted places scheme)'이 생겼으며, 2005년에도 몇 가지 형태가 퇴화된 상태로 남아있다.

2) 시릴 버트

'11+' 시험에 관한 언급은 시릴 버트로 이어진다. 시릴 버트(1883-1971)는 이 시험의 도입에 크게 공헌했다. 버트는 모란트와 함께 일한 적은 없었지만, 다음과 같은 관심을 공유했다. 학생들의 미래에 열리게 되는 직업과 생활방식에 맞추어 그들을 명확하게 분류하고, 집단화하는 일에 관한 관심이었다. 버트는 1925년에 런던 시 의회에서 심리학자로서 근무할 때, '낙오된 아이들'에 관한 메모를 작성했다. 그 일부가 초등학교용 『교사 편람』에 부록으로 실렸다. 이 책은 1944년까지 여러 차례 출판되었다. 거기서 버트는 말했다.

> 이상적인 계획안은 '3트랙' 시스템일 것이다. 느린 아이들을 위한 낙오자 반, 빠른 아이들을 위한 속진자 반, 그리고 일상적인 평균 능력의 아이들을 위한 일반아 반이 병행할 것이다.
>
> (교육부, 1929, 422)

트랙 간의 이동은 일부만 가능했다. 초등학교에서 상급 학교로의 이동이 일부만 가능했었던 것과 똑같다. 그러나 버트는 두 가지 이동이 예외적인 것임을 천명했다(ibid. 422, 423). 버트는 초등학교에서 능력별 분류를 옹호했는데, 이는 결코 이론에 그치지 않았다. "특히 초등학교가 널리 확대되었던 여러 도시에서 이런 패턴이 나중에 채택되었다는 증거가 많다. 능력별 분류가 유행한 것은 ... 1930년대 초부터다"(Simon 1974, 244).

시릴 버트는 능력별 분류에 애착이 컸었다. 이는 지능에 관한 그의 견해에서 비롯된 것이었다. 버트의 이런 견해는 중등교육에 대한 스펜스 위원회(Spens Committee)의 보고서(1938년)에 반영되었다.

> 아동기의 지적 발달은 흔히 말하는 '일반적 지능'이라는 한 가지 핵심 요인에

의해 지배받는 듯이 진행하는 것처럼 보인다. 일반적 지능은 넓게 보아 생득적, 전반적, 지적 능력이라고 말할 수 있다. 그것은 아동이 생각하고, 말하고, 행하는 모든 것에 들어가고, 그리고 전체적으로 보아 아동의 교실 공부를 결정하는 가장 중요한 요인으로 보인다. 우리의 심리학적 증거가 확인해주는 바에 따르면, 일반적 지능은 지능검사를 통해서 거의 측정될 수 있다. 우리가 아는 바에 따르면 몇 가지 예외는 있겠으나 아이의 지적 역량의 궁극적 수준은, 상당한 정도로 정확하게, 아주 이른 나이에 예측할 수 있다.

(Simon, 1974, 249-50에서 재인용)

시릴 버트는 초등학교에서 능력별 '3등분(treble-tracking)'이라는 분류 방식을 지지하였다. 왜냐면 아동의 지적 수준이 유전에 따라 정해지고, 비교적 불변하는 것이라고 믿었기 때문이다. 사이몬(Simon, 250)의 지적처럼, 스펜스 보고서는 '3트랙' 분류라는 (세부적인 것은 아니나) 일반적 아이디어를 학교 시스템에 전체적으로 적용했다. 이는 스펜스 위원회의 위원들에게서 다음과 같은 견해로 나타났다. 아이들의 '다양한 능력'에 대한 '정당한 처분'이란 3가지 유형의 중등학교를 따로따로 만드는 것이다, 그 형태는 1945년 이후로 대체로 IQ에 따른 선발에 기초한 '3등분 분할(tripartite)' 중등교육 시스템이 되었다. 여기서 버트의 지능이론이 11+ 시험을 위해 주요 논거를 제공해주었다. 이 시험에 의해서 아이들은 서로 다른 유형의 학교로 배정되었다(Gould 1981, 293-6). 버트는 이에 대해 다음과 같이 말했다.

아동 자신이나 혹은 국가 전체의 이익을 위해서는 최고 능력이 있는 아이들, 즉 영리한 아이 중에서도 가장 영리한 아이들을 가능한 한 정확하게 골라내는 일이 핵심이 되어야 한다. 이제까지 시도한 방법 중에서 흔히 말하는 11+ 시험이 단연코 가장 믿을만한 것임이 입증되었다.

(Burt 1959, 117. Gould 1981, 293에서 재인용)

1904년에 모란트는 삶의 목표에 관해서 서로 다른 방향을 가진 아이들을 위해서 각기 다른 학교 시스템을 도입했는데, 이는 지능검사 및 이에 관한 심리학 이론에 의해 결코 입증된 것이 아니었다. 왜냐면 1904년이 되어서야 비로소, 프랑스 심리학자인 알프레드 비네(Alfred Binet)가 오늘날 우리들이 아는 지능검사를 창안했고, 그리고 버트를 비롯한 영국 심리학자뿐만 아니라 미국 심리학자인 터만, 고다드 및 다른 개척자들에게 영향을 미치기 시작했기 때문이다. 프랑스 정부는 알프레드 비네에게, 지적으로 무능력해서 보통 학교에 다닐지라도 아무 이득이 없는 아이들을 선별해줄 검사를 개발해 달라고 요청했다. 비네의 지능검사는 1905년에야 출판되었다.

그러나 두 차례 전쟁의 중간 시기에 벌어졌던 사정을 사이먼(Simon)은 다음과 같이 말해준다.

> ... 모란트의 견해도 당시의 시스템에서 사용되었던 심리검사로부터 강력한 지지를 받았다. 그때까지 옹호론자들은 육체노동자가 사회에 절실하게 필요함을 - 심지어 여러 세대에 걸친 육체노동이 지능을, 교육적 개선 가망성이 없어질 정도로, 떨어뜨림에도 불구하고 - 불가피한 사회적 사실로서 강조했다. 이런 논변은 정치적으로 바람직한 것이 전혀 아니었는데, 이런 논변이 정치적으로 무력한 것이 되었을 때 마침내 '지능의 불평등한 배분'이라는 교설이 등장했다. 여기에는 신의 행위가 들어있으며, 지각과 지식이 있는 사람이라면 반드시 그에 따라야 하고, 자연의 질서를 사회운동으로 바꾸려고 대드는 괴짜와 환상론자는 신에 반항하는 자다. 근본적으로 이런 교설은, 변화될 수 없는 **현 상태**(혹은 자연 질서)를 주장한다는 점에서, 교육이 옹호해야 할 사회 질서의 기존 틀을 뒷받침했던 과거의 기능적 논변과 똑같은 부류의 논변에 속한다.
>
> (Simon, 1974, 292)

02 버트, 골턴 그리고 지능

1904년에 로버트 모란트에 의해서 학교 교육과정이 분화되었고, 1945년 이후에 '3등분 분할' 학교 시스템이 도입되었는데, 그 사이의 40년이라는 짧은 기간에 주로 사회계급에 기반을 둔 국가 교육 시스템이 영국에서 확립되었다. 여기서 노동계급 출신의 능력 있는 아동이 육체노동의 삶을 벗어날 유일한 길은, 대학 입학과 전문직 진출이라는 또 다른 희망을 품으면서, 중등(나중에 문법)학교로 진학할 수 있는 장학금을 받는 것이었다.

이 책을 쓰고 있는 2006년에도 우리는 여전히 그런 시스템의 흔적에 갇혀 있다. 따라서 '그런 시스템은 벗어날 수 없을 만큼 견고한 것이 아니다'라는 점을 깨닫기가 쉽지는 않다. 거의 넘을 수 없는 벽인 것처럼 말하기도 하지만 이런 것은 아예 처음부터 생겨날 필요가 없었던 것이다. 오히려 열린 문을 곳곳에 만들어 둘 수도 있었었다.

로버트 모란트의 시스템을 옹호해줄 이데올로기적 근거가 필요했었는데, 이를 제공하는 핵심 역할을 지능검사가 맡았다. 영국에서 그런 시스템이 구축되는 과정을 주도했던 시릴 버트의 경력도 이와 비슷했다.

시릴 버트는 1971년에 사망했고, 그 이후로 그의 지능 연구는 엄청난 불신에 봉착했다. 왜냐면 시릴 버트는 별도로 양육된 일란성 쌍둥이의 IQ에 관한(지능이 생득적이라는 그의 주장의 핵심 근거가 될) 자료를 조작했고, 또 공동연구자를 거짓으로 꾸몄다는 주장이 대두되었기 때문이다. 그렇지만 나는 시릴 버트의 날조 사건에 중점을 두기보다는 오히려 그의 '아이디어의 출처'에 더 큰 관심을 쏟고자 한다.

시릴 버트에게는 언제나 위대한 지적 영웅이 있었는데, 그는 프랜시스 골턴(Francis Galton, 1822-1911)이었다. 골턴은 1865년에 『맥밀런 매거진(Macmillan

Magazine)』에 기고한 글에서 처음으로, '지적 능력은 유전된다'라고 주장했다. 이 이론을 더 충실하고 정교하게 다듬은 책이 바로 1869년도에 출간된 그의 『유전적 천재』(Galton 1978)다.

시릴 버트는 1890년대의 학생이었는데, 이때부터 골턴과 그의 업적에 관해 많은 것을 알게 되었다. 시릴 버트의 아버지는 워릭셔(Warwickshire)에서 의사였고, 프랜시스 골턴의 친척을 정기적으로 방문했다.

> 나의 아버지는 유명한 환자들 가운데에서 어떤 이를 방문하고 돌아올 때마다 그들의 업적이나 그들 친척의 업적을 말해줌으로써 나의 야심이 불타오르게 만들었다 ... 80세의 병약한 노인이었던 다윈 골턴(Darwin Galton)은 약 3마일 떨어진 클래버든(Claverdon)에 살았는데, 지금도 거기엔 프랜시스 골턴 경의 묘가 있다. 그리고 나의 아버지는 가정의사로 그곳을 매주 한 번씩 방문했기 때문에, 나는 누구보다 프랜시스 골턴에 관해 많은 이야기를 들었다. 나의 아버지에게 프랜시스 골턴은, 밀턴과 다윈 다음으로, 이상적 인간의 탁월한 사례였다고 나는 기억한다. 그리고 프랜시스 골턴은 생존 인물이었기에 모델로서의 또 다른 장점이 있었다. 다음과 같은 일이 생각난다. 나는 학교에 도착하자마자 도서관에 가서 인간 능력에 관한 골턴의 연구를 찾아보았다. 내가 태어난 바로 그 해에 그의 글이 세상에 처음 나왔다는 점을 알았을 때의 그 신비로운 전율을 나는 아직도 기억한다.
>
> (Burt, 1952, 58-9)

몇 년 후 시릴 버트의 진로가 정해질 무렵, 골턴은 더 직접적인 영향을 미쳤다. 시릴 버트가 옥스퍼드 학부생으로서 최초로 시도한 심리학적 연구는 골턴의 주제, 특히 생득적 능력에 관한 것이었다(ibid., 60-2). 시릴 버트의 말에 따르면, 그는 골턴과 편지를 주고받았고, 자신이 런던시 의회(London County Council, LCC)의 교육심리학자로 임명된 것도 부분적으로는 그 기관에 대한 골턴의 전반적인 지지 때문이었다(ibid. 63). 그뿐만 아니라 시릴 버트는 옥스퍼드 학생 시절부터, 골턴의 가까운 동료이며 나중에 그의 전기를 썼던 칼 피어슨(Karl Pearson)과 개인적으로 지적인 접촉을 여러 차례 가졌다.

시릴 버트의 지능관은 근본적으로 프랜시스 골턴의 그것과 똑같다. 버트에게 지능은 '생득적, 일반적, 인지적 능력'(Burt 1955, 265)이라고 정의될 수 있는 것이었다.

> 어떤 아이가 태어날 때 타고난 지능의 정도는 그의 생애 전반에 걸친 그의 일반적 효능성을 결정하는 데에 가장 중요한 요인 중 하나다. 특히 그것은 그 아이가 교육적, 직업적, 지적 영역에서 수행할 수 있는 능력의 상한선을 정해준다.
>
> (ibid., 281)

이런 생각에는 몇 가지 요소가 들어있다. 이는 프랜시스 골턴에게도 모두 있었다. 골턴은 '지능'이라는 단어를 사용하지 않고, 그 대신 '천재'(나중에 그가 후회했던 용어임, Galton, 1978, viii) 혹은 '자연적 능력'이라는 용어를 사용했다. 그러나 그 기본 개념은 시릴 버트와 똑같은 것이다. 골턴의 1865년도 논문은 그의 사촌, 찰스 다윈(Charles Darwin)이 6년 전에 썼던 『종의 기원』으로부터 자극을 받았다. 골턴의 기본 아이디어는 '지적 능력이 유전된다'라는 점이다. 골턴은 이 아이디어를 뒷받침하기 위해서 '가까운 가족 구성원들 사이에, 일정한 범위의 영역과 직업에 걸쳐서, 지적 탁월성이 어떻게 나타나는가'를 입증하려고 했다. 골턴의 아이디어를 지지해주는 것은, 『유전적 천재』에서, '능력이 뛰어난 사람들 간의 가족적 관계'라는 증거였다.

프랜시스 골턴의 책에서 두드러지게 나타난 것은 능력의 **한계**(limitations)라는 아이디어다. 1892년도 판본의 서문에서 골턴은 다음과 같이 말했다.

> 이 책을 쓰고 있을 때, 인간의 마음은 자연법칙으로부터 독립적으로 움직이고, 그리고 선도하는 의지가 발동한다면 거의 모든 성취가 가능하다는 생각이 유

> 행하고 있었다. 철학적 사고의 습관에 익숙했던 사람들조차도, 각 개인의 심적 능력이 그의 신체적 능력과 마찬가지로 엄밀하게 제한된다는 점을 깨닫지 못했고, 능력의 유전적 전수라는 아이디어를 전혀 이해하지 못했다.
>
> (Galton 1978, vii)

골턴은 그 책에서 다음과 같이 말했다.

> 나는 마음의 능동적 힘을 발달시키는 데에 교육과 사회적 영향이 미치는 위대한 힘을 기꺼이 인정하지만, 이는 대장장이 팔의 근력이 발달하는 데에 사용의 효과가 있음을 내가 인정하는 것과 그저 똑같을 뿐이다.
>
> (ibid. 14)

이어서 골턴은 생생하게 설명한다. 이는, 지적 도전이 어떤 것이나 가능하다고 스스로 믿었던 소년이 삶을 통해 마침내, 자신의 한계를 더 현실적으로 지각하게 되는 점진적 과정이다.

> 그는 자신의 수행을 자신이 미치는 수준을 벗어나지 않는 문제에 한정하며, 그리고 자신의 본성이 허락해주는 수준의 좋은 일을 수행하는 데에만 몰두한다는 정직한 확신에서 참된 도덕적 평안을 찾는다.
>
> (ibid., 16)

따라서 골턴의 심적 능력에 대한 관념은, 나중에 버트가 이어받게 되었는데, 거기에는 태어날 때 정해진 (개인마다 서로 다른, 그리고 골턴의 근력 사례에서 보았던 것처럼 신체 발달에서 모두가 잘 알고 있는 점과 비슷한) 한계라는 생각이 들어있었다.

또 버트는 그밖에 두 가지 점에서도 골턴을 따랐다. 버트에게 지능은 "(넓은 의미에서) **지적**(intellectual) 자질이며, 즉 그것은 의식적 행동의 정의적, 의지적 측면이라기보다는 인지적 측면을 특별히 가리킨다"(Burt 1955, 265). 골턴은 『유전적 천재』의 여러 곳에서 '지력(the intellect)'을 언급하고 있으며, "인간들의 지적 능력 간의 엄청난 차이"와 같은 표현을 사용한다. 이 책의 많은 부분은 과학자, 판사, 성직자, 시인 및 다른 전문직의 가족들에서 나타나는 '저명한' 사례로 가득하다. 이런 분석은 케임브리지 대학에서 수학의 일급 합격자들에 관한 자료를 가지고 시작된다(Galton 1978, 16-23).

끝으로 골턴과 버트에게 지능(혹은 자연적 능력)은 **일반적**(general)이라는 점에서 똑같다. 사람들이 수학이나 다른 영역에서 특수한 능력을 보일 경우, 그 바탕에는 더 포괄적인 무엇이 깔려있다. 버트가 『유전적 천재』에서 인용하기를 좋아하는 구절(e.g. Burt, 1955, 264)이 있다. 이 구절에서 골턴은 그의 자료가 보여주는 바를 다음과 같이 말한다.

> 저명함이 ... 순전히 특수한 능력 때문이라고 생각할 수 있는 정도는 정말 미미한 편이다 ... 사람들은 겉으로 보이는 특수성을 지나치게 강조하면서, 어느 특수한 일에 한 인간이 헌신한다면 다른 일에는 성공할 수 없을 것처럼 너무 성급히 생각해버린다. 마찬가지로 사람들은, 어느 청년이 거무스름한 여성과 열렬한 사랑에 빠진다면 금발의 여성과는 그럴 수 없으리라고 말할 것이다 ... 이렇게 말하듯이, 그런 열애는 주로 혹은 전적으로 성향에 들어있는 일반적 매력 때문이 아니라고 말할 것이다.
>
> (Galton 1978, 23-4)

버트가 애호하는 또 다른 인용문에서 골턴은 다음과 같이 말한다.

> 수학에 특수한 재능이 없으면 수학자가 될 수 없겠지만, 고도의 일반적 능력이 없으면 결코 '위대한' 수학자가 되지 못할 것이다.
>
> (Burt 1955, 264-5에서 재인용)

03 골턴의 지능 개념: 특이함

간단히 말하면 기본적으로 똑같은 방향에서 버트와 골턴은 지능을 생득적, 지적, 일반적, 제한된 능력이라고 이해했다. 버트가 그의 스승인 골턴으로부터 지능 개념의 **모든** 특성을 이어받았어야 했을까 하고 놀랄 수 있다. 왜냐면 그런 특성들의 **하나하나가** 근본적으로 문제 있는 것이기 때문이다.

나는 다른 곳에서 내가 이렇게 주장하는 이유를 제시했기 때문에(White 2002a, ch. 5) 여기서는 요점만 제시할 것이다.

1) 지능: 지적

물리학자였던 앨버트 아인슈타인(Albert Einstein)은 영국 프로축구 선수였던 데이비드 베컴(David Becham)보다 더 지적이었을까? 골턴과 버트는 아인슈타인이 더 우월하다는 점을 전혀 의심하지 않았을 것이다. 그런데 이런 확신은 골턴과 버트가 처음부터 지능의 의미에 지적 능력을 포함했기 때문이다. 흔히 이해하듯이 지능은, 최소한 지능검사를 통해 우리에게 전해진 골턴의 사상 세계에 사로잡히지 않는다면, '지적(intellectual)' 활동의 목적이라고 가정하는 진리 추구에서 멀리 떨어진 영역에서도 나타날 수 있다. 예를 들어 배관공은 물이 새는 곳을 지능적으로 혹은 비-지능적으로 수리할 수 있고; 이미 결혼한 부부도 불안정한 상호관계를 유지하느라 지능적으로 혹은 비-지능적으로 노력할 수 있다. 정상적인 이해에 따르면 지능적(intelligent) 활동은 목적과 수단을 유연하게 상호 조절하는 것과 관련된 일이다. 그 목적에는 축구 시합에서 골을 넣기, 혹은 이론 물리학에서 문제를 풀기가 들어갈 것이다.

그런데 버트나 골턴의 접근 방식은 달랐다. 골턴이 자신의 지능이론을 설명할 때 먼저 끌어들인 영역은 케임브리지 대학의 우등학위 시험 과목인 고급수학이었고, 그다음으로는 고전, 문학, 법학이었다. 이와 달리 버트는, 앞서 보았듯이, 학생의 지능 수준을 중등 교육을 받을 대상이 되는가와 연결하거나, 혹은 초등학교에서 이상적으로 따라야 할 상/중/하 트랙과 연결했다. 아무튼 버트와 골턴에게 있어서 일차적 공간은 학업(학문)과 연관된 학교 혹은 대학이다.

이런 이야기는 버트와 골턴의 이론들(혹은 그들의 기본 주장의 유사성에 관한 내 생각에 따른다면, 한 가지 '이론')을 '비판'하려는 뜻이 아니다. 사람마다 용어 사용 방식은 다를 것이며. 따라서 골턴이나 버트가 용어를 사용할 때 어떤 의미가 꼭 포함되어야 한다고 느낄 필요는 없다. 다시 말해서 어떤 목표를 얻을 수 있는 습관적 통로가 막힐 경우 테니스 선수가 내리는 좋은 판단이나 혹은 집고양이가 보여주는 유연한 행동이 꼭 거기에 포함되지 않을 수 있다는 뜻이다. 이와 달리 다른 사람들은 두 가지 경우에 '지(능)적'이라는 용어를 사용할 수도 있다. 여기서 흥미로운 질문은 이것이다. 골턴과 버트는 왜 학문적인 것에 집중했을까? 이를 우리는 나중에 다룰 것이다.

2) 지능: 일반적

여기서도 결론은 비슷할 것이다. 앞서 암시했듯이 만일 우리가 지능을 '목적에 따라 수단을 유연하게 조절함'이라는 일상적인 의미로 이해한다면, 그런 목적의 종류와 관련된 맥락 속에서 지능을 이해하는 것이 가장 확실할 것이다. 그렇다면 어떤 사람을 가리켜 그저 '지능적'이라고 말하는 것은 무의미하다. 만일 테니스를 지능적으로 친다면 그는 경기에 이기려고 애쓰면서 좋은 판단을 내릴 것이다. 다른 사람은 다른 영역에서 다른 목적을 위해 자신의 지능을 발휘할 것이다. 가령, 자기 집 정원을 멋지게 관리할 방법에 관해서 좋은 판단을 내릴 것이다. 테니스 경기를 잘하는 사람이 정원 관리도 잘할 것으로 생각해야 할 이유는 없다. 그럴 수도 있고, 안 그럴 수도 있다. 경우마다 그런 점은 확인해야 할 사항이다.

'자연적 능력은 일반적'이라는 골턴의 주장은 증거가 있는 결론이라기보다는 가정에 가까운 것으로 보인다. 버트가 호의적으로 인용했고 또 우리도 앞서 언급했던 골턴의 말을 다시 살펴보자. '어느 특수한 일에 헌신한다고 해서 그 밖의 다른 일에 성공할 수 없을 것이라고 보는 생각은 잘못된 것이다'라는 골턴의 말은 충분히 참이다. 그러나 그런 말은 '일반적 능력이라고 말하는 것이 과연 있는가'와는 전혀 관련성이 없다. '테니스를 잘하는 사람은 정원 가꾸기를 잘할 수 없을 것이다'라는 결론은 잘못이며, 나도 동의한다. 그렇지만 다음과 같이 주장할 수 있다. 두 영역에서 지능적 행동을 보일지라도 이는 제각기 특수한 것이다.

이 책의 맥락에서 볼 때 흥미로운 의문이 여기서 생긴다. 이는, '골턴과 그의 제자의 일반적 능력에 관한 주장이 맞았는가 혹은 틀렸는가'하는 문제가 아니라, '그들은 **왜** 그렇게 믿는 방향으로 기울어졌을까'하는 것이다.

3) 지능: 생득적

축구, 정치, 십자말풀이 등에서 지능적 행동이 나타날 수 있다. 이는, 해당 영역에 관련된 온갖 것을 이해하고 있는가, 혹은 거기서 제각기 요구하는 기능과 성향을 갖추고 있는가에 따라 달라질 것이다. 이것은 해당 영역에 어느 정도 입문할 것을 요구한다. 이런 의미에서 볼 때 지능은 훈련, 학습, 문화, 그리고 '환경'에 의존한다. 그러나 지능은 타고난 어떤 것에 의존하는 것이기도 하다. 왜냐면 뇌가 없다면, 또 뇌의 특수한 특성이 없이 태어난다면 그런 것을 배울 수 없을 것이다. 최소한 그런 것을 습득할 수 있는 생득적 능력 혹은 역량이 있어야 한다. 이런 이야기는 아주 확실하고, 논란의 여지도 없다. 그런데 골턴과 버트가 지능은 생득적이라고 말할 때 그들은 분명히 위와 같은 사항 이외의 것을 염두에 두었을 것이다. 그 이외의 것은 무엇인가? 이를 파악하려면 다음 부분으로 넘어가야 한다.

4) 지능: 제한된

골턴의 『유전적 천재』는 다음과 같은 첫 문장으로 시작한다.

> 내가 이 책에서 밝히려는 것은 인간의 자연적 능력은 유전에 따라 생기며, 모든 유기적 세계의 형태 및 물리적 특성과 마찬가지로 똑같은 한계를 갖는다는 점이다.
>
> (Galton 1978, 3)

여기서 암시되는 점이 있다: 자연적 능력은 생득적이고, 또 우리가 성취할 수 있는 것에 한계를 부여한다. 인간의 키 혹은 대장장이의 팔 근육은 유전될 뿐만 아니라 그 이상 성장하거나 강해질 수 없는 한계에 도달하게 되는데, 이는 자연적 능력에서도 마찬가지다. 앞서 우리는 다음과 같은 버트의 믿음을 살펴보았다: 한 인간이 생득적으로 부여받는 지능의 정도는 '그가 특히 교육적, 직업적, 지적 영역에서 수행할 수 있는 상한선을 정해준다.' 지능은 키/근력과 같은 패턴인 셈인데, 여기에는 다음과 같은 생각이 뒤따른다: 생득적 지능은 영재에서 둔재로 또 그 이하로 개인차를 보여준다. 이 생각은 버트와 골턴의 이론에서 중심을 차지한다.

지능은 키, 근력 및 다른 신체적 특성과 똑같이 위와 같은 특성을 공유한다는 점은 어떻게 입증될 수 있을까? 특히, 우리는 누구나 개별적으로 서로 다른 능력의 한계를 갖는다는 점은 어떻게 입증될 수 있을까? 골턴의 첫 문장이 의제를 설정해주고 있지만, 그의 책에서 밝혀 놓은 증거는 별로 설득력이 없다. 몇몇 가족을 오랜 기간 살펴보면, 몇몇 저명한 인물이 보이는 것은 사실이다. 이런 사실을 두고, '예외적 능력의 유전적 전수'라고 설명할 수도 있겠으나 더 적절한 또 다른 설명은 다음과 같은 것이다: 그 가정 안에는 특별히 어떤 영역에서 놀라운 성취를 애호하고 칭송하는 문화가 발달해 있다. 골턴 자신의 독특한 가족도 이런 사례에 속한다. 이는 곧 자세히 밝혀진다.

버트가 지능의 선천성을 입증하려고 했던 증거의 유형은 다른 것이었다. 이는 "태어난 후에 곧바로 서로 다른 환경에서 자란"(Burt 1955, 273) 일란성 쌍둥이의 IQ에서 보이는 밀접한 상관관계다. 앞서 언급한 버트의 연구에서는, 그의 인생의 마지막 몇 해에 썼던 다른 글에서도 그랬는데, 그런 사례를 53쌍이나 모았다고 주장했다. 53쌍의 쌍둥이는 '최종 평가'에서 0.87이라는 높은 상관관계를 보여준다고 주장했다. 그런데 버트의 자료를 치밀하게 분석한 사람들에 의해서, 그 자료는 근본적으로 신뢰성이 없다는 점이 밝혀졌다(Kamin 1977, 55-71).

나는 1969년 말과 1970년 초에 버트와 서신을 교환한 적이 있었다. 이때 나는 그의 53쌍에 관한 자료에 그때까지 감추어져 있었던 문제가 있음을 전혀 몰랐다. 그에게 나는 다른 사항과 함께 다음과 같은 생각을 제시했다. 만약 각 쌍둥이 중에서 한 아이에게 집중적으로 코칭을 제공함으로써 이런 아이들의 평균 IQ가 말하자면 15점씩 높아졌다고 가정해보자. 이는 각 쌍둥이의 상관관계가 의미 있게 줄어들게 만들 것이다. 그렇다면 코칭으로도 IQ 점수에 의미 있는 영향을 미칠 수 없는, 0.87이라는 상관관계를 주장하는 것은 버트와 같은 이론가가 내린 **가정**이라는 점은 분명하다. 버트의 답신을 받았다: 그런 코칭을 반복하는 것이 우리의 상관관계에 영향을 미칠지는 나에게 의문스럽다.

골턴이건 버트건 간에 자신의 핵심 주장에 대해 타당한 증거를 제시하지 못했던 것처럼 보인다. '우리 모두에게는 개인마다 서로 다른 능력의 천장이 있다'라는 명제는 그들의 입장의 밑바탕에 깔린 **가정**으로 보이며, 설득력 있는 근거에 기반한 결론은 아닌 것 같다.

나는 다른 글(White 1974, 2002a ch. 5)에서, 그런 명제의 증거로 받아들일 수 있는 것이 무엇인지를 논의하면서 다음과 같이 결론을 내렸다: 그것은 확증도, 반증도 불가능하다. i) 그것은 확증할 수 없다. 예컨대 '어떤 아이가 기초 산수에서 고급 대수로 넘어갈 수 없는 것으로 보인다'라는 사실은 천장(ceilings)의 증거가 되지 못한다. '가르치는 방식을 바꾸어 보려는 이런저런 시도가 실패한다'라는 점도 그런 증거가 되지 못한다. 왜냐면 학생이 어려움을 이겨내도록 도와주기 위해서 교사는 언제나 새로운 접근 방식을 개발할 수 있기 때문이다. (신경학적 손상이 심각해서 언어가 불가능할 것 같은 일부 아이의 경우엔, 교사의 선택지가 막힌 지점을 확인하기가 다른 아이에 비해 더 쉬울 것이다. 그러나 여기서 문제로 삼는 그 명제는 우리 모두에게 적용되는 것으로 가정된다. 즉 우리에게는 누구나 각자의 심적 천장이 존재한다는 말이다. 그런데 뇌 손상이 없는 사람의 경우, 천장의 존재는 입증이 불가능한 것 같다.)

ii) 그것은 반증할 수 없다. 왜냐면 심적 천장이 아직 밝혀지지 않은, 세상에서 가장 총명한 사람조차도, 그것이 어딘가 있을 가능성은 늘 남아있기 때문이다. 검증할 수 없는, 다시 말해서 확증도 반증도 불가능한 명제에 속하는, '우리에게는 제각기 심적 천장이 있다'라는 주장은, 칼 포퍼(Karl Popper 1963. ch.1)의 말대로, 과학에서 아무 역할도 없는 것이다. 그것은 '신이 존재한다,' 혹은 '모든 역사적 사건은 예정되어 있다'라는 명제처럼 검증할 수 없다. 그런 주장은, 이 두 가지 명제처럼 어떤 이데올로기적 신념체계에서 토대의 역할을 할지 모르나, 경험과학에서는 차지할 자리가 아예 없다.

골턴의 지능관에 들어있는 지적 특성과 일반적 특성과 마찬가지로, '지능이 생득적이고 한계가 있다'라는 주장에 대해 우리는 물음을 던질 필요가 있다. **왜** 골턴과 버트는 그렇게 믿었을까? 쉬운, 너무 쉬운 답은 이러하다: 그들은 '지능이 개인의 키, 혹은 근력과 같은 신체적 차이와 똑같은 패턴이다'라는 점을 받아들였기 때문에 그렇게 믿었다. 그러나 이런 식의 대답은 설명의 문제를 일단 한 단계 뒤로 밀어놓은 것에 불과하다. **왜** 그들은 심적 차이가 신체적 차이와 똑같은 패턴으로 작동한다고 생각했을까?

04 골턴의 지능관은 어떻게 생겨났는가? 그의 우생학 프로젝트

골턴의 지능관의 몇 가지 특성을 하나씩 살펴보았다. 제각기 문제가 있음을 지적하였다. 지능은 지적인 일이라고 말했다. 그러나 수단-목적 활동에 수많은 종류가 있는데 그중에서 왜 지적 활동이 선정되었는가? 이에 대해 타당한 이유가 전혀 제시되지 못했다. 또 지능은 일반적이라고 가정하고 있다. 그러나 볼링에서부터 생물학 이론 혹은 벽돌쌓기에 이르기까지 지(능)적 행동의 형태에는 굉장히 이질적인 것이 많다. 그러나 그런 가정에 대해 타당한 이유가 전혀 제시되지 못했다. 지능은 생득적으로 제한되는 것이라는 주장도 신빙성을 얻지 못했다.

각 경우마다 다음과 같은 질문이 제기된다: **왜** 골턴과 버트는 그런 특성에 애착이 있었을까? 이는 더 깊은 수준에서 설명할 수 있는 것일까?

이 문제를 탐구하기 전에 아직 필요한 일이 남아있다: '골턴과 버트의 지능관에 관한 지적 사항'과 '모란트와 버트가 잉글랜드 국가교육을 재편했던 활동'을 연관시키는 일이다. 앞서 보았던 것처럼 사이먼(Simon)에 따르면, 모란트의 관점은 당시의 교육 시스템에서 행해졌던 심리검사로부터 강력한 지지를 받았다. 이제 우리는, 이것이 어떻게 가능했었는가를 더 자세히 알 수 있다. 1904년 이후 분할된 교육 시스템을 합리화하는 데에는 이론적으로 세 가지가 필요했었다. i) 새로운, **지적으로**(intellectually) 방향을 틀었던 중등학교에 맞는 학생을 선발하는 방식이 생겨야 했다. ii) 그것은 중등 교육과정의 개별 과목인 지리, 과학 등에 대한 학생의 적성에 맞추지 않고, **일반적으로**(generally) 중등 교육에 맞추어 선발하는 방식이어야 했다. iii) 중등 교육에 선발되지 못한 학생들은 그런 교육에 따라갈 수 없으므로 그로부터 아무런 이득을 얻지 못한다는 점을 보여주는 방법을 찾아야 했다. 이 세 가지 목표를 위해 이상적이었던 것이 바로 생득적(즉, 제한적), 일반적, 지적 능력이라는 지능관이었다. 여기서 필요했던 것은, 학생이 가지고 있는 지능의 정도를 정확하게 확인하는 방식이었다. 이것을 버트와 그의 동료가 개발한 지능 검사가 제공해준다고 공언했다.

또한 심리검사(mental testing)는 모란트 시스템에 대해서 제기되었던, '선발 학교는 대체로 중산계급 자녀를 위한 것이고, 극소수의 노동계급은 장학금을 통해서만 계급을 바꿀 수 있다'라는 비판을 피하는 데 도움이 되었다. 버트는 『흑서 제2권』에 기고한 글에서 다음과 같은 점에 동의하였다(Burt 1969, 20), 고위 전문직에 종사하는 사람의 아이는 평균 IQ가 120 이상이고, 비숙련 노동자의 아이는 평균 IQ가 90 이하다. 그러나,

> 평균 지능에서 나타나는 이런 계급 차이의 한 가지 이유는 확실하다. 의사, 법률가, 혹은 교사가 되기 위해서는 자격시험에 통과할 필요가 있고; 이는 높은 수준의 생득적 능력을 요구한다. 그런 전문직에 종사하는 부모의 능력은 그들의 자녀에게 전수되는 경향이 있는 것 같다.
>
> (Galton 1978: 3)

왜 골턴과 버트가 그렇게 생각하게 되었는가를 더 깊은 차원에서 탐구해 보고자 한다. 먼저, 골턴의 프로젝트를 더 충실하게 파악할 필요가 있다. 골턴의 『유전적 천재』는 다음 문장으로 시작한다.

> 내가 이 책에서 밝히려는 점은, 한 인간의 자연적 능력은 유전에서 생겨나고, 모든 유기적 세계의 형태나 신체적 특징이 그런 것처럼 매우 똑같은 한계에 놓인다는 것이다.
>
> (Galton 1978: 3)

여기서 다음 문장으로 이어진다.

> 결과적으로 그런 한계에도 불구하고 신중한 선택을 통해서 특별히 잘 달리거

> 나 다른 능력이 있는 개나 말의 지속적인 품종을 얻는 일이 쉬운 것처럼, 몇 세대에 걸쳐서 신중하게 결혼함으로써 고도의 재능을 가진 인종을 낳는 일은 정말 실현될 수 있다.

골턴의 프로젝트는 나중에 그가 이름을 붙인 '우생학(eugenics)'에 있었다. 앞서 인용한 구절의 다른 문장에서 그는 다음과 같은 믿음을 드러냈다: 각각의 세대마다 "우리가 인류에게 지고 있는 의무"는 "후속 세대의 자연적 재능에 대해 미치는" 우리의 힘을 연구하고, 그리고 "그 힘을 우리 스스로에게 어리석지 않게, 지구의 미래 거주자에게 가장 이로운 방향으로 행사하는 일"이다.

골턴의 우생학 프로젝트의 기원은 1865년도 『맥밀란 매거진(Macmillan Magazine)』에 기고한 '유전적 재능과 성격'이라는 글에 들어있다. 이 글의 전문은 읽어볼 가치가 있다(http://psychclassics.yorku.ca/Galton/talent.htm.). 골턴의 전기를 저술한 칼 피어슨(Karl Pearson)에 따르면 이 글은 "골턴의 여생에서 행해졌던 거의 모든 작업의 압축판(Fancher 2001, 15)"이다. 또 이 글은 골턴이 이후에 썼던 더 신중한 글보다 오히려 솔직한 편이다.

그 글의 제목이 가리키듯, 1865년에 골턴은 지적 능력뿐만 아니라 도덕적 성격(심적 적성(mental aptitude)이라고도 그는 말했음)의 우생학적 개량 가능성에 흥미를 느꼈다. 그에 의하면 두 가지에는 유전적 기반이 있다. 『유전적 천재』에서 골턴의 관심은 주로 지적 능력이었지만, 그는 분명히 다음과 같이 말하기도 했다: "자연적 재능의 분포에 관한 표를 보면, 지력이나 근육뿐만 아니라 도덕에서도 반드시 그렇다"(Galton 1978, 282).

골턴의 글에서 핵심 아이디어는 선택적 육종(selective breeding)을 통한 인류 개량이다. 한 가지 유명한 구절이 있는데 길어도 인용할 만한 것이다.

> 그러면 환상의 날개를 타고 유토피아 혹은 라푸타(Laputa)를 상상해 보자. 거기서는 젊은 남녀를 대상으로, 심신의 온갖 중요한 성질을 비교하는 경쟁시험

시스템이 개발되고, 그리고 국가의 훌륭한 공복으로 자라날 아이를 낳을 것을 약속하는 신혼부부에게 지원할 기부금으로 해마다 상당한 금액이 할당된다. 이 유토피아 혹은 라푸타에서 매년 열리는 기념식을 우리는 다음과 같이 상상할 수 있다. 기부금의 총책임자는 25세의 혈색이 좋은 청년 열 명에게 다음과 같이 연설한다:

'신사 여러분, 정해진 원칙에 따라 시행된 공공 시험의 결과를 이제 발표하겠습니다. 이에 따라, 우리 인류에게 최고의 명예, 그리고 최선의 봉사를 바칠 것으로 전반적으로 입증되는 재능, 성격, 체력의 자질에서 여러분은 여러분의 학년에서 선두를 차지했습니다. 또한 정해진 원칙에 따라 갓 스물한 살이 된 모든 젊은 여성에게도 시험이 시행되었습니다. 주지할 필요도 없이, 이 시험은 마음과 두뇌의 고상한 자질뿐 아니라 기품, 미모, 건강, 좋은 성질, 가사 능력, 순수한 애정에 중점을 두는 것입니다. 여러분 각자가 얻은 점수를 신중하게 검토하고, 그리고 늘 그렇듯 정해진 원칙에 따라 여러분의 점수를 가장 빼어난 여성의 점수와 비교함으로써, 우리는 여러분 각자의 개별적 자질을 특별히 참조해서 열 명의 여성을 선발할 수 있었습니다. 여기 내 손에 들어있는 명단에 따라 여러분과 열 명의 여성 사이에 이루어질 결혼은, 여러분에게 특별한 행복의 가능성을 열어줄 것이고, 그리고 국가의 중대사로, 특별한 재능을 가진 자녀를 낳게 될 것입니다. 이런 상황에서, 이와 같은 결혼에 모두 혹은 일부가 합의한다면, 여왕 폐하는 6개월 후 웨스트민스터 사원에서 열리는 고귀하고 성대한 의식에서 신부를 인도할 것입니다. 우리도 역시, 우리에게 국가가 맡겨준 풍부한 기금에서 각 커플을 위한 신혼 선물로 5천 파운드를 주고, 그리고 여러분의 자녀를 낳아 기르고 교육하는 경비를 제공할 준비가 되었습니다.

만일 말과 소의 품종 개량에 투입되는 경비와 노력의 $\frac{1}{20}$이라도 인류의 향상을 위한 조치에 투입한다면, 우리는 빛나는 천재를 만들어낼 수 있지 않겠습니까! 우리가 바보들이 짝을 맺도록 함으로써 백치를 퍼뜨릴 수 있는 것처럼 우리는 문명의 예언자와 고위 성직자를 세상에 배출할 것입니다. 현재의 남녀노소를 우리가 탄생시키기를 열망하는 사람들과 비교하는 것은, 런던의 가난한 동부 지역에서 쓰레기통을 뒤지는 떠돌이 개를 우리가 귀하게 길러낼 다양한 품종의 개와 비교하는 것과 똑같습니다.

세계의 저능한 국민은 더 고귀한 여러 인간 앞에서 반드시 굴복할 것이고, 그런 국민 중에서 최선일지라도, 우리가 아는 한, 이런 인간의 활약상에는 견주지 못할 것입니다. 인류의 평균 문화는 이전보다 훨씬 더 높아지고, 지식과 역사의 가지는 아주 다양하게 뻗어갔기 때문에, 우리 현대 문명의 급선무를 이해할 사람도 적을 것이고, 그것을 실현할 사람은 훨씬 적을 것입니다. 지금 우리는 그야말로 지적으로 무정부 상태에 살고 있으며, 최고의 정신을 가진 사람들이 필요합니다. 우리 지도자들의 일반적 지적 능력은 더 높아지고, 더 분화될 필요가 있습니다. 우리는 더 유능한 지도자, 정치가, 사상가, 발명가, 예술가를 원합니다. 우리가 태어나는 환경은 과거와 달리 굉장히 더 복잡해졌지만, 우리 인류의 자연적 자질은 상당히 미개했던 시기에 비해서 더 위대해지지는 못했습니다. 지금 최고의 정신을 지닌 사람들은, 그들의 능력으로 감당하기에는 너무 무거운 지적 부담을 지고 있어서 비틀거리고, 주춤거리는 것으로 보입니다.

(Galton 1865:165-6)

골턴의 선택적 육종에는 두 가지 측면이 들어있다. 하나는, 우리가 보았듯이, 천부적 재능이 가장 뛰어난 사람들의 집단을 개선하는 일이다. 다른 하나는 재능이 열악한 사람의 숫자가 거의 없어지게 줄이는 일이다. 이런 점은 1865년의 글에서 다음과 같이 확인할 수 있다(ibid., 319).

내 주장에 대해서 타당성을 인정할지라도 그것이 가리키는 바를 실제로 효력 있는 것으로 옮기기가 불가능하다고 말할지 모른다. 예컨대 만일 우리가 새로운 세대를 두 개의 카스트(cast) A와 B로, 즉 자연적 재능에 따라 선발된 A와 그 나머지인 B로 나누고, 그리고 각자가 속해 있는 카스트의 범위 안에서만

> 결혼하도록 한다면, 이에 대해 다음과 같은 반론이 나올지 모른다: 우리의 인종을 단순하게 분화시켜서, 좋은 카스트와 나쁜 카스트를 만들면 되는 것이지 인류를 전체적으로 개량하려고 해서는 안 된다. 나의 대답은, 그런 결과는 필연적으로 생기는 것은 아니다. 여기서 끌어들여야 할 아주 중요한 법칙이 또 있다. A 카스트 내에서의 결혼을 어떤 식으로 촉진하고, 그리고 B 카스트 내에서의 결혼을 금지하는 기관은, 간접적이지만, B 카스트보다는 A 카스트에서 태어날 아이의 비율이 훨씬 더 높게 만들 것이며, 결국 B 카스트를 완전히 제거하거나, A 카스트로 대체할 것이다.

또한 '세계의 저능한 국민'이라는 언급에서 보듯이, 골턴의 사고에는 인종차별적 요소가 들어있다. 예컨대 그가 아메리카 인디언과 서아프리카 흑인을 비교하는 것을 살펴보자(ibid., 321).

> 그들의 성격은 거의 반대다. 아메리칸 인디언에게는 대단한 인내심, 굉장한 과묵, 굉장한 존엄성 그리고 냉정함이 있다; 니그로(흑인)는 충동적 정열이 강하나 인내심, 과묵, 존엄성은 없다. 아메리카 인디언은 마음이 따뜻하고, 자기 부족장의 자녀에게 애정을 보이고, 그 아이들에게 우상이 되지만 흑인은 엄청난 떼거리를 이루어 끝없이 지껄이고, 싸우고, 둥둥대고, 춤춘다. 전자는 놀랍도록 가정적이고, 후자는 타고난 혈기가 왕성하고 번식력이 강해서 억제할 수 없는 종족이다.

이 인용문이나 혹은 (『유전적 천재』의 '상이한 인종의 비교적 가치'라는 장에서) 세계의 인종을 더 충실히 검토한 내용에 따르면, '북유럽의 개신교도를 포함한 유럽인이 최정상에 있다'라고 하는 점은 결코 놀라운 일이 아닐 것이다. 물론 유럽인이 언제나 그렇게 가치 있는 존재였다는 뜻은 아니다. 골턴은 1865년도 글의 끝부분에서 전체 인류에 대해 다음과 같이 말했다(ibid., 327). "우리 조상은 처음에는 아주 미개했다; 그리고 ... 야만의 여러 해를 거치고 아주 최근에

와서야 우리 인종은 문명과 종교의 수준까지 성장했다".

골턴에게서 우생학적 비전의 **거창함**을 깨닫는 것도 중요하다. 『유전적 천재』의 마지막 문장은 다음과 같은 견해에 공감한다.

> 살아있는 우주의 형질은 순수 일신론이며, 그리고 ... 그 활동 형식은 협력적이라고 말할 수 있는 것이며 ... 모든 생명은 그 본질에 있어서 단일하나 그 표출에서는 다양한, 늘 다양해지는, 상호작용적인 것이며, 그리고 ... 인간 및 다른 모든 생물은, 생물은 거의 이해하지 못하나 인간이 이해할 수 있는 것보다 더 거대하게 확대된 우주적 행위의 시스템 속에서, 능동적으로 활동하고 공유하는 존재이며 ... 그들은 우리 자신보다 훨씬 더 고귀한 생명의 표출을 위해서 다소 무의식적으로 공헌하게 될 것이며 - 너무 지나친 은유가 되면 안 되는데 - 더 복잡한 어느 동물의 개별 세포들이 그 자체보다 더 높은 수준에 있는 존재의 출현에 공헌하는 일과 상당히 비슷할 것이다.
>
> (ibid., 376)

골턴은 확실히 다음과 같이 믿었다: 이런 우주적 과정을 진전시키고, 그리고 이를 가로막는 (골턴이 국가적으로 또 지구적으로 열등한 부류의 번성으로 생기는 퇴화의 위험이라고 여겼던 것이 만든) 장애물을 제거하기 위하여 '선택적 육성'을 통해서 어떤 조치를 할 수 있고, 당연히 해야 한다. 올바른 부류에 속하는 영국인은 인간 발달의 최상에 도달한 인류에 속하기 때문에 이런 거창한 설계에서 특별한 책임을 갖는다.

05 골턴의 계승자: 버트

골턴의 비전은, (반세기 이후 잉글랜드 초등학교의 3트랙에 대한) 버트의 관점과 거리가 먼 세계인 것처럼 보일 수 있다. 그러나 두 사람의 아이디어는 잘 어울린다. 버트는 그의 자서전적 이야기에서 다음과 같이 말한다: 그(골턴)는 이상적 인간에 관한 내 부친의 최고 사례 중에서 밀턴과 다윈의 다음을 차지했다고 나는 생각한다. 19세기 말 골턴은 많은 사람들에게 영감을 주었던 인물이었다. 버트는 그런 사람들에 속했음을 우리도 다 안다. 그런데 버트를 과소평가하면 안 된다. 다시 말해서 버트를 오늘날 우리가 이해하는 용어로 교육심리학자라고만, 혹은 잉글랜드 학교의 조직과 재조직에서 지도적 역할을 했던, 통계학적 전문성을 갖춘 지방정부 관리라고만 이해하면 안 된다. 그런 사람이었음은 확실하나 그 이상이었다. 1937년과 1957에 버트는 골턴이 1908년에 창립한 우생학회의 자문위원이었다. 버트의 평생 과업은 아이들을 분류함으로써 그들이 우생학적으로 적합한 길로 들어서게 하는 일이었다, 교육적 선발(educational selection)이란 골턴이 그의 『유전적 천재』의 앞부분에서 계획적 육종을 설명할 때 언급했던 '신중한 선정'의 한 단면이었다. 버트의 지적 천장에 관한 이론은 골턴을 따른 것인데, 그 이론은 아이들이 자신의 능력에 안맞는 트랙이나 학교에 들어가지 않도록, 그럼으로써 이런 트랙이나 학교에서 교육의 질이 떨어지지 않도록 하는 데 도움을 주었다.

버트의 우생학적 선입견은 전혀 다른 데에도 나타난다. 버트는 엘리트의 교육과 대중(골턴의 용어로는 '나머지 혹은 쓰레기(refuse)')의 교육에 대해서 상반된 태도를 보였다. 버트는 『흑서 제2권』에 기고한 글(Burt 1969, 22)에서 '훈육과 학업'에 대한 느슨한 태도를 맹렬히 비난했다. 버트의 눈에, 그런 태도는 선발 학교 시스템에 반대하고 아동-중심 방법에 기울어진 사람들과 연루된 것이었다. 버트는 '우수한 지능만으로는 성공에 충분하지 않다'라는 골턴의 말을 인용했다. 우수한 지능은 '지속적인 고된 노력'에 의해 강화될 필요가 있다. 그리고 버트는 이안 헤이(Ian Hay)의 이야기를 인용했다. 거기서 교장 선생님은 말한다: 아이들이 니그로처럼 일하게 만들어라. 이것이 바로 교육이다. 이 말을 『교사용 편람』(1925년도 이후의 판본)에 실린, '부진아'에 관한 버트의 부록과 비교해 보자.

> 이런 대다수 아이를 위한 궁극적 의도는 너무 야심적이면 안 된다 ... (a) 아동 자신의 자연적 흥미에 부응하지 못하거나, 혹은 (b) 아동이 성인이 될 때의 할 일이나 여가와 밀접하지 않은 것들은 모두 없애라 ... 이런 학교와 학습에서 훈육은 가능한 한 자유롭게 두어야 한다.
>
> (Board of Education 1929, 422-7)

골턴은 아마도 『혹서 제2권』에 실린 버트의 다음과 같은 발언(Burt, 1969, 22)에 찬동했을 것이다.

> 거의 늘 간과되는 것으로 보이는 유형의 아이는 흔히 말하는 '예외적 재능'의 소유자들이다 ... 국가의 학교는 더 많은 획일성을 요구하는 정책을 추진할 것이 아니라 오히려 더 많은 다양성을 목적으로 삼는 것이 도덕적일 것이다.

골턴은 버트의 또 다른 점도 환영했을 것이다. 버트는 문법학교 교육을 위해서 '영재 중의 영재'를 선발하는 방안(중등학교 진학적성시험, 즉 11+ 선발)을 옹호했다. 버트는 그것을 '과거의 위대한 문명을 하나하나 집어삼켜 버렸던 궁극적 쇠락과 멸망을 피하기 위한' 현명한 조치로서 옹호하였다(Burt 1959, 117, Gould 1981, 293에서 재인용).

골턴과 버트에게 첫째는 엘리트였다. 그들에게는 선발 학교로 들어갈 시험과 장학금이 우생학적 메커니즘의 핵심이었다. 버트는 『유전적 천재』에 들어있는 골턴의 다음과 같은 발언에 환호했을 것이다. 어쩌면 실제로 그랬던 것 같다.

> 인류의 개선이라는 측면에서 볼 때 최선의 문명이란 다음과 같은 형태일 것이다 ... 이는, 모든 남자아이가 자신의 능력을 보여줄 기회를 누리고, 그리고 탁월한 재능을 가진 아이라면 어린 나이에 쌓은 성적 및 장학금의 후한 도움으로 일류 교육도 받고 또 전문직의 삶으로 들어설 수 있게 하는 문명일 것이다.
>
> (Galton 1978, 362)

06 골턴의 프로젝트: 미국에서

잉글랜드에서 선발형 중등 교육, 그리고 골턴형 지능검사의 광범한 사용은 역사적으로 우연에 속하는 일이다. 그런 중등 교육은 전혀 생기지 않을 수도 있었으며, 더 크게 본다면 지능검사도 마찬가지다.

그런데 골턴의 아이디어가 가장 큰 영향을 미쳤던 곳은 미국이다. 미국에서 그런 개척자는 헨리 고다드(H.H. Goddard, 1866-1957)와 루이스 터만(Lewis Terman, 1877-1956)이었음은 널리 인정되고 있다.

1) 헨리 H. 고다드

고다드(Henry H. Goddard)는 클라크대학에서 G.S. 홀의 학생이었다. 고다드는 1906~1918년에 바인랜드 훈련학교(Vineland Training School, 뉴저지의 저능한 사람을 위한 기관)의 심리학 담당자였다. 1908년에 고다드는 비네가 1905년에 만든 지능검사의 잠재력을 인지하고 발전시킨 최초의 미국인이었다. 이는 잉글랜드에서 버트가 비네 검사의 활용에 관한 자신의 연구를 시작하기 몇 년 전의 일이었다(Burt 1952, 67). 그 후 몇 년간 고다드는 비네의 접근 방식을 열렬히 옹호했고, 1911년에는 공립학교에서 그리고 1913년에는 엘리스 아일랜드에 도착한 이주민들에게 독자적으로 개발한 검사를 사용했다. 1918년에 고다드는 지능검사가 미 육군에 도입되도록 힘썼다.

버트와 마찬가지로, 고다드의 검사 활동은 더 큰 목적에 봉사하기 위한 것이었다. 버트와 마찬가지로 고다드는 우생학자였고, 미국 우생학회 회원이었다. 고다드는 지능의 유전적 성격에 관해서, 그리고 가장 지적인 사람들이 주도하는 계층 사회의 강화를 통한 사회개혁에 관해서, 골턴이나 버트와 비슷한 견해를 주장했다.

> 만일 사회가 지적 수준(mental level)이라는 교설을 인정하고 이를 활용하도록 조직된다면 어떤 일이 벌어질 것인가를 살펴보려고 애쓰는 것은 쓸모없는 생각이 아니다 ... 우리의 모든 사회문제를 지적 수준의 측면에서 실제로 다시 진술하는 것은 전적으로 가능한 일이다 ... 모든 인간이 각자의 지적 수준에서 일하게 만드는 일의 큰 장점은 근본적인 것임이 입증될 것이다.
>
> (Goddard, 1920 vi)

고다드는 '캘리캑 가(家)'에 대한 연구로 유명하다(Goddard 1912). 이 연구는 한 남자의 후손인, 400명에 가까운 두 가족을 비교하면서 유전적 명제를 입증하려고 한 것이었다. 한 가족은 지적으로 저능한 여성과 결혼해서 생겨난 것으로, 100여 명의 저능한 사람이 있었고, 이와 달리 정상의 지능을 가진 여성과 결혼해서 생겨난 다른 가족에는 저능한 사람이 전혀 없었다.

고다드의 연구에서 나온 결론 중에는 다음과 같은 것도 있다. 지적으로 저능한 사람들이 사회 진보를 가로막는 것을 방지할 대책을 마련해야 한다. 고다드의 주장에 따르면 지적으로 저능한 사람들의 수는 정상인보다 더 빠른 속도로 늘어난다. 그의 제안에 따르면, 장애 시설을 만들어 그들이 차단된 가운데 생활하도록 해야 한다. 그의 엘리스 아일랜드 연구(Ellis Island work)에서 그는 남부/동부 유럽 이민자들로 이루어진 다양한 문화 집단에서 매우 낮은 수준의 평균 IQ를 발견했다. 이 사실은 1924년에 이민자 제한법(Immigration Restriction Act)을 만드는 데 도움을 주었다.

2) 루이스 터만

터만(Lewis Terman)은, 고다드와 마찬가지로, 클라크 대학에서 G. S. 홀의 학생이었고, 골턴의 추종자였다. 터만은 그의 자서전에서, "근대 심리학의 창건자 중에서 내가 가장 존중하는 인물은 골턴이다"(Terman 1932, 331)라고 밝혔다. 터만이 지능검사의 역사에서 유명해진 이유는 세 가지다. 첫째, 그가 1916년에 출간한 『지능의 측정(*The Measurement of Intelligence*)』 때문이다. 여기서 소개한 스탠퍼드-비네 검사는 미국의 아이에게 맞게 비네 검사를 수정한 것이었다. 둘째, 스탠퍼드-비네 검사에서 IQ라는 아이디어를 지능검사에 끌어들인 점 때문이다(터만은 이 아이디어를 스턴(Stern)에게서 얻었다). 셋째, 그가 지적 영재에 관한 연구를 수십 년간 했었기 때문이다.

터만의 연구는 고다드, 버트, 골턴과 마찬가지로, 광범한 사회적 목적에 기여했다. 근본적으로 그들의 목적은 똑같았다. 터만도 우생학자였고, 1922년부터 1935년까지 미국 우생학회(American Eugenics Society)의 자문위원이었다. 카민(Kamin, 1977, 20)은 『지능의 측정』 제1장에 들어있는 다음과 같은 글을 인용한다.

> ... 가까운 장래에 지능검사는 심각한 결함을 가진 수만 명의 사람을 사회적 감시와 보호로 끌어넣을 것이다. 이는 마침내 저능한 인간의 재생산을 가로막고 범죄, 극빈, 산업적 비효율성이 양산되는 것을 차단하는 결과를 낳을 것이다. 오늘날 너무 흔히 간과되고 있는 유형에 속하는 상위 등급의 사례는 국가에서 가장 중요하게 여겨야 할 지도력을 가진 그런 사람들임은 새삼 강조할 필요도 없다.
>
> (Terman, 1916, 6-7)

몇 년 후에 터만(Terman 1923, Minton 1988, 98에서 재인용)은 다음과 같은 견해에 동의한다는 뜻을 밝혔다.

> ... 능력에 따라서 교육과정을 분화하고, 학생들을 분류하는 것은 결코 비민주적 조처가 아니며, 만일 공립학교가 민주주의의 참된 도구가 될 수 있으려면 절대적으로 필요한 일에 속한다. ... 진정한 민주주의는 자질의 평등에 의존하지 않고 기회의 평등에 의존한다 ...

또 다른 글에서(Terman 1922, 657-9, Minton 1988-9에서 재인용) 터만은 다음과 같이 밝혔다.

> ... 과학이 제공해 주어야 할 모든 가능한 사실은, 지적 능력(mental ability)을 대체로 천부적인 것으로 여겼던 골턴의 이론을 지지한다 ... 과학, 예술, 정부, 교육, 사회복지를 일반적으로 진보시키는 지도자들을 육성하기 위해서 우리가 찾아내야 할 것은 전체 인구의 상위 25%, 특히 상위 5%다 ... 지능이 낮은 15~20%는 민주주의의 바닥짐(ballast)으로서 전혀 쓸모없는 것은 아니고 잠재력은 늘 지니고 있다 ...

07 이해의 공백: 왜 골턴주의인가?

이 책은 지능검사에 관한 종합적 역사서가 아니다. 일례로, 로버트 모란트를 논하고 있는데, 그는 오직 교육행정에서 활동한 인물이었다. 지능검사에 관한 더 충실한 이야기는 이미 여러 차례 나왔다. 이런 이야기의 미국 편은 지금까지 나의 설명에서 빠졌던 유명한 인물을 많이 거론한다. 예컨대 여키스(Yerkes),

손다이크(Thorndike), 서스턴(Thurston), 그리고 더욱 최근의 인물로는 옌센(Jensen), 헌스타인(Herrnstein), 머리(Murray)가 있다. 이들은 이 책에서도 나중에 다룰 것이다. 또 아직 언급하지 않은 이야기가 두 가지 있다. i) 우생학은 1930년대에 나치스가 받아들였고, 우리가 모두 아는 결과를 낳은 후 그것에 대한 열정은 영국과 미국에서 급격히 추락하였다. ii) 1960년대 후반에 옌센의 연구, 그리고 1990년대 중반에 헌스틴과 머리가 저술한 『벨 곡선(1994)』에 이어서 소위 '인종 간 지능 차이'에 대한 관심이 다시 떠올랐다. 두 가지 사항에는 흥미로운 점이 들어있다: 골턴의 관점은 '끈질긴 것'이며, 엄청난 결함을 갖고 있음에도 불구하고 한 세기 후에 다시 살아나는 괴력을 가진 것임이 드러났다. 이는 앞서 지적했던 점, 즉 골턴이 말하는 지능의 존재, 그리고 개인별로 능력의 한계가 다르다는 아이디어는 **논박-불가능한** 것이라는 점과 어디까지 연결되는 것일까?

여기서 내가 지금까지 논의한 바의 목표로 되돌아간다. 대체로 이런 논의는 근대 심리학의 초기 역사에 흥미가 있는 사람들에게 친숙한 것이다. 이제까지 나의 목표는 '이해의 공백(gap in intelligibility)'을 밝히는 일이었다. 왜 그런 개척자들은 대서양의 양쪽에서 자신들의 이론, 검사, 교육방안을 발전시키게 되었을까? 무엇이 그들에게 (이 책에서 내가 인용했던) 발언을 하도록 이끌었을까?

나는 그들의 입장의 **특이점**을 밝혀보려고 노력했다. 특이점이란 엉뚱함, 수용-불가능성, 심지어 일부 진술의 비인간성, 혹은 심층적 근거 부족이 거기에 들어있다는 뜻이다. 이를 처음부터 모두 파악하기는 어렵다. 왜냐면 우리가 현재 살고 있는 이 문화 자체가 그동안 지능이론에 의해서, 그리고 이와 연관된 교육 선발과 같은 실제에 의해 크게 물들었기 때문이다. 이 절을 마무리하자면, 나는 더 충분히 설명할 필요가 있는 사항을 다시 꺼내어 더 세밀하게 논해야 할 것이다.

대체로 이런 사항들은 우리가 골턴으로 되돌아가게 만들 것이다. 왜냐면 많은 사람의 입장에 들어있는 여러 특이점은 그 기원을 골턴에게서 찾음으로써 비로소 설명할 수 있기 때문이다. 골턴은 그 계통에서 최초의 인물이었다. 만일 우리가 **그의** 동기가 무엇이었는지를 더 분명히 이해한다면, 다른 사람들도 더 제대로 이해하게 될 것이다.

골턴은, 다른 용어를 사용하기도 했지만, 지능이라는 아이디어를 만들어냈다. 지능은 골턴에서부터 다른 유명한 인물을 거쳐서 『벨 곡선』의 공동 저자인 헌스타인과 머리, 그리고 그 이후로 전해졌다. 골턴은 왜 지능을 창안했을까? 그보다 앞서, '인간은 누구나 지적, 일반적, 제한적 능력을 서로 다른 정도로 소유한다'라는 생각에 이르렀던 사람은 아무도 없었다. 이런 능력에 관한 생각은 엉뚱한 것이다. 왜 이 요소들일까? 자세히 검토해보면 신빙성이 전혀 없는 데도, 왜 **그런 요소가** 거기에 들어가게 되었을까?

이런 능력에 관한 흥미는 골턴의 더 큰 관심이었던 우생학의 일부였다는 점을 우리는 이미 살펴보았다. 그러나 이는 우리의 이해 욕구를 어느 정도까지만 충족시켜준다. 우리는 더 알 필요가 있다: 왜 골턴은, 그리고 그의 제자들은 처음에 우생학에 이끌렸을까? 또 있다: 왜 우생학적 아이디어는 그들에게서 나타난 그런 형태를 띠게 되었을까?

1) 왜 추상적 사고를 강조했는가?

왜 그토록 지력을 강조했을까? 왜 지능은 지능검사에서 시험을 치르는 논리적, 수학적, 언어적 영역과 특별히 연관되었을까? 만일 우생학의 주된 과업이 여러 영역의 사회지도자 육성에 있었다면, 왜 거대한 조직 운영에 필요한 실천적 능력과 같은 것은 빠지고 더 좁고, 더 추상적인 능력으로만 치우쳤을까?

그 답의 일부는 틀림없이 다음과 같은 믿음에 들어있다: 지적 능력(mental ability)은 일반적이라는 믿음, 그리고 순수한 지력의 훈련은 정치가/장군에게 필요한 더 구체적인 능력을 낳게 될 것이라는 믿음이다. 그러나 우생학적 관점과 일반적 능력이라는 아이디어는 서로 별개일 수 있다. 골턴의 유토피아를 만들 때, 하워드 가드너(1983)의 '다중지능' 중 어느 것에서나 얼마나 훌륭한 성취를 이루었는가에 따라서 20대 초반의 우수한 청년 남녀를 고를 수 있고 이들에게 우생학 상을 수여하는 의식을 상상할 수도 있다. 여기서 짐작할 수 있듯이 우생학에 따른 설명은 우리의 이해욕구를 제대로 충족시켜주지 못한다. 아직도 우리는 왜 추상적, 지적, 일반적 능력에 초점을 두었는가를 알아야 할 필요가 있다.

우연한 점이겠지만, 골턴의 상장 수여식에 관한 이야기에서, 그 구체적인 것들은 얼마나 환상적인가? 결혼할 의지가 있는 커플에게 현금(오천 파운드)을 제공하는 일, 그리고 그 자녀에게 국가교육을 무상으로 제공하는 일은 유토피아의 이야기만은 아니었다. 제임스 매킨 카텔(James McKeen Cattell, 1860-1944)이라는 미국인은 1886년 잉글랜드 케임브리지 대학에서 강사였을 때 골턴과 같이 연구했고, 나중에 골턴주의자가 되었다. 그는 개인차의 측정에 깊은 관심을 가졌고, 이를 미국에 소개했다. 실제로 카텔은 "그의 자녀 일곱 명에게, 만일 대학교수의 아들이나 딸과 결혼한다면 각각 일천 달러를 주겠다고 약속했다"(Schultz and Schultz 2000, 209).

2) 왜 능력의 시험/검사에 사로잡혔는가?

골턴의 유토피아에서 찾아볼 수 있는 또 다른 특징은 공적 시험에 대한 의존성이다. 청춘 남성들은 '재능, 성격, 체력'에 관한 시험에서 상위에 올랐고, 청춘 여성들의 시험은 '마음과 두뇌의 고상한 자질뿐만 아니라 기품, 미모, 건강, 좋은 성품, 숙달된 가사 그리고 순정'에 치중했다. 이것도 환상에 그치지는 않았다. 시험은 골턴의 삶에서 그리고 좋은 사회에 대한 그의 관념에서 큰 부분을 차지했다(Francher 1984). 앞서 보았듯이 『유전적 천재』의 첫 번째 사례 연구는, 케임브리지 대학의 고급수학 최종시험의 분석, 특히 최우등생과 우등생에 대한 상세한 분석이다. 골턴 자신도 그 대학에서 수학 우등생이 되려고 시도했었다. 우등생을 희망했으나, 정서적인 충격 때문에 '보통' 학위에서 끝나고 말았다. 프랜처(Francher)의 글에 따르면, 이런 경험은 그가 평생토록 경쟁적인 일급 수준의 시험에, 그리고 인체 측정 검사에 사로잡히게 되었던 점을 설명하는 데에 도움을 준다. 그러나 '시험'에 대한 그의 관심은 학술적인 것을 뛰어넘었다. 이는 『유전적 천재』의 앞부분에 나오는 다음 구절에서 분명히 드러난다(Galton 1978, 6).

> 나는 사회생활 혹은 전문가 생활을 시험의 연속이라고 본다. 모든 사람은 다른 사람으로부터 좋은 평판을 얻을 것인지 그리고 각자의 전문직에서 성공할 것인지에 관한 후보자이며, 그리고 장점들의 합산에 대한 일반적 추정치가 얼마나 큰가에 따라 성공이 정해진다. 일상적인 학업 시험에서 점수는 여러 구체적인 교과마다 비율에 따라 부여된다. 라틴어에 몇 점, 희랍어에 몇 점, 영국사에 몇 점 등등으로. 세상은 똑같은 방식으로 그러나 거의 무의식적으로 인간에게 점수를 배정해준다.

골턴 자신의 우생학적 비전에서는 시험이 중심이었고, 그리고 시릴 버트 및 다른 우생학적 심리학자의 연구와 사상에서는 학교 시험이나 심리검사가 두드러졌다. 그러나 우생학과 시험 특히 학업 시험은 서로 필연적 관계가 아니다. 왜냐면 우생학자는 자신이 길러내거나 혹은 없애려고 하는 대상을 찾고자 할 때, 유전자를 통해서 할 수도 있으며, 반드시 세 시간의 필기시험이나 스탠퍼드-비네 검사를 통해서만 해야 하는 것이 아니기 때문이다. 또다시 이런 이야기에는 설명의 공백이 남아있다. 왜 **이들** 우생학자는 그토록 시험이나 지능검사에 비중을 두었을까? 이는 모두 골턴의 학창 시절의 실패로 되돌아가는 것일까? 혹시나 다른 까닭이 또 있지 않을까?

다윈의 연구가 지능검사의 기원을 설명하는 데 주요 요인이었던 것은 분명하다. 그의 『종의 기원』은 1859년에 출판되었고, 다윈의 주제를 담은 골턴의 잡지 기고문은 1865년에 출간되었다. (그 사이 6년간 골턴이 참여했던 다윈주의 집단에 대해서는 팬처(Fancher, 2001)를 참조) 그러나 다윈의 영향은 전체를 설명해주지 못한다. 다윈의 이론이 인간사회에 미친 시사점을 고민한 다윈주의자는 많았으나, 그들이 모두 우생학자였던 것은 결코 아니다. 따라서 우리는, 왜 골턴과 그 추종자들은 **그런** 방향으로 빠지게 되었는가에 대한 답변이 필요하다. 또한 우리는, 왜 그들은 우생학에 대한 그들의 관념 속에 '지적, 일반적 능력', '시험과 검사'라는 우연한 특성을 집어넣었는가에 대한 설명도 필요하다.

3) 왜 최상위/최하위 능력으로 관심이 양극화되었는가?

골턴주의(Galtonianism)에는 궁금한 점이 또 있다. 예컨대, 유명하지 **않은** 사람, 재능이 **없는** 사람에 대한 태도다. 때때로 골턴주의는 가장 유능한 사람에게만 관심이 있는 것처럼 보인다. 마치 말을 육종하는 사람들이 경주에서 승리할 수 있는 말의 종류에만 관심이 있고 나머지는 깡그리 무시하는 것처럼 말이다. 그런데 이와 다른 점도 있다. 말 육종가는 그 나머지를 무시하지만 아무런 **태도**를 보이지 않는다. 그러나 골턴과 그의 추종자는 재능없는 사람들에 대해 어떤 태도를 **보여준다**. 앞서 인용한 구절에서, 골턴은 후속 세대를 두 가지 카스트 즉, 'A와 B로 나누고 A는 타고난 재능으로 뽑힌 자, B는 나머지(쓰레기)로' 분류한다고 언급했다. 또한 우리가 보았듯이, 터만(Terman)에게 '전체 인구의 15~20%는 ... 민주주의의 벨라스트이며, 늘 쓸모없지는 않으나 늘 이로운 것도 아닐 수 있다'. 이렇게 배척하는 태도는 특히 지능이 가장 낮은 사람들을 향한다. 이런 태도는, 그들을 감호소에 따로 집어넣고, 이민을 차단해야 한다는 이야기에서도 나타나고, 그리고 '뒤처진' 아이들에게 너무 많은 것을 기대하면 안 된다는 버트의 제안에서도 나타난다.

이와 관련된 한 가지 핵심은 양극단에 초점을 두는 골턴주의자의 경향이다. 이들의 첫째 관심은 최고로 유능한 사람이다. 그다음 관심은 최하위의 능력에 속하는 사람, 즉 지적으로 박약하거나 뒤떨어진 사람이다. 나머지는 평균 지능에 가까운 사람인데 이에 관한 관심은 별로다. 높은 사람들과 낮은 사람들은 흔히 **평가적** 언어로, 즉 '선한', '악한'처럼 대립적으로 표현되었다. 예컨대, 고다드의 연구에 나오는 '캘리캑(Kallikak)'은 그가 만든 말인데, 그리스어 *kallos*(아름다운)과 *kakos*(추한)를 조합한 단어다. 이것은 캘리캑-가(家)의 대조적인 양쪽 가계에 적용된다. 이처럼 골턴의 연구에서는 윤리적 표현이 자주 보인다. 그의 1865년도 연구에서 더/덜 유능한 사람들은 지력뿐만 아니라, 성격에서도 구별된다. 『유전적 천재』에서 성격 차이는 덜 나타나는 편이지만, 윤리적 차별은 많다. 이는 "극단적 부류, 최선과 최악"(Galton 1978 xxii)이라는 구절에서 보인다. 그가 애호하는 부류는 "저명한", "인생에서 명예롭게 성공한 사람들(ibid,)", "우리 인류 집단에서 가장 가치 있는 부류(ibid)"라고 적혀있다. 다른 한쪽 끝에는 '진화에서 정체된' 자들이 있다. 이는 '재능있는 자들보다 뒤떨어지나, 더 낮은 인종보다는 앞선' 자들이다. 이중 최하위는 "최근에야 야만에서 벗어난"(ibid., 350)자들이다. 비-문명, 즉 미개함의 흔적은 "우리 인종의 보헤미안 기질"(ibid., 347)에서 보인다, 이 기질은 사람들이 '일상 노동의 단조로움'을 피하고, 술집/범죄로 향하게 만든다. 다행스럽게도 "잉글랜드 생활의 사회적 요구는 꾸준히 그런 기질을 근절시키고 있다"(ibid.). 이런 미개한 흔적은 "약탈당하는 마을의 혼란"에서도 볼 수 있는데, 거기서 "잉글랜드 군인은 야만인과 똑같이 잔인하다. 그런 상황에서 신사의 매너는 교육이 야만적 본성에 입혀놓은 반짝이는 광택에 불과한 것으로 보인다"(Galton 1865, 326).

4) 왜 거창하게 과장했는가?

그러므로 설명을 요구하는 항목은 골턴이나 다른 사람의 사고에 들어있는 '높은 능력과 미덕' 그리고 '낮은 능력과 악덕'이라는 양극화였다. 또 다른 항목은 거창한 '과장(grandiosity)'에 관한 것이다. 왜 골턴은, '살아있는 우주의 본질은 순수한 일신론이며' 그리고 '인간이나 다른 모든 생물은, 우리 중에서 아주 소수의 사람이나 이해할 수 있을 법한, 우주적 행위라는 거대하게 더 확대된 시스템 속에서 능동적으로 일하고 공유하는 존재다'라고 썼을까? 왜 골턴은, 『유전적 천재』의 1892년도 판본 서문에서(Galton 1978, xxvii) '현재 비참하게 낮은 수준에 놓인 인류를, 박애주의자들이 꿈꾸는 유토피아가 실현될 수준으로 차츰 끌어올린다'라는 전망에 환호했을까? 이런 언급은 그저 수사학적 과장이었을까? 혹은 어떤 다른 설명이 가능한 것일까?

5) 왜 그 흔적은 1865년에서 멈추는가?

마지막으로 수수께끼가 있다. 신 과학(지능심리학)의 교수들과 제자들은 1930년까지 서로 연대하여 복잡한 관계망을 형성했다. 이는 모두(골턴이 말하는 저명한 가족과 비슷한 지적 집단으로서) 1930년까지 30여 년에 걸쳐 생긴 것이었다. 영국과 미국에서 그들의 움직임은 대학의 심리학뿐만 아니라 교육정책 및 사회정책에서 강력한 세력을 형성했다. 그 기원을 우리가 찾는다면, 모든 심리학 텍스트에서도 마찬가지로, 골턴에게 돌아가게 된다. 골턴의 저술을 살펴보면 그의 아이디어는 『유전적 천재』로부터 '유전적 재능과 성격'이라는 잡지 글로 거슬러 올라간다. 그러나 거기서, 1865년도에서 추적은 멈추고 만다. 생득적, 일반적, 지적 능력으로서의 지능, 재능과 무능이라는 양극단, 그리고 인류의 구원자로서의 우생학이라는 아이디어는 모두 1865년도에 생긴 것처럼 보인다. 다윈의 영향이 컸을 것이라는 점에 동의하지만, 앞서 언급한 것처럼 골턴주의의 특성은 다윈에게서만 끌어낼 수 없다. 그 기원은 다윈 외에 어디에 있는 것일까?

08 결론

실천적 영역에서 보면 시릴 버트의 활동은, 로버트 모란트가 이룩한 성취 위에서, 잉글랜드 중등학교 선발 시스템이 발달하는 데에 공헌했다. 이론적 영역에서 본다면, 버트는, 그의 멘토인 프랜시스 골턴의 성취 위에서, '지능은 생득적, 지적 능력이며, 이는 지적 성취에서 개인별로 각기 다른 한계를 만들어 낸다'라고 주장했다. 철학적 분석은 버트의 이런 지능관에 심각한 난점이 있음을 밝혀준다. 이런 지능관을 뒷받침해줄 타당한 정당화가 없다면, 어떻게 해서 그것이 애당초 생겼는가에 관한 설명을 찾아 보는 것이 의미 있는 일이다. 우생학에 대한 그들의 관심은 그 해답의 일부분을 제공해준다. 초기의 지능 개척자는 대다수가 영국과 미국에서 우생학을 옹호했으며, 우생학의 뿌리는 1865년에 골턴이 작성한 관련 분야의 최초 출판물로 거슬러 올라간다. 그러나 이런 점은 우리가 원하는 설명을 어느 정도만 제공해줄 뿐이다. 왜 지능은 '지적' 능력, 특히 추상적인 종류의 지적 능력과 동일시되었을까? 왜 우생학자들은 능력 범위의 양극단에 특별히 관심을 쏟았을까? 왜 그들은 시험과 검사에 그토록 비중을 두었을까? 그리고 과연 이런 역사적 서사는 1865년 이전의 시간으로 확대될 수 있는 것일까?

Chapter 2. 비슷한 점

01 지능과 예정설

나는 1969년에 타임즈 교육 주간지에 짧은 글을 실었다. '지능 - 새로운 청교도주의'(TES 24 October 1969, 4). 이 제목을 내가 혹은 편집 차장이 붙였을 것이다. 그 제목의 근거는 미약한 편이었다. 그 글은 그때 출간되었던 『흑서 제2권』에 실린 버트(Burt)와 아이젱크(Eysenk)의 글에 대한 비판이 대부분이었다(Cox and Dyson 1969). 그러나 나는 내 글의 끝에 '우리의 지능에는 각자의 한계가 있다'라는 교설에 관한 나의 이야기에 미사여구를 덧붙였다. 그 핵심 사항은 제1장에서 이미 언급했다.

> 그런 공식적 교설이 주장한 것처럼, 우리에게 제각기 지능의 천장이 있다고 생각하는 데에는 무슨 이유라도 있는가? 전혀 없다 ...
>
> 우리 모두에게 그런 천장이 있다는 주장은 이해할 수 없는 명제가 아니다; 그러나 그것은 신이 존재한다는 명제처럼 확증도 불가능하고, 반증도 불가능한 것이다. 신과 지능을 비교하는 것은 결코 엉뚱한 일이 아니다. 모든 인간은 유전적으로 결정된 지능을 갖는다는 명제는 우리 모두의 미래가 신에 의해 예정되어 있다는 칼뱅주의의 믿음과 다르지 않다. 이 두 가지 경우에서 우리는, 인간이 이루게 될 것에 대해 한계를 정해주는, '거기 밖'에 혹은 '유전자 안'에 들어있는 어떤 것이라는 신비한 아이디어를 보게 된다.
>
> 지능의 공식적 교설은 오래된 청교도주의의 근대적 버전에 속한다. 신이 자연으로 바뀌고; 선택받은 자는 엘리트로 바뀌고; 구원받은 자들의 공동체는 멘사(Mensa)로 바뀌고; 그리고 청교도 고위 성직자는 지능 검사자로 바뀌었다. 이제 우리는 그런 원시적 생각을 마음에서 지워야 할 때가 되었다.

아이젱크는 '환경-새로운 도그마'(TES 12 December 1969; 4)라는 글로 응수했다. 그러나 청교도주의에 대한 나의 언급에 대해서는 아무 말도 없었다. 혹시 그 점을 근거가 없는 신문 특유의 과장이라고 보았는지는 나도 모르겠다.

최근에야 내가 알게 된 사실이 있다: 예정설과 비교했던 나의 이야기는 오래전에 저널리즘에 이미 나타났던 것이다. 1922-3년에 월터 리프먼(Walter Lippman)이라는 미국 칼럼니스트는 『새로운 나라(*The New Republic*)』라는 잡지에 유명한 글을 여섯 편 연재했다. 여기에는 터만(Terman)의 반박문에 응답하는 글도 들어있다. 리프먼의 표적은 터만이나 다른 사람이 사용했던 지능검사다. 이 지능검사가 당시에 전국적 주목거리가 된 데에는 이유가 있었다. 왜냐면 로버트 여키스(Robert Yerkes)와 고다드(Goddard)와 같은 심리학자가, 미국이 1917년 제1차 세계대전에 참전한 후, 미 육군 신병의 지적(mental) 수준의 분류에 참여했기 때문이었다.

> 심리검사는 이 전쟁에서 나름의 승리를, 즉 공적 수용이라는 성공을 거두었다. 수백만의 피고용자, 학생, 및 대학 지원자가 이윽고 연속적으로 검사를 받았고, 그 결과에 따라 그들의 삶의 진로가 결정될 수 있었다. 1920년대 초에는 매년 4백만 개의 지능검사가 구매되었고, 대부분이 공립학교에서 사용되었다. 터만의 '스텐포드-비네'는 1923년까지 오십만 부가 넘게 판매되었다. 미국에서 공교육 시스템은 지능지수라는 개념을 중심으로 재편되었고, IQ 점수는 학생의 진로와 진학에서 가장 중요한 기준이 되었다.
>
> (Schultz and Schultz 2000, 215-16)

이것이 바로 리프먼의 신랄한 비판의 배경이었다. 그 세부 사항은 우리의 관심사가 아니다. 오직 리프먼이 그의 논설의 세 곳에서 예정설을 언급했다는 사실이 중요하다.

> ... 그 유명한 검사자들은 대부분, 자신들이 정말 지능을 측정하고 있을 뿐만

> 아니라, 그 지능은 생득적, 유전적, 예정된 것이라고까지 주장한다. 그들은 자신들이 인간의 불변하는 능력을 측정하고 있으며, 그리고 이 능력은 아동의 유전에 따라 운명적으로 결정된다고 믿는다. 이런 도그마에 빠진 사람들이 장악하고 있는 지능검사는 지적 카스트 시스템으로 끌고 갈 수밖에 없으며, 여기서 교육의 과업은 예정설과 유아 저주에 굴복되고 말 것이다.
>
> (Lippman 1922, 298)

그리고,

> 그들의 척도가 측정하지 못하는 것은 이윽고 그들에게는 존재하지 않는 것이 되어버리고, 따라서 그들은 유아의 교육을 연구하기도 전에 학생의 유전을 거론한다. 그러나 인간적 동기를 가진 학생들은 아무도, 이런 예정설의 부활이 단순한 통계적 환상 때문이라고 믿지 않을 것이다.
>
> (ibid)

그리고 터만에게 반박하는 글에서 리프먼은 다음과 같이 말한다.

> 마지막으로, 이 사업에 관해서 나에게 '정서적 콤플렉스'가 있다는 터만 씨의 생각에 대해 한마디 하고 싶다. 그렇다. 나는 인정한다. 나는, 한 인간의 삶에 예정된 적합성이 오십 분이라는 시간 내에서 판단되고 분류될 수 있다는 그들의 뻔뻔한 주장을 증오한다.
>
> (ibid.)

리프먼은 '유아 저주', 그리고 예정설의 '부활'을 언급했는데, 이로써 판단한다면, 그는 칼뱅주의적 청교도주의를 생각하고 있었음이 틀림없다. 그러나 알기 어려운 점도 있다. 이는, 그가 정말로 종교적 교설과 심리학적 교설 사이에 어떤 역사적 연관성이 있다고 보았을까, 혹은 그가 그의 저널리스트적 설명에 약간의 색깔만 입혔던 것이었을까 하는 점이다.

저널리즘과는 별도로, 역사적 연관성을 옹호 혹은 부정할 만한 어떤 증거가 있을까? 이 장의 남은 부분에서 나는, '지능에 관한 아이디어'와 '청교도 기원이라는 아이디어' 사이의 어떤 유사성을 밝혀볼 것이다. 예정설뿐만 아니라 여러 가지 것에 초점을 둘 것이다. 제3장과 제4장에서는 또 다른 증거와 반대-증거를 거론할 것이다. 그러기 전에, 논의의 장을 마련하기 위해서 나는 청교도주의의 배경을 간략히 설명할 것이다.

02 청교도주의: 영국과 미국

골턴식의 지능검사가 정착하게 된 지역은 특이하게도 영국과 미국이다. 이 이야기에서 프랑스 출신인 비네(Binet)가 크게 주목받는 것은 사실이다. 그러나 비네가 중요한 것은, 고다드 그리고 특히 터만이 비네의 1905년도 검사를 활용해서 이 검사의 새로운 버전을 골턴의 우생학적 틀 안에 집어넣었기 때문이다. 비네에게는 그런 거창한 계획이 없었다. 프랑스 정부는 비네에게 공립학교에 다녀도 별로 이득이 없을 아이들을 찾아내는 방법을 알아내 주기를 요청했고, 비네는 이 일에 쓰려고 자신의 검사를 만들었다. 이 검사는 학교 교육과정의 특성과 비슷하게 학업 요소를 중심으로 만들었다. 따라서 이 검사의 목표는 극히 한정된 것이고, 지능의 생득적 기반, 능력의 한계, 혹은 우생학적 천재의 장려와 같이 더 폭넓은 문제와는 아무 관련이 없었다. 스테판 제이 굴드(Stephen Jay Gould, 1981, 155)가 지적하듯이, "그 점수는 실제적 장치이지, 지력의 이론과는 전혀 무관한 것이다". 그뿐만 아니라 비네는 특별 훈련을 통해 지능이 개선될 수 있다고 믿었고, 낮은 점수가 낮은 지적 한계를 가리키는 지표라고 믿지도 않았다. 비네는 이 책에서 거론하는 영국과 미국 출신의 이론가들과는 전혀 다른 마음가짐이었다.

영국과 미국은 청교도의 뿌리가 깊은 나라다. 헨리 8세와 로마 교황청 간의 단절로부터 1620년 **메이플라워호**의 항해에 이르기까지는 두 나라의 뿌리가 공통된다. 이 공통된 뿌리는 그 시기에 팽창했던 더 급진적 형태의 프로테스탄티즘에서 찾을 수 있다. 이런 형태는 공식적인 영국 국교회(성공회)의 이념 및 실제에서 갈수록 더 멀어졌다. 여기서 그 이론과 실제를 분명히 구별할 수는 없다. 로마 가톨릭을 배척하는 프로테스탄트의 핵심은 구원에 대한 더 엄격한 태도다. 구원은 면죄부의 구매로 증진될 것이 아니고, 또 성직자의 위계를 통해 매개될 것도 아니다. 로마 가톨릭과 비교해 보면 루터주의(Lutheranism), 그리고 특히 칼뱅주의는 자유의지보다는 구원/저주의 예정설을 강조했다. 엘리자베스 치하의 영국 국교회는 칼뱅주의에 더 가까울 것이다(George and George 1961, 54). 16세기 말, 그리고 17세기 초에 더욱 철저한 칼뱅주의 공동체들이 영국 국교회로부터 멀어지면서 최초의 청교도 집단들, 특히 장로교파, 침례교파, 독립교회파(회중교회파)가 형성되었다. 유아 세례를 거부하는 침례교파는 그리스도가 모든 사람을 위해서 혹은 오직 선택받은 자를 위해서 십자가에서 죽었는가 하는 문제를 놓고 쪼개졌다. 교회 조직이라는 측면에서, 회중교회파와 침례교파는 각 지역 회중의 자율성을 믿었던 반면, 장로교파는 더 중앙집권적인 구조를 가졌다. 스코틀랜드에서 장로교파는 이윽고 지배적 집단이 되었고, 존 크녹스(John Knox)가 1559년에 칼뱅주의에 속하는 제네바에서 돌아온 이후, 크녹스의 개혁을 따랐다. 17세기 초 뉴잉글랜드에 식민지가 세워진 이후부터 영국과 미국의 역사는 갈라지기 시작했는데, 올드 잉글랜드에서 뉴잉글랜드로의 이주는 17세기 내내 계속되었다.

청교도주의는 이상적인 기독교도 생활의 그림에서 혁명을 일으켰다. 로마 가톨릭의 경우, 기독교도의 이상적 삶은 속세에서 벗어난 수도원 공동체에서 명상하며 지내는 수도자의 삶이었다. 청교도의 경우, 찰스 테일러의 말처럼 "일상적 삶의 긍정"(Taylor 1986, Part III)이 생활의 중심이었다. 기독교도에게 최상의 삶의 방식은 일상 세계에서 먼 것이 아니고 오히려 가정생활과 생계유지에 충실히 몰두하는 것이었다(Weber 1930, 81, 108, 158-9 참조). 신이 부여한 천직(소명)에서 열심히 일하고, 자기 자녀를 양육하고, 각자의 일상적인 도덕적 책임에 충실한 것이 새로운 특징이었다. 이는 개인의 구원뿐 아니라 집단의 목표 즉 '새로운 예루살렘'의 창조와 연관되었다. 개인의 개선과 사회의 개선은 청교도의 강력한 동기였다. 이에 관한 더 자세한 논의는 이번 장과 다음 장에서 계속될 것이다.

1) 영국

16세기부터 18세기까지의 영국을 살펴보면, 스코틀랜드에서는 장로교가 지배적 형태의 종교로 등장하면서 법률적, 교육적 시스템의 형성에 영향을 미쳤지만, 잉글랜드에서 청교도 신념은 소수에 한정되어 있었다. 그러다가 17세기 중반에 청교도는 크롬웰의 지배하에서 국가권력을 장악했으나, 왕정복고 이후 반동적 상황이 벌어졌고, 클라랜던 령(Clarendon Code)으로 알려진 일련의 처벌 조항은 영국 국교회에 대해서 충성 서약을 거부한 사람들을 시(市) 정부의 관리직과 학교/대학의 교직에서 쫓아냈다.

나중에 비국교도(dissenter)라고 알려진 이들은 1652년 무렵 조지 폭스(George Fox)가 세운 교파에 속하는 퀘이커 교도를 받아들였다. 회중교회파, 장로교파, 그리고 일부 침례교파와 달리, 퀘이커파는 예정설 혹은 신-인간의 절대적 간격을 믿지 않았다. 퀘이커파의 주장에 따르면, 모든 인간의 영혼에는 '내면의 빛' 혹은 '그리스도의 씨앗'이라는 신적 영혼의 요소가 심어져 있다. 구원은 인간 자신의 손에 달려있다. 구원은, 그들이 내면의 빛에 어떻게 반응하는가에, 즉 신의 씨앗을 그들이 얼마나 잘 길러서 그것이 그들의 삶을 통제하는 힘이 되도록 하는가에 달려있다.

퀘이커 교도를 비롯한 비국교도에 대한 외적 박해는 1688년에 왕이 된 윌리엄 3세의 관용령(Act of Toleration)에 따라 크게 완화되었지만, 그들은 잉글랜드의 주류 사회로부터 일정한 거리를 유지하면서 살았다. 이런 삶은 19세기의 입법 그리고 다른 형태의 변화가 비국교도를 주류 사회로 되돌아오게 만들 때까지 지속되었다. 이런 재통합의 한 가지 이유는 수많은 비국교도가 다른 전문직에서 축출된 이후로 거두었던 상업/산업 분야에서의 성공 때문이었다. 또한 그런 축출을 계기로, 비국교도는 자체적으로 '비국교도 아카데미'를 비롯하여 중등/고등교육 시스템을 조직하였고, 17세기 후반 이후에는 '평민을 위한 일반교육'과 '성직자를 위한 신학 훈련'을 자주 제공하였다. 또한 18세기에 이르면 장로교파에 속하는 스코틀랜드의 고등교육 기관과도 긴밀한 연계가 형성되었다. 잉글랜드와 스코틀랜드의 주요 대학에서 가르쳤던 '근대적' 교육과정에는 과학과 수학이라는 교과가 포함되어 있었고, 이것을 새로운 산업가들이 잘 활용하였다.

잉글랜드에서 비국교도 공동체들은 '중간계급(middling classes)'의 뼈대가 되었으며, 그중 일부는 산업혁명 기간에 거대한 부를 쌓음으로써 잉글랜드의 지배층과 가난한 하층계급의 중간에 자리를 잡았다. 18세기 중엽부터 (잉글랜드 국교회 안에서 생겨난 것인데도 비국교도들 사이에 영향을 미쳤던) 감리교의 신자들에 의해 계속 성장한 중산계급은 19세기를 거치면서 그 권력과 영향력이 증대했고, 귀족과 신사로 구성되었던 구(舊) 지주계급과도 마침내 권력과 영향력을 공유하게 되었으며, 이들이 함께 중상층 계급을 점차로 형성하였다. 갈수록 경계는 더 흐려지고 더 세속화된 형태의 중산계급은 20세기에 전반적으로 잉글랜드의 정치를 지배하였다.

2) 미국

영국에서 청교도는 소수 공동체였고 다년간 주류에게 배제되었지만, 미국에서 청교도는 1620년 **메이플라워호** 이후로 새로운 사회를 **형성**하였다. 이는, 청교도의 태도가 미국의 오랜 역사를 통해서 미국의 일반 문화를 형성할 수 있었다는 뜻이다. 메이플라워호가 상륙한 지 10년이 흐른 1630년, 존 윈스럽(John Winthrop)은 다른 청교도와 함께 **아벨라호**를 타고 도착했다. 이들은 대체로 회중교회파(congregationalists)로, 새로운 성령 시대를 입증하는 '언덕 위의 도시'를 건설하려는 뜻이 있었다. 존 윈스럽은 매사추세츠 만(灣) 식민지의 첫 번째 지도자가 되었다. 이곳은 철저한 신정적(theoretic) 공동체였고, 그 기반은 회중교회파 신념, 즉 구원을 받을 것으로 예정된 선민(elect)이라는 신념이었다. 18세기 초까지 다른 이민 집단이 영국에서 건너와 뉴잉글랜드 심장부의 외곽에서 공동체를 형성했다. 예컨대 펜실베이니아에는 퀘이커교파, 그리고 애팔래치아 산맥에는 (얼스터에서 건너온) 스콧-아일랜드 장로교파가 농장을 세웠는데, 이는 남부 및 중서부의 여러 지역으로 뻗어나갔다.

청교도주의는 그 열기가 식거나 타오르거나 했지만 19세기까지 지배적 세력을 유지했다. 이는 특히 찰스 다윈 이후의 시기에 세속적 아이디어에 밀리면서 점점 더 도전을 받았다. 19세기 말부터 아일랜드에서 건너온 가톨릭 이민자들 혹은 유럽에서 건너온 유대인과 다른 이민자들, 그리고 20세기 후반에 아시아와 라틴 아메리카에서 건너온 이민자들은 청교도주의의 문화적 영향력을 약화시켰는데 특히 북동부와 서부의 해안지역에서 그랬었다. 그러나 21세기 초에도, 특히 남부와 중서부에서, 오래된 청교도 문화의 장악력은 여전히 주목할 정도다. 이는 이 지역의 프로테스탄트 유권자들이 2004년 부시 대통령의 재선에 공헌했던 점에서 확인되었다.

청교도 신념은, 영국에서는 특정 사회계급의 열망과 연관되었으나, 미국에서는 청교도 공동체 전체의 운명과 더욱 연관되었다. 잉글랜드에서 청교도와 그 후손들은 자신을 상층계급이나 하층계급과 구별된 집단으로 보았고, 따라서 자신을 상층계급의 게으름이나 사치, 그리고 하층계급의 무례함이나 범죄 성향에서 벗어난 자유롭고 유덕한 '중간계급'으로 규정했다. 미국에서는 초기 정착 때부터 영국 사회의 대립적 집단과 같은 것이 없었고, 그리고 잉글랜드 귀족의 악덕에 대한 통속적 기억도 이윽고 사라졌다. 청교도의 미덕과 대립적이었던 것은, 처음에는 경계선 너머에 사는 토착 인디언의 세속적 실천에서 나타났고 그 이후에는 아프리카 흑인에게서 지각된 악덕에서 생겨났다. 다른 한편으로 상업사회 및 산업사회의 성장은 부분적으로는 청교도 태도에서 생겨난 것이었지만, 나중에는 성공 계급에 속한 사람들이 빈민에 대해서 잉글랜드에서와 비슷한 태도를 갖게 만들었고, 결과적으로 인종 차이까지도 계급적 측면에서 보게 만들었다.

돌이켜보면, 19세기 후반에 나타난 대영제국의 성장은, 중산계급의 정치 권력의 증대와 병행했는데, 아프리카 흑인이나 다른 종족에 비해 앵글로-색슨계가 인종적으로 우월하다는 골턴과 비슷한 견해를 확산시켰다. 그러나 그 이전의 역사적 영향이 과거에서 현재까지 여전히 강력하다. 사회계급의 속물근성이 외부로 나타나는 사례는 미국보다는 현대의 잉글랜드에 더 많고, 그리고 인종차별이 생기는 빈도는 20세기 미국에 훨씬 더 많다.

그동안 다음과 같은 주장이 있었다. '언덕 위의 도시'를 세우기 위한 '광야로의 심부름'이라는 초기 청교도의 생각은 공동 운명이라는 이미지를 만들어냈는데, 이는 미국의 역사에서 다양한 형태로 나타났으며, 그리고 오늘날까지 미국의 국가정체성을 만들어내는 데에 도움을 주었다는 주장이다. 이교도에 맞서는 신앙 공동체의 보존, 억압적인 제국 권력, 그리고 노예제의 반인륜성 등은 미국 역사의 모든 장에 들어있다. 또한 민주주의를 지키고, (독일 군사주의, 나치즘, 공산주의 및 지구적 테러리즘이라는) 악으로부터 세계를 보존하려고 참전했던 20세기의 두 차례 세계대전 및 수많은 소규모 전쟁도 마찬가지다. 이런 정치적 서사와 연결된 것은, 특히 19세기 말엽 이후 미국의 놀라운 경제 성장, 세계지도자로서 미국의 등장, 그리고 최근에 **단일** 세계지도자로서 미국의 확장 등이었다. 영국에서처럼 근면, 훈육, 검소, 시간 준수와 같은 청교도 미덕이 자본주의 성장에 미쳤던 영향도 중요한 것이다. 미국적 자기-정체성의 이 모든 측면은, 특히 19세기 말엽에 새로운 이민 집단을 급속히 미국식으로 사회화시켜야 했기에, 공교육 시스템에 반영되었다(McKnight 2003). 미국은 사악한 세계 속에서 선을 지키는 힘센 세력이라는 생각은 자유주의적 좌파로부터 갈수록 도전을 받아 왔지만, 지속적인 정치적 호응은 아직도 청교도의 유산이 얼마나 강력한지를 보여준다.

03 비슷한 점

청교도주의와 그 분파의 생성에 대해 간략히 서술했다. 이는 청교도주의와 지능검사의 연관성을 밝히는 데에 필요한 배경이었다. 이런 연관성에 관해 아직 아무 증거도 제시하지 않았다. 지금까지 내놓은 증거라고는 선택(elect)과 엘리트(elite)라는 용어, 그리고 예정설과 'IQ의 고정성'을 아주 느슨하게 비교했을 뿐이다. 역사적 연관성의 증거를 보강하려면, 여기저기서, 더 할 수 있는 일이 있지 않을까? 이제 우리는 종교적 아이디어와 심리학적 아이디어가 서로 비슷한 점(parallels)을 더 자세히 검토해볼 것이다.

1) 예정설

예정설부터 시작해보자. 예정설에 관한 믿음의 어떤 요소는, 신의 전지전능으로부터 생겨난 것으로 기독교 사상에 일반적으로 들어있지만(George and George, 1961: 53), 루터주의 그리고 특히 칼뱅주의에서 아주 강하다(Ibid.: 54). 이와 반대로 자기 운명을 만드는 인간의 자유의지를 위한 여지는, 모든 기독교 사상에서 균형을 이루는 요소로서 두 가지 프로테스탄티즘에서 비교적 약한 편인데, 특히 칼뱅주의에서 더욱 그렇다.

예정설이라는 교리는 16세기 말엽 잉글랜드 프로테스탄티즘에서, 특히 칼뱅주의 집단에서 현저하게 나타난다. 예정설에는 이중적 측면이 있다: 어떤 사람은 구원으로 예정되고, 다른 사람은 저주로 예정된다. 그 중간은 없다. 게다가 구원받는 사람은 소수고, 저주받는 사람은 다수다. 구원받는 자는 '선택된' 자, 즉 영생하도록 신이 선택한 자다. 저주받는 자는 '신의 은총이 없으면 그 쪽이다'(ibid., 55)라고 말하는 자다. 이런 말은 요즈음 우리와 달리 훨씬 더 글자 그대로의 의미로 프로테스탄트들은 사용했다.

이 사고방식에는 문제가 분명히 있다. 위와 같이 말하려면 자신이 선택된 자에 속한다는 확신을 품어야 한다. 그러나 어떻게 이런 확신을 가질 수 있는가? 신만이 아는 힘에 속하는 것을 어떻게 인간이 찾아낼 수 있는가? 모든 인간이 죄지은 존재인데, 자신의 죄가 파멸의 저주를 자신에게 내리지 않을 것이라고 어떻게 확신할 수 있는가? 이런 문제가 엘리자베스 시대 이후에 여러 세기 동안 칼뱅주의자를 괴롭혔다. 이를 나중에 다시 말할 것이다.

이런 점들은, 그저 비슷한 것일지 모르나, IQ 및 학교 선발과 연관된 아이디어에 희미한 흔적으로 남아있다. 버트의 다음 발언을 다시 살펴보자.

> 특정 아이의 타고난 지능의 정도는 그의 생애에 걸쳐 그의 일반적 효율성을 결정하는 가장 중요한 요인 중 하나다. 특히 그것은 그 아이가 교육적, 직업적, 지적 영역에서 특별히 수행할 수 있는 상한선을 정해 준다.
>
> (Burt 1955, 281)

또 다음 발언도 살펴보자.

> 이런 일반적인 지적 요인은 핵심적이고 모든 것에 스며드는 것인데, 또 다른 특성이 있음을 검사와 통계가 밝혀준다. 그것은 유전되는 혹은 최소한 타고나는 것으로 보인다. 지식이나 실천, 흥미나 근면도 그것을 증가시키는 데에는 무용지물이다.
>
> (Burt 1937, 10-11. Gould 1981, 273에서 재인용)

여기에는 **부정적** 예정설이 분명히 들어있다. 뛰어넘을 수 없는, 그리고 살면서 행하는 것에 영향을 주는 어떤 한계가 우리에게 누구나 있다. 이런 식으로 우리의 삶은 (다윈 이후에 과학이 밝혀주듯이 신이 아닌) 유전에 의해서 자연에 의해서 예정되어 있다. IQ가 낮은 사람은 결코 의사, 교사, 판사, 공학자가 될 수 없도록 예정되어 있다. 이들은 어떤 가르침을 받을지라도 그들의 유전자에 심어진 '실패지점'을 뛰어넘을 수 없다.

이런 이론은 IQ가 높은 사람의 경우에는 확정적인 평결을 내리지 않는다. 그런 사람이 삶에서 성공하는가 마는가 하는 점은 타고난 재능으로써 어떻게 하는가에 따라 달라질 것이다. 어떤 이는 너무 나태하고, 너무 쉽게 유혹에 빠져서 타고난 재능을 최대한 활용하지 못할 것이다. 다른 이는 개인적 상황이 불리하게 겹쳐질 수도 있다.

사람이 성공할 것인지를 알 수 있는 더 확실한 방법이 원리상 있을까? 골턴은 있다고 생각했다. 골턴은 『유전적 천재』에서 주장한다: 지적 능력뿐만 아니라 '열성'과 '근면의 능력'도 유전된다(Galton 1978, 38). 골턴에 따르면, 예외적인 생득적 재능이나 다른 생득적 자질을 타고난 사람은 어떤 불운을 겪을지라도 실지로 극복하게 되어 있다. "상황이 중첩된다고 할지라도 브로엄 경(Lord Brougham)[2]이 어중간하게 평범한 수준으로 억눌릴 수도 있다는 것은 믿기지 않는 일이다"(ibid.,). "엄청난 지적 능력, 일하려는 열의, 그리고 일할 힘을 갖고 태어난 인간이라면 이를 어떻게 억누를 수 있는지를 나는 모른다"(ibid., 39).

다른 데에서, 골턴은 '힘들게 지속되는 고생'의 필요성을 여전히 주장하면서도, 이것이 자연(천성)이 아닌 육성(育成)의 영역 안에 (최소한 부분적으로) 있다고 여기는 것 같다.

2) Henry Peter Brougham, 1st Baron Brougham and Vaux(1778-1868). 변호사, 영국 휘그당 정치인. 개혁가, 1832 개혁법과 1833년 노예 폐지법을 통과시키는 데에 중요한 역할을 했다. 유용한 지식 확산 협회와 유니버시티 칼리지 런던을 설립하는 데 도움을 주었다.

> 만약 성취하려는 결의, 그리고 자기-단련 및 근면의 습관이 없다면 타고난 능력만으로는 저명한 사람이 되기 어렵고; 그리고, 그런 습관이 아동기에 생기지 못한다면, 그 누구도 그 어떤 잠재력을 타고났어도 이를 충분히 발달시킬 수 없고, 그가 속한 공동체를 위해 최선의 공헌을 할 수도 없다.
>
> (Burt 1969, 22에서 재인용. 이 인용문을 나는 골턴에게서 찾지 못했음; Burt도 밝히지 않았음.)

시릴 버트는, 제1장에서 지적했듯이, 이 주장의 두 번째를 따른다. 이는 마이클 영(Michael Young)이 『능력주의의 발흥(*The Rise of Meritocracy*)』에서 지능검사에 대해서 "지능과 노력이 합치면 능력이 된다(I+E=M)"(Young 1958, 74)라고 풍자했던 유명한 주장이다.

골턴의 두 가지 견해에서 첫째는 인생의 성공은 총체적으로 (최소한 예외적 능력이 있는 경우에) 유전에 의존하는 것이며, 둘째는 인생의 성공은 유전과 인간의 노력에 의존하는 것이다. 첫째는 삶에서의 성취가 유전자에 의해 전적으로 예정된다고 믿으며, 둘째는 덜 단정적이다. 추상적으로 말하면, 청교도들 사이에 나타났던 갈라진 견해와 비슷한 점이 거기에 들어있다. 여기서 갈라진 견해란 (모두가 아닌) 많은 청교도가 예정론에 기울어져 있었지만, 구원을 어느 정도 확보하는 데 있어서 한편으로 (덕 있는 삶, 자기관리, 교회 내의 세례, 근면한 노동 등과 같은) 자유로운 인간 행위가 수행하는 역할을 더 강조하는 쪽과 덜 강조하는 쪽으로 갈라진 견해를 의미한다. 신학 이론과 심리학 이론에 있어서 '근면한 노동'이 차지하는 위치에 관해서는 나중에 더 말할 것이다.

2) 유전과 생득설

앞 절의 논의에서 더 분명해진 점이 있다: 예정론에 대한 믿음은 타고난 지적 능력에 대한 믿음을 수반하지만, 그 역이 반드시 참은 아니다. 이는 퀘이커파에서 분명히 드러난다. 앞서 지적했듯이 '내면의 빛' 혹은 '신의 씨앗'이 모든 사람에게 들어있다는 아이디어는 예정론을 수반하지 않는다. 여기서 신학 이론과 심리학 이론 사이에서 또 다른 유사점을 찾아볼 수 있다. 이는 두 이론에서 '심적 능력은 타고난 것이다'라는 주장이다. (비-예정론자를 포함한) 청교도가 보기에, 인간에게 독특한 지적 재능을 부여한 이는 신이고, 지능 개척자가 보기에는 자연이다.

골턴의 시대에 그의 논평자들에게 인상 깊었던 점은 두 아이디어의 유사점이 아니었고, 루스 코완(Ruth Cowan 1977, 137)의 지적처럼 그 차이점이었다.

> 신학적으로 볼 때, 인간의 지적 능력이 조상으로부터 전해진 것이라는 생각은, 인간의 지적 능력이 신으로부터 주어진 것이라는 생각과 모순되었다. 간단히 말해서, 그리고 골턴의 비판자들이 놓치지 않았던 점인데, 지적 유전이라는 아이디어는 신이 부여하는 영혼의 존재를 부정하는 것이었다.

골턴과 동시대의 사람들에게, 그리고 아마도 루스 코완 자신에게 모순으로 보였던 점은, 똑같은 아이디어의 연속으로도 볼 수 있을 것이다. 골턴 자신은 생득적 자질에 대한 생물학적 아이디어를 신학적 아이디어와 직접 연결하였다. 유전된 특성에서 인간은 다른 동물만큼 다르다는 아이디어를 논할 때, 그는 다음과 같이 말했다.

> 인간에게서 문명의 가치를 만드는 방향을 향하는 다양한 자연적 자질도 그러하다. 자연적 자질은 성격, 성향, 에너지, 지력, 혹은 체력에 들어있을 것인데, 우리는 태어나면서 제각기 일정한 몫을 부여받는다, 마태복음에 들어있는 관련된 우화의 비유처럼, 어떤 이는 많은 탤런트를, 다른 이는 적은 탤런트를 받는다.
>
> (Pearson 1914-30, Vol. IIIA, 227. Pastore 1949, 10에서 재인용)

골턴의 사고에서 종교와 과학은 쉽게 분리될 수 없다.

3) 구원과 저주

여기서 비교할 점이 더 있다. 이는 청교도 사상에 들어있는 '구원받을 사람'과 '저주받을 사람'이라는 구분이다. 이 두 범주에 속하지 않는 사람은 없다. 이 구분도 예정설과 필연적으로 연결되지는 않는다. 왜냐면, 퀘이커 교도의 경우, 구원론은 믿어도 예정설은 믿지 않기 때문이다.

'구원받을 사람/저주받을 사람'이라는 이분법을 (인습적인 의미에서) '삶의 성공/실패에 대한 지능의 기여/결여(라고 지각되는 점)'와 비교한다면, 이는 유익한 일일까? 이에 대한 부정적 견해는 다음과 같다. 지능 검사자들의 주장에 따르면 IQ 점수는 능력을 최저에서 최고에 이르는 **연속된 범위**(continuous gamut)로 확인시켜준다. 이와 달리 지능 개척자의 대다수는, 제1장에서 보았듯이, 그런 범위의 **양극단**, 즉 골턴의 표현에서 '최선과 최악이라는 극단적 부류'에만 특별한 관심을 보였다. 한쪽에는 '천재', '탁월한 사람', '삶에서 명예롭게 성공한 사람들', '아마도 인간 집단에서 가장 가치 있는 부류'가 있고, 다른 한쪽에는 '우둔한 자', '바보', '일상 노동의 단조로움'을 회피하려는 사람, '민주주의의 바닥짐, 쓸모도 없지 않으나 늘 잘못될 수 있는 사람'이 있다.

이와 관련된 흥미로운 점이 있다: 골턴은 능력의 연속된 범위를 인정하면서도 그의 좋은/나쁜 양극화를 끌어들인다. 골턴은 '가장 번성하는 계급'은 '양극단 계급, 선한 사람들과 악한 사람들' 사이에 있다고 말하면서, 다음과 같이 묻는다.

> .... 가장 번성하는 계급의 자연적 재능은 신체적, 지적, 도덕적으로 전국적 평범함이라는 경계선의 위에 혹은 밑에 있는가? 만일 그 경계선의 위에 있다면 현재의 여건은 인류의 개선에 우호적이다. 만일 그 경계선의 밑에 있다면 현재의 여건은 인류의 퇴행 쪽으로 작용하게 된다.
>
> (Galton 1978, xxii)

그렇다면 총체적으로 보면 비슷한 점이 또 드러난다. 구원과 성공, 그리고 저주와 실패 사이에 비슷한 점이 있다.

요즈음 우리 사회에서는 '성공'을 지향하는 젊은이가 많다. 이들이 학교에서 열심히 공부하는 것은 좋은 대학에 들어가, 좋은 직장을 구하고, 성공적 삶을 누리기 위해서다. 만일 어느 지점에서 실패한다면 수치심, 그리고 '삶의 기회'의 축소로 이어진다는 생각에 쫓기면서 살아가는 젊은이도 있다. 희망과 두려움에 얽힌 채 끊임없이 쫓기고 산다는 느낌은 (선택받기를 희망하고 일할지라도, 자신의 죄가 자신을 내던져버릴 수도 있음을 알고 있는) 청교도의 불안 심리와 상당히 공통된 것이다.

잉글랜드 노동계급의 아이들이 장학금 제도를 통해서 미래의 고된 삶으로부터 '구제받을' 수 있다는 아이디어는 지난 수십 년 동안 소설이나 전기의 주제가 되었다. 멜빈 브레그(Melvyn Bragg)의 소설, 『경계선을 넘어(*Crossing the Lines*)』에 대한 최근 서평에서 로이 해터슬리(Roy Hattersley)라는 평론가는 멜빈 브레그의 말을 다음과 같이 인용한다. 주인공인 조(Joe)는 "수 세기 동안 속박되어 살았던 그 땅에서 최초로 벗어나는, 처음으로 그 광산에서 그리고 그 공장에서 벗어나는" 세대의 일부였다. 그의 교사들은 학생들을 "장학금이라는 구원을 통해 새로운, 더 나은 삶"(Guardian Review 5 July 2003, 28)으로 이끌어준다고 스스로 생각했다. 이런 표현을 읽을 때 우리는 거슬리지 않는다. 그것은 아주 자연스럽다.

오늘날 많은 부모는 자기 자녀가 잘되기를 원하기 때문에 학교와 대학에서 열심히 공부하라고 권장한다. 뉴잉글랜드 청교도가 사용했던 표현도 똑같다. 코튼 마더(Cotton Mather)는 『유아원에 관한 관심』이라는 작은 책을 썼는데, 이 책의 표지에는 다음과 같이 쓰여있다: 그것은 "두 가지의 짧은 이야기"로 구성되어 있는데, 그중 두 번째는 "**아동**을 위한 몇 가지 **지침**, 그들이 **스스로 하는 나이**에 어떻게 해야 **잘할** 것인가"(Morgan 1944, 49)를 말해준다.

청교도의 텍스트에서 이 세상에서의 '잘함(doing well)'은 다음 세상을 위한 구원과 연결된다. **우리가** 흔히 말하는 '잘함'은 어떤 의미로 이해되는 것일까? 이것은 어느 특수한 성취를 가리키지 않는다. 물론 (시험 혹은 전문직 생활에서의) 특수한 성취는 그것을 촉진한다. 오히려 그것은 자기 인생 전체의 성공을 가리킨다. 그러나 이것은 무슨 뜻인가? 그리고 이 전체의 성질은 개인의 잘-삶(well-being)에서 본질적 요소인가?

이는 어려운 질문이며, 우리를 개인의 잘-삶의 본성에 관한 철학적 논의로 이끌어간다. 앞으로 제6장에서 그것을 간략하게 다룰 것이다. 여기서는, 사회적 인정이라는 형태의 '삶의 성공'에 대해서 골턴이 나름의 견해를 갖고 있었으므로, 이를 살펴보려고 한다.

『유전적 천재』에서 골턴은 '자연적 능력'이 무슨 뜻인지를 설명한다. "내가 말하는 의미의 자연적 능력은 명성을 얻는 방향으로 행동하도록 인간을 독려하고 자질을 부여해주는 지력과 성향이라는 자질이다"(Galton 1978, 37). 그가 생각하는 명성이 어떤 종류의 것인지를 살펴보자,

> 명성이란 동시대 사람들의 의견, 후세 사람들의 수정된 견해, 수많은 전기작가에 의한 - 개별 인간의 성격에 대한 - 비판적 분석의 호의적 결과를 가리킨다. 나는 사회적으로 높은 공식적 지위를 가리키지 않고, 그저 런던 시즌의 사자가 되는 것을 암시하지 않는다. 내가 말하는 것은 여론의 지도자, 창시자, 세계가 크게 빚을 진 사람으로 열렬히 인정받는 인간의 명성이다.

골턴의 성취 기준은 협소하다. 그것에 적합한 사람은 소수에 불과하다. 그리고 골턴이 다른 데에서(ibid., xxii) 언급하는 '인생에서 명예롭게 성공한 사람들'이 더 큰 계급을 형성한다고 주장하는데, 이것이 얼마나 큰지를 우리는 모른다. 그러나 최소한 우리는 다음과 같이 알고 있다. 골턴의 생각에서 중심을 차지하는 것은 그가 말하는 제한된 의미의 **명성**이다.

이런 의미의 명성, 그리고 '구원에 대한 청교도의 생각'의 공통된 특성은, 그

것을 성취한 사람이 오직 소수라는 점이다. 각각의 경우, 인간의 성격은 신 혹은 인간에 의해 호의적으로 평가된다. 각각의 경우, 평가자는 신이건 혹은 후세 사람이건 간에 개인의 생애를 뛰어넘는 존재다. 각각의 경우, 호의적으로 평가받는 개인은 어떤 의미에서 자기의 죽음을 넘어서 영원한 영혼으로 혹은 역사의 저명한 인물로 (골턴이 그의 책에서 연구했던 장군, 시인, 정치가처럼) 살아남는다.

우리는, 제1장에서, 시험이라는 아이디어가 골턴의 사고에서 얼마나 중요한 것인지를 살펴보았다. 그런데 여기서 또다시 우리는 골턴의 사고에서 핵심적으로 중요한 사례를 보게 된다: 개인의 삶의 가치는 그 인물에 대한 동시대인과 후세인의 '비판적 분석'에 따라 결정된다.

골턴의 '명성'에는 개성을 뛰어넘는 차원이 들어있다. 명성의 성취가 중요한 이유는 그것이 개인뿐 아니라, 더 중요하게는 인류 전체에게 이로운 것이기 때문이다. "나는 인류의 미래 세대의 자연적 재능의 향상이 대체로, 비록 간접적이지만, 우리의 통제 아래에 있다는 사실을 다시금 강조하고자 한다"(Galton 1978, xvii). 이어서 골턴은 "인류의 현시점에서 불행하게도 낮은 수준에 놓여있는 것을, 박애주의자가 꿈꾸는 유토피아가 실천적으로 가능한 수준으로까지 끌어올리는 일"(ibid.)에 대해서 말한다.

이런 이야기는 골턴의 비전을, 개인의 운명에 관한 청교도의 구원과는 **다른 것으로** 만드는 것 같다. 그러나 로마 가톨릭과 비교해서, 청교도는 신과의 개인적, 비-매개적 관계를 믿었지만 청교도주의에서는 공동체적 요소도 중요한 것이었다. "청교도 사회의 제도적 구조는 개인의 자유의지를 억누르기 위해서가 아니라 실제로 개인의 개성과 정체성을 가능하게 만들기 위해서 만들어졌다"(McKnight 2003, 46). 윈스럽(Winthrop)의 '언덕 위의 도시'는 미국의 역사를 관통해서 울려 퍼졌던 아이디어인데, 이것은 골턴의 유토피아적 프로젝트를 연상시킨다.

그러나 이것이 그 이야기의 끝은 아니다. **왜** 골턴은 훨씬 더 완전한 인류를 원했을까? 『유전적 천재』의 마지막 부분에 있는 그의 우주론적 비전을 살펴보자.

> 살아있는 우주의 본질은 순수 일신론이며, 그리고 ... 그 활동 형식은 협동적이라고 말할 수 있으며 ... 모든 생명은 그 본질에서 하나이지만, 그 현상에서는 다양한, 늘 다양해지는, 그리고 상호작용적이며, 그리고 ... 인간과 다른 모든 동물은, 우리 중에서 누군지 몰라도 훨씬 더 적은 사람들이 이해할 수 있는 것보다 훨씬 더 확대된 우주적 행위의 시스템 속에서 능동적 작업자요 공유자다. 그들은 우리 자신의 것보다 훨씬 더 고귀한 삶의 표상에, 다소 무의식적으로, 공헌할 것이다.
>
> (Galton 1978, 376)

'명성'이 중요하다. 왜냐면 궁극적으로 그것은 '살아있는 우주'라는 이 '순수한 일신론'에 공헌하는 것이기 때문이다. 이런 점 때문에 다시금 명성은 청교도의 구원과 더 가까워진다. 만일 우리가 초창기 혹은 후반기의 청교도에게 '개인 영혼의 구원이 그 자체로서만 중요한 것인가?'라고 묻는다면, '아니다'라는 답이 나올 것이 분명하다. 개인이 누리는 영생은, 일반적으로 말하면, 개인의 영혼이 그 안에서 궁극적으로 신성한 영혼의 일부가 되는 영생이다.

마지막으로 터만(Terman)에 관해서 한 마디만 덧붙이자. 터만의 진화론적 희망은 더 명시적으로 구원을 가리킨다. 터만은 '나의 신조'라는 미발표 원고에서 특히 기술혁신 속에서 나타나는 '문화 변동의 빨라지는 속도'의 처참한 효과를 언급한다. "만일 우리가 혼돈 속에서 구원을 받고자 한다면 이는 인간의 사회적, 도덕적 진화의 속도를 높여야 비로소 가능할 것이다"(Seacoe 1975, 237).

4) 노동윤리

앞서 내가 언급했듯이 지능검사의 개척자들 사이에서 자주 표명되었던 견해는 다음과 같은 것이었다: 유전되는 높은 지능은 잘됨(doing well)의 충분조건이 아니다. 잘됨을 위해 더 필요한 것은 골턴이 말하는 '열성' 혹은 '일하려는 의욕' 그리고 '힘든 노동의 능력'이다. 버트는 이런 '더욱 엄격한 덕목'을 요구한다는 점에서 골턴을 따랐는데(Burt 1969, 22), 터만은 능력이 우수한 학생에 대해 다음과 같이 말했다.

> 그런 아이들에게 최선의 노력이 요구되는 수준의 일을 주지 않는다면, 최상에 못 미치는 효율성이라는 평생 습관에 빠질 위험이 있다. 그런 아이들에게 위험한 것은 과도한 압박이 아니라 과소한 압박이다.
>
> (Terman 1919, 16)

이는 청교도의 사고에 들어있는 노동윤리의 역할과 비슷하다. 여기서 나는 인과적 연관성을 주장하려는 것이 아니다. 페리 밀러(Perry Miller)는 17세기 뉴잉글랜드 사람들의 마음을 설명할 때 다음과 같이 이야기했다.

> 모든 사람이 직업을 갖고 열심히 일해야 한다는 것은 청교도주의의 첫 번째 전제였다 ... 소득을 가진 사람도 일해야 한다. 모든 사람은 신이 부여한 어떤 재능을 갖고 있으며 이것을 향상시켜야 한다.
>
> (Miller 1953, 40-1)

토니(Tawney, 1926, 230, 240-6, 265)와 다른 저자들(예컨대 Taylor 1989, ch. 13; Weber 1930, ch. 5)이 주장했듯이, 잉글랜드와 미국의 청교도주의가 배척했던 것은, 우리도 이미 지적했듯이, 다음과 같은 중세적 믿음이었다. 기독교도의 최고 삶의 형태는 수도원의 이상인 명상을 따르는 것이다. 이와 달리 청교도주의는 일상생활의 업무인 농업/수공업/상업에, 그리고 여성의 경우는 가사에 충실히 몰두할 것을 옹호했다. 삶이란 각자의 특수한 소명을 추구하며 살아야 하는 것이었고, 이는 세속적이면서도 종교적인 일이었다. 노동은 성스러운 삶의 중심 요소가 되었다.

그러므로 이런 견해에 따르면, 구원의 예정은 잘됨(doing well)의 충분조건이 아니다. 인간은 죄지은 존재이므로 구원을 받으려면 '자신의 본성과 투쟁하면서 덕 있는 삶을 살아간다'라는 점을 보여주어야 한다. 이런 점의 핵심 신호는 끊임없이 힘든 노동이다.

그러므로 심리적 교설과 신학적 교리 사이에는 비슷한 점들이 있다. 이는 각각의 경우, 생득적으로 주어진 것에 덧붙여 근면의 습관이 뒤따라야 비로서 성공할 수 있다는 점이다.

그 반대도 참이다. 낮은 IQ를 타고난 아이들은 보수가 좋은 전문직을 가질 가망이 없다고 주장했다. 그런 아이들이 노동 세계에 들어가려면 비-숙련 노동자로서 각자의 틈새를 찾아가야 한다. 제1장에서 인용한 글귀에서 버트가 촉구했듯이, 그런 아이들에게 학업상 너무 힘든 압박을 가하는 것은 잘못이다. 터만(Terman 1919, 4)도 '지적으로 느리거나 결손이 있는 아이들을 평균 아이들의 정상적인 진보 수준까지 끌어올리려는 헛된 시도에 에너지를 낭비하는 일'에 관해서 다음과 같이 말했다.

> 그들은 보통학교의 공부에서 더 추상적이고 어려운 부분을 극복하는 데 성공할 수 없다. 그들은 읽기, 셈하기나 어느 정도 암기 학습에 숙달할 수 있으며, 정상적인 사람들이 하는 것처럼 새로운 조건에 효과적으로 적응하고, 사고하고, 추론하고, 판단하도록 가르칠 수는 없다.
>
> (Terman 1919, 6)

다시 말해서 이런 아이들에게는 일하는 것을 기대할 수는 있어도, 다른 아이들처럼 집중력 있게 그리고 추상적 문제를 가지고 일하는 것은 기대할 수 없다. 그들에게 요구하는 암기 학습은 확실히 낮은 수준의, 지적으로 쉬운 일에 그치는 것이며, 어른이 되면 대부분 그런 일을 하게 될 것이다. 그러나 수많은 저능한 아이는 그처럼 단련된 노동 습관을 갖지 못할 것이다. 터만에 의하면, 그들은 비행에 빠지는 경향이 있다. "모든 범죄자가 저능아는 아니지만, 저능한 모든 사람은 최소한 범죄를 저지를 가능성이 있다. 저능한 모든 여성은 잠재적 창녀임은 누구도 부정하기 어려울 것이다"(ibid., 11).

여기서 제1장에서 인용했던 골턴의 발언이 떠오른다. 이는 "우리 인류의 보헤미안 정신"(Galton 1978, 347)에 관한 언급이다. 보헤미안 정신은 사람을 "일상 노동의 단조로움"에서 탈피하게 만들고, 그들을 "술집으로, 무절제로, 어떤 경우에는 밀렵으로 그리고 훨씬 더 심각한 범죄로" 유혹하는 것이었다.

청교도의 사고에는 '모든 사람이 일해야 한다'라는 일반적 기대도 들어있다. "인간은 게으름이 아닌 노동을 위해서 태어났다"(Miller 1953, 41에서 재인용). 모든 사람에게는 "그것이 날품팔이꾼의 일일지라도(ibid.)" 어떤 분명한 소명(calling)이 반드시 있다. 그러나 이런 기대에 따라서 모든 사람이 살아가는 것은 아니다. 빈곤과 게으름에 빠지는 사람이 많다. "빈곤은 엄청난 고생이고, 원죄는 그 원인이다"(ibid., 396).

> 가난한 사람들이 일하기만 한다면 그들은, 하늘 아래 그 어느 곳보다 이 나라[즉, 뉴잉글랜드]에서 더 나아질 것이다. 그 무리에 게으름뱅이가 있다면 얼마나 안타까운 일인가.
>
> (ibid., 397)

5) 직업

지능의 개척자들이 모두 굉장히 관심을 쏟았던 것은 직업 문제였다. 골턴의 『유전적 천재』는 최고 전문직의 범위에 속하는 유명한 개인을 중심으로 쓴 책이다. (이상하게도 그는 판사, 장군, 과학자, 시인뿐만 아니라 레슬러와 노 젓는 사람을 포함했다. 이런 분야에서 일하는 가족에 관해서 잘 알고 있는 타인사이드(Tyneside) 지역의 통신원으로부터 그는 상세한 자료를 수집했다.) 골턴은 자신의 추종자들과 비슷하게, '특수한 재능이 유전된다'라고 믿지는 않았다. 우리가 보았듯이, 골턴은 다음과 같이 주장했다. 사람들이 "어떤 특수한 활동 추구에 헌신하기 때문에 그밖에 다른 일에는 성공하지 못할 것이다"(Galton 1978, 24)라고 생각한다면, 이는 잘못이다. 유전되는 것은 일반적인 지능이다. 이는, 인간이 어떤 특수한 직업이 아니라 일단의 가능한 직업에 적합하게 만들어준다.

똑같은 생각을 터만도 가졌다(Terman 1919, 17-18). 그는 지능검사가 직업적 적합성을 결정하는 데에 사용될 시기가 곧 온다고 생각했다. 그는 "그것이 일천여 개의 직업 중에서 어떤 개인에게 가장 적합한 것이 어떤 것인가를 정확하게 틀림없이" 말해줄 정도로 정밀하게 검사할 수 있다고 믿지는 않았다. 그러나 연구가 더 진척된다면, 마침내 각각의 주요 직업에서 성공하는 데에 필요한 최소한의 IQ를 확인할 수 있다고 그는 주장했다. "모든 종류의 지력은, 아주 약한 것이건 아주 강한 것이건, 각 개인의 능력에 부합되는 과제에 자신의 재능을 적용해야 비로소 이득이 될 것이다"(ibid., 21).

고다드(1920, 128)와 버트는 비슷하게 생각했다. 고다드의 이상적 민주주의가 고도의 지적 지도자들에게 요구하는 점은, "모든 사람이 자신의 지적 수준이 보장하는 그런 일을 하고 또 그런 책임을 지도록 세상의 일을 조직하는 것이다". 앞에서 우리는 이미, 인간의 생득적 지능의 수준은 그가 직업에서 성취할 수 있는 일의 상한선을 정해 준다는 버트의 믿음(Burt 1955, 281)을 언급했다. 버트는 1919년에 영국 최초로 직업심리학 교수가 되었다(Burt 1952, 67).

이 모든 점은 직업 수준과 IQ 수준이 서로 관련된 사회를 가리킨다. 그리고 만일 지능이 유전된다면, 개인에게 가장 적합한 직업적 종착점의 폭은 그의 유전인자에 이미 암시되어 있다.

'직업은 각자의 타고난 재능(선물)과 대체로 관련되어야 한다'라는 생각은 지능검사 개척자들의 **동기**(leitmotif)였다. 여기서 사용되는 '직업', '재능', '선물'이라는 세 가지 용어에는 모두 종교적 기원이 들어있다. 이런 생각과 아주 유사한 점이 청교도의 핵심 믿음에도 들어있다.

직업은 신의 '소명(calling)'이다. 이것은 칼뱅 사상의 핵심 개념으로, 이 사고방식은 로마 가톨릭의 신념을 뒤엎을 정도로 혁명적이었다(George and George, 1961, 126-43). 소명은 두 가지 형태, 즉 '일반적' 소명과 '특수한' 소명으로 구분된다. 일반적 소명은 선택받는 자에게만 적용된다. 신은 그들이 복음에 대한 신앙을 지키도록 소명했다. 특수한 소명은 구원을 받거나 받지 못하는 사람에게 모두 적용된다. 그 주된 형태는 농부, 상인, 의사, 목수 등과 같은 직업이다. 특수한 소명의 중요한 특성은 두 가지다. i) 그것은 사회에 유용해야 한다, ii) 그것은 신이 부여한 재능, 즉 각자의 '선물'에 대응해야 한다. 소명은 오늘날 우리가 이해하는 것처럼 단순한 직무의 종류가 아니다. 여기서 중요한 것은 개인이 그 직무를 어떻게 보는가 하는 점이다. 그 직무의 수행을 종교적인 핵심 의무로 본다는 점이다. 바로 여기에 로마 가톨릭으로부터의 혁명이 담겨 있다. 앞서 보았듯이, 청교도는 일상생활의 온갖 평범한 일을 종교적 의무의 주된 자리라고 칭송했다. 초기의 청교도 시기에, 가령 1650년 이전에, 수공일과 정신노동은 "소명의 존엄성에서 동등한"(ibid., 131) 것이었다. 청교도 목사인 퍼킨스(William Perkins 1558-1602)는 말하기를, "지금 우리가 일과 일을 비교한다면 접시를 닦는 일과 신의 말씀을 설교하는 일은 차이가 있지만 신을 기쁘게 한다는 점에서는 아무런 차이도 없다"(ibid., 138-9에서 재인용).

그러므로 심리학자 집단과 신학자 집단 사이에 직업에 관한 생각은 상당히 비슷하다. 유사점은 여기까지다. 왜냐면 근대적 사고방식에서는 (각자에게 가장 적합한 소명과 정확하게 일치하고, 그리고 초기의 교리에서 말하는 신이 부여한 선물과 비슷한) 특수한 재능을 개인마다 타고나는 것이 아니기 때문이다. 그러나 더 개략적으로 그리고 일반적으로 말한다면, '재능과 소명 간의 선천적 일치'와 같은 아이디어는 심리학자와 신학자에게 모두 들어있다.

6) 가족, 평등, 기회의 평등

가족은 지능 이론가들에게 중요한 개념이다. 왜냐면 지능의 (그리고 또, 때때로, 부지런히 일하는 능력과 성향의) 유전가능성에 대한 그들의 믿음 때문이다. 골턴은 『유전적 천재』에서 유명한 인물들 간의 가족 관계를 연구했다. 고다드는 절반은 유덕하고, 절반은 악덕한 '캘리캑' 가족을 연구했고, 데번포트(Davenport)와 다른 사람들은 '타락자들'의 가족을 연구했다(Terman 1919, 9-11).

'상위/하위/중간 지능이 가족 간에 전해지는 경향이 있다'라는 결론은 지능검사 연구자들의 공교육에 대한 개입과 태도에 영향을 주었다. 버트는 잉글랜드의 학생선발 시스템을 옹호했다. 버트의 이론은, 이 선발 시스템이 '비-노동' 혹은 '중간' 계급 출신 아이들에게 편향적이라는 비난에 맞서서 그 시스템을 정당화하는 데에, 제1장에서 본 것처럼, 일정한 역할을 했었다. 버트는 중산계급 가정의 아이들이 선발 과정을 거치는 학교나 대학에 많다는 점을 놀랍게 생각하지 않았다.

> 의사, 변호사 혹은 교사가 되려면 자격을 주는 무슨 시험에 통과할 필요가 있고, 그리고 이는 높은 수준의 생득적 능력을 요구한다. 그런 전문직에 들어간 부모의 능력은 그들의 자녀에게 전수되는 경향이 있다.
>
> (Burt 1969, 20)

그러나 노동계급 가정에도 우수한 능력을 가진 아이들이 있다. 그리고 버트에 따르면, 학생선발에 지능검사를 사용하는 일의 주된 장점은 그런 아이들을 확인할 수 있다는 것이다.

> 발렌타인 교수의 지적처럼, "빈곤에 찌들고 무식한 가정 출신의 수백 명의 아이가 지능검사 시스템에 감사해야 하는 이유는, 교육적으로 뒤떨어진 수많은 아이들에게 붙여지는, 그리고 사회적 제약으로 대학 진학의 길을 못 찾는 일부 아이에게도 붙여지는 지적 결함이라는 딱지로부터 그들을 구해주기 때문이다".
>
> (ibid.)

버트의 생각에 담겨있는 사회적 이상은, 골턴을 따르는 다른 학자들의 글에도 들어있는 계층 혹은 계급 사회라는 것이다. 버트는 말하기를, "따라서 계급 차이는 어느 문명사회나 불가피한 것이다"(ibid.). '평등이라는 교설'은 거부해야 한다. 이와 동시에, 계급 사회는 계층화된 집단 간에 이동이 전혀 불가능한 카스트 시스템이 아니다. (카스트가 아닌 계급에 대한 믿음은 19세기 회중교회주의에도 있었다(Jones 1962, 192). 이런 사실의 가능한 의미는 제3장 버트에 관한 절을 참조.) 장학금 제도는 영리한 노동계급 아이를 '구제'해준다. 이는 다른 방식으로는 불가능한 성공에 오르는 '사다리'를 제공해준다. 그것은 소득, 생활 스타일, 사회적 대우의 평등에 기반을 두지 않고 '기회의 평등'에 기반을 둔 사회적 이상이다. 골턴이 가정했듯이, 그 시스템은 불공정하게 보이지 않는다.

고다드는 사회 계층화를 믿었던 또 다른 인물이다. 고다드는, 부의 불평등 때문에 어떤 이는 사치스러운 가구가 번쩍이는 주택에서 살고, 노동자는 오두막에 살게 된다고 개탄하는 사회주의자들을 비난했다. 고다드에 따르면, 사회주의자들은 그런 노동자에게 생득적 지능이 없으므로 온갖 예술적 장식과 세련된 가구와 그림을 즐기지 못한다는 점을 깨닫지 못한다(Goddard 1920, 100-1). 또다시 운명은 인간의 생득적 재능에 들어있다. 고다드의 '캘리캑' 가족에서처럼 가족 내에서 전수되는 생물학적 특성은 결정적으로 중요하다.

처음부터 청교도는 가족을 그들의 사고의 중심에 두었다. (최소한 남자들의 경우) 개인의 '특수한 소명'의 주된 부분은 그의 직업에 관한 것이지만, 또 다른 부분은 가족 구성원으로서, 즉 남편/아내, 아이/부모, 주인/종으로서 자신의 의무에 관한 것이다(George and George 1961, 127). 부부는 사랑과 우애를 기반으로 자유롭게 맺어진 관계라는 근대적 결혼관은 청교도로부터 생긴 것이다(Taylor 1989, 226). 17세기의 청교도주의는 "그 이후 2백 년에 걸쳐 나타나는, 가부장적 가족으로부터 부부애의 가족으로, 즉 결혼한 부부가 중심인 가족으로의 전환을 선도한다"(Walzer 1966, 188).

청교도 가족은 영적 그리고 경제적 구조를 제공하였고, 이 안에서 개인들은 각자의 모든 특수한 '소명'에 붙어있는 종교적 의무를 행하고, 이로써 극단적 형태의 예정설에서 벗어나, 각자의 구원에 대한 희망을 더 안전하게 지킬 수 있었다. **아이들**의 구원은 중대한 관심사였다. 청교도 부모는 지적/도덕적 교육에 세심한 주의를 기울였다. 이는 나중에, 제5장에서 더 자세히 논할 것이다. 여기서 핵심 사항은, 부모는 자기 자녀가 지적, 도덕적 미덕을 갖추게 할 의무를 갖는다. 왜냐면 그런 미덕은 자녀의 구원에 필요한 조건이기 때문이다.

여기서 우리는 핵심 문제에 다가간다. 더 정확히 말하면, 예정설에 관한 절에서 더 일반적 형태로 제기되었던 문제로 돌아간다. 청교도 부모는 자기 자녀가 구원받을 것을 어떻게 **확신**할 수 있을까? 적절한 답은, 엄격한 칼뱅주의자에 따르면, 부모는 **알 수가 없다**. 오직 신이 알 수 있다. 실제로, 일부 청교도는 자신의 구원뿐만 아니라 자녀의 구원도 확실히 알고 싶은 욕구가 강렬했는데, 이 욕구를 채워준 것은 16세기 말과 17세기 초의 신학적 혁신이었다.

뉴잉글랜드이건 유럽이건 신학적 혁신은 '은혜의 언약(Covenant of Grace)'이라는 형식으로 나타났다(Miller 1939, 365-97). 이는 신과 개인 간의, 그리고 신이 주도한, **거래** 혹은 계약이다(ibid., 379). 신은, 자신의 의지에 따라, 자신의 능력을 제한하기로 동의한다. 개인이 신앙을 갖고, 그리고 신앙의 표시로 자기 소명의 의무를 충실히 수행한다는 조건으로 구원을 받을 것이라고 확신을 주는 것에 신은 동의한다. 따라서 구원은 여전히 신에 의해 예정되는 것이고, 이와 동시에 인간의 도덕적 덕을 조건으로 삼는 것이다. 후자만으로는 충분하지 않다. 다시 말해서 아르미니우스파(the Armenians)가 믿었던 것처럼 좋은 일을 한다고 해서 구원받을 수 있는 것이 아니고, 또 도덕률 초월론자들(the Antinomians)이 믿었던 것처럼 열렬한 신앙을 가진다고 해서 구원받을 수 있는 것도 아니다. 청교도 성인은 두 가지를 따르면서 살았는데, 이는 오직 신과의 거래에 들어있는 자신의 역할 때문이다.

'신조 정경(Canons of Dordrecht 1618-19, 제17조)'에 들어있는 초기 선언과 일관된 것으로, 우리의 논의에서 중요한 '은혜의 언약의 한 측면은 '신이 그것을 함께 만든 이는,

> 믿는 자와 그들의 자식이다: 신을 믿는 부모에게 그들의 자녀와 그들 자신을 구원할 것으로 약속했다. 그러나 자녀에게 확대된 그 약속은 무조건적이지 않다. 왜냐면 믿는 자의 자녀도 무지하게 태어나기 때문이다. 언약은 그들에게 구원에 대한 절대적 주장을 허락한 것이 아니라, 다른 아이들보다 더 좋은 기회를 준 것이었다. 만일 그들이 제대로 양육된다면 그 약속의 이행은 거의 확실할 것이다 ... 부모가 맺은 언약에 따라 절반만 구원받은 아이들은 교육에 따라 온전하게 구원받을 것이다.
>
> (Morgan 1944, 47)

부모가 약속한 바를 이행하려면 자녀를 잘 길러내야 했다.

이런 언약에 따라 발전되고 또 생활했던 회중교회주의자들은, 뉴잉글랜드에서 1662년의 중도 언약(Half-Way Covenant)을 통해서 그 아이디어를 확대하였고, 여기에 자녀뿐만 아니라 손자/손녀의 세례도 포함시켰다(Miller 1953, 89). 회중교회파의 교회는 성인이나 아동 중에서 선택받은 자에 속한다고 추정되는 사람들만 받아들였다. 장로교회파는 더 전통적인 칼뱅주의의 예정설을 수용했고, 따라서 누가 구원을 받고 누가 못 받는지를 안다고 주장하지 않았다. 그들은 신자의 가족 구성원에게만 세례를 제한하는 것에 반대했고, 구원을 받건 사악하건 간에 이와 관계없이, 모든 사람이 교회에 오는 것을 받아들였다.

회중교회주의자들에게 언약의 효과는 있었다: 구원은 한 세대에서 다음 세대로, 완전하게는 아니어도 적어도 부분적으로 확보될 수 있었다. 뉴잉글랜드 설교자들의 상투적 표현에 따르면, "신은 독실한 부모의 성기 안에 선택의 혈통을 집어넣는다"(Morgan 1944, 102). 신과 인간의 합의는 구원의 생득적, 예정된 요인에 관한 것이고, 나머지 일은 도덕적 올바름이 맡도록 남겨놓은 셈이다. 바로 여기서 우리는 골턴주의와 비슷한 점을 보게 된다. 구원의 추정은, 나중에 명성(eminence)의 추정과 마찬가지로, 어떤 가족들에게서 나타나고, 시간이 흐르면서 확대된다. 이런 전수의 책임은, 회중교회파의 경우는 신에게 있었고, 골턴주의의 경우는 자연에 있었다.

회중교회주의의 정신 중에서 어떤 것은 퀘이커 교도에게도 나타났다. 이들은 17세기 중반에 청교도 안에서 자기들만의 집단을 형성했다. 어떤 측면에서 퀘이커 교도는 독립교회파와 아주 달랐다. 퀘이커 교도는 예정설을 구원의 원천으로 믿지 않았다. 그 대신, 앞서 언급했듯이, 모든 사람은 내면에 그리스토의 빛을 지니며, 이에 따르기로 동의한 사람만 구원받는 이에 낄 수 있다고 주장했다(Watts 1978, 188). 그러나 퀘이커 교도는, 회중교회파/독립교회파와 똑같이, 배타적으로 치닫는 경향이 있었다. 퀘이커 교도의 배타성은 언약의 개념에서 파생된 것이 아니라, 효율적 조직과 엄밀한 통제에서 파생된 것이었다. 이윽고 퀘이커 교도는 잉글랜드에서 전국적으로 자기들의 공동체에 대한 엄격한 통제력을 구축했다(Walvin 1997, 24-6). 거기에는 세밀하게 다듬어진 규칙과 관습, 그리고 위반자에 대한 엄격한 징계 조치가 들어있었다. 그중에서 1858년까지 지켜졌던 한 가지 규칙은 퀘이커 교도가 아닌 사람들과의 혼인 금지였다. 결과적으로 수많은 퀘이커 교도가 그 사회에서 쫓겨났다(ibid., 133). 리차드 밴(Richard Vann)이 계산한 바에 따르면, 18세기 중엽까지 80~90%의 퀘이커 교도가 그들의 자녀였다. 벤에 따르면, "퀘이커 제도는 세계를 개종시키는 일을 멀리하면서, 퀘이커 자녀의 귀의를 위해 가족생활을 조직화하는 일에 치중했다"(Watts 1978, 390에서 재인용).

따라서 가족은 회중교회파 뿐만 아니라 퀘이커 교도에게도 중심 기관이었다. 비록 신의 자비가 언약을 통해서 세대를 넘어 전수되지 않았을지라도, 세대를 넘어 전수되는 (구원을 받는 자와 못 받는 자를 여전히 구분하는) 퀘이커의 믿음과 실천이 의미하는 바는, 구원의 상징과 같은 어떤 것이 동일한 퀘이커 가족 안에서 여러 해를 지나서 전수될 수 있다는 것이었다. 비록 이런 전수 속에 예정설은 없지만, (모든 남자가 부여받는다고 생각되었던) 내면에 들어있는 그리스도의 빛이라는 형태의 생득적 요소가 여전히 남아있었다. 비국교도의 다른 분파에 비해서 훨씬 더 큰 비중이 자유로운 인간 행위에 주어졌는데, 이는 근면, 절약, 호혜적 자조와 같은 형태로 나타나는 자유로운 행위이며, 또한 내면의 빛에 의한 안내를 가리키는 신호였다.

지금까지 이 절의 주장이 내세운 점은, 골턴주의자들이 '높은 능력을 전수하는' 가족에 대해 품었던 애착, 그리고 청교도(특히 회중교회파와 퀘이커 교도)가 '구원받은 자의 혈통'과 같은 것을 제공하는 가족에 대한 의존 간의 유사점이었다. 버트나 다른 사람들이 다듬어놓은 골턴주의의 틀 속에는, 하층계급 출신이지만 지능이 높다는 증거를 보여주는 아이들을 '구제'한다는 생각의 여지가 들어있다. 이런 생각과 비슷한 것이 청교도의 사상과 실천에 들어있을까? 청교도의 박애주의는, 16세기부터 17세기까지, "빈곤한 사람들을 구제하는 일보다는 선택된 수의 종교적 극빈자들을 자족적이고, 가정컨대 자기-단련된 인간으로 전환시키는 일에 더 치중했다"(Walzer 1966, 217). "부유한 청교도는 성자가 되려고 하는 사람들에게 ... 직접적 구제뿐만 아니라, 교육 기회와 도제 훈련, 그리고 때로는 자본과 자원까지 제공하려고 했다"(ibid.). 여기에 '빈곤층에서 탈출할 사다리'라는 근대적 아이디어에 담겨있는 것과 똑같은 추상적 아이디어, 즉 엘리트에 맞는 특성을 가진 것으로 선발된 수의 비-엘리트가 엘리트 안에서 자리를 잡도록 도와준다는 아이디어가, 종교적 언어로 포장되어, 들어있다. '총명한 노동계급 아이들'은 '신을 믿는 빈민들'과 대응한다.

7) 교육

최근에 잉글랜드 중산계급의 현대적 교육관을 연구한 책이 새로 나와서 나는 그 출판 기념 모임에 참석했다. 어느 학자는 그 책을 논평하면서 말했다. 중산계급이 능력을 생득적인 것으로 생각한다면, 왜 자기 자녀를 '좋은 학교'에 보내려고 그토록 안달하는지, 정말 이해가 가지 않는다.

이 말은, 앞서 살펴보았듯이, 지능검사 연구자들의 교설을 다소 오해하는 것 같다. 그들은 '높은 생득적 능력 그 자체만으로 충분하다'라고 주장하지는 않았다. 골턴의 경우, '자기 단련과 근면의 습관'도 필요하다고 했다. 버트와 터만도 골턴의 말에 동의했다는 점도 이미 살펴보았다.

잉글랜드의 맥락에서 보면, 상위 능력에 속하는 아이들은 주로 중산계급 출신으로, 그들이 그와 같이 '더 엄격한 미덕'을 쌓는 곳은 (1904년에 모란트 개혁으로 세워진) 새로운 중등학교였다. 여기서 아이들은 모란트가 정해놓은 폭넓은 교육과정을 따랐다. 이는 주로 이론적 지식의 세분된 영역에 기반을 둔 것이었다. 그 내용은 대학이 요구하는 것으로부터 큰 영향을 받았다. 중등학교는 미래의 의사, 교사, 법률가 등과 같은 전문직을 위한 첫 번째 훈련 장소였다. 버트는, 제1장에서 보았듯이, 그런 선발 시스템 속에서 공부했고, 또 이를 발전시켰다. 골턴과 마찬가지로 버트는 엘리트를 위한, 고도로 지적인 형태의 교육에 애착을 보였다.

성공적 삶을 누릴 운명과 선천적 재능을 가진 엘리트를 위한 이런 교육 패턴은 청교도주의의 공감을 얻는다. 17세기 뉴잉글랜드의 청교도 가족에 관한 모건(Morgan)의 연구는 그 당시 교육에 부여했던 중요성을 보여준다. 모건은, 내가 앞서 언급한 아카데믹한 것을 연상시키는 한 구절에서, 다음과 같이 말한다. "예정설과 절대적 신의 주권을 믿었던 청교도는 교육에 특별한 힘을 부여했다"(Morgan 1944, 51).

'은혜의 언약'에 따라서, 그리고 지역의 법률에 따라서 부모는 자기 자녀에게 구원을 받을 만한 가치가 생기도록 교육시켜야 할 의무를 가졌다. 특히 부모는 자기 아들이 특수한 소명을 선택하도록 도와주어야 했다. (딸의 소명은 주부가 되는 것이어서 선택할 것도 없었다.) 흔히 남자아이는 10~14세 사이에 선택하고, 그 이후 7년간 도제 훈련을 받는다(ibid., 29-30). 선택을 잘하는 것이 중요했다. 왜냐면 나중에 마음을 바꾸기가 힘들었기 때문이다. 새로 받아야 할 도제 훈련은 시간이 오래 걸렸다. 지적 능력이 충분하고 또 부모가 부자인 일부 남자아이는 소명의 선택을 늦추고, 하버드 대학에 갈 수 있었다. "'자유로운' 교육을 받은 사람은 '자유로운' 소명을, 즉 노동도 없고, 오랜 도제 기간도 없는 소명을 택할 것이다"(ibid., 30). 부모는 자기 아들이 '잘하기'(ibid., 49)를 원했고, "자기 아들이 배우자를 잘 찾아 제대로 세상에 정착하는 것을, 즉 결혼을 잘하여 자기 가정을 잘 꾸리는 것”(ibid., 39에서 재인용)을 본 후에야 자기 의무를 완수한 셈이었다.

아주 어린 아이들은 ‘오락과 놀이’에 시간을 보내는 것이 허용되었으나, 대략 일곱 살이 되기 전부터 이미 유용한 일에 몰두하기 시작했다(ibid., 29). 즉 그들은 종교적 이유에서 읽기와 지식 습득을 배웠다. 그들은 프로테스탄트로서 직접 바이블을 읽을 수 있어야 했다(ibid., 45-46). 지식의 부족은 남자의 주된 적(賊)으로 간주했다. 이런 반응이 생긴 것은, 오랜 로마 가톨릭 체제에서 사람들을 무지한 상태에 묶어두려는 의도가 있었다고 지각했기 때문이다. 청교도에게 지식의 습득은, 특히 바이블의 지식은 구원에 필수적인 통로였다(ibid., 46). 지식 습득은 일찍부터 집중적으로 시작해야 한다고 생각했다. 뉴잉글랜드 성직자들은 다음과 같이 믿었다: “사탄은 유아 때부터 아이들에게 침입하는 것을 망설이지 않으며 이를 막으려면, 할 수 있을 때, 즉 그들이 무엇인가를 이해할 수 있을 때부터 주저하지 말고 가르침을 주입해야 한다”(ibid., 53). “아이들이 배울 수 있는한 재빨리 가르쳐야 한다”(ibid.,).

아이들은 태어날 때 무지할 뿐 아니라 사악하다. 이 말의 의미는, 수업처럼 훈육도 엄격하게 시켜야 한다는 뜻이다. “아이의 인성을 발달시키고, 아이가 갖고 있을지도 모르는 어떤 바람직한 내재적 자질을 끌어내고 길러내는 것은 당연한 일이다. 왜냐면 바람직한 자질을 갖고 태어난 아이는 없기 때문이다”(ibid., 53).

조기 학습에 대한 이런 선입견이 생긴 데에는 한 가지 이유가 있었다. 왜냐면 요즈음과 다르게 일찍 죽는 아이의 비율이 훨씬 높았기 때문이다. 요즈음에는 대다수 사람이 늙어서까지 살 것으로 가정하는데 이것은 비교적 최근의 일이다. 아이가 일찍 죽을지도 모른다는 생각은, 20세기에 들어와서도 독실한 신앙을 가진 부모를 괴롭혔을 것이다. 코메니우스(Comenius)라는 교육자는 프로테스탄트의 급진적 종파인 모라비아 형제단에 속했다. 그는 모건(Morgan)의 뉴잉글랜드 가족처럼, 17세기에 살았는데, 교육을 일찍 시작해야 하는 이유를 여섯 가지로 제시했다. 그 첫째는 다음과 같다.

.... 우리의 현생은 불확실하다. 우리가 떠나게 되는 것은 확실하지만 언제, 또 어떻게 떠날지는 불확실하다. 그리고 누군가 아무 준비 없이 죽는다는 것은 크게 두려워해야 할 위험인데, 그 까닭은, 그렇게 되는 인간은 영원히 죽을 운명이기 때문이다. 왜냐하면, 만일 어머니의 자궁에서 사지 중 어느 하나가 없이 태어나면 그것이 없는 채로 평생을 지내야 하는 것처럼, 이 세상을 떠날 때 우리의 마음이 신에 대한 지식과 참여로 다듬어지지 못한다면, 우리에게 기회가 다시는 주어질 수 없기 때문이다. 그처럼 그 문제가 중요한 것이므로, 누구나 그런 기회를 놓치지 않도록 최대한 서두를 필요가 있다.

(Comenius, 1907, 57)

오래된 이야기다. 그러나 이런 양육의 몇 가지 특성은 오늘날 일부 부모의 생각에서도 쉽게 찾을 수 있다. 이런 생각에서는 다음과 같은 점을 강조한다: 어릴 때부터 부지런한 일과 확고한 단련; 가능한 한 신속하게 사물을 배우는 능력; 기본 기능으로서의 읽기; 실천적 지식이 아닌 특히 사실적/이론적 지식의 풍부한 습득; 대학에 안 가는 경우는 직업의 향방을 일찍 결정하기(대학에 갈 경우, 결정은 미룸); 자기 아이가 잘해서 세상에서 좋은 자리를 차지하기를 원함. 오늘날의 이런 생각에서 흔히 사라진 것이 있다. 인간의 단명에 대한 확실한 믿음이 없어졌다. 위와 같은 구체적인 사항과 연관된 종교적 이유도 없어졌다. 대체로 아이들이 그런 식으로 교육받는 일은 구원을 위해서가 아니다. 제4장, 특히 제5장에서 교육관, 특히 교육의 지적 정향(orientation)을 더 논할 것이다.

8) 인종

지능검사의 초점은 잉글랜드에서는 사회계급 차이에, 미국에서는 인종 차이에 두었던 경향이 있다고 사람들은 말해왔다. 시릴 버트에 관한 글에서 스테판 제이 굴드(Stephen Jay Gould)는 다음과 같이 말한다.

버트는 인종들의 유전된 지능이 크게 달라질 것으로 느끼지 않았고, 그리고 남아와 여아의 행동 차이는 대체로 부모의 대우 방식에서 추적할 수 있다고 주장했다. 그러나 사회계급의 차이, 성공한 사람들의 위트, 그리고 가난한 사람들의 아둔함은 유전된 능력의 반영이다. 미국의 일차적 사회문제가 인종이라면, 영국의 그것은 계급이었다.

(Gould 1981, 284)

이런 차이와 '두 청교도 공동체의 다른 역사'는 앞서 말했듯이 무엇인가 서로 들어맞는 점이 있다. 미국 청교도의 마음에는 늘 인종적 우월성이 들어있었는데, 이는 한편으로 아메리카 토착민, 그리고 다른 한편으로 흑인 노예와의 관계에서 그랬다. 예컨대 1657년에 뉴잉글랜드의 리차드 매더(Richard Mather) 목사는 아이들에게 세례 언약(baptismal covenant)을 각인시키면서 다음과 같이 말했다. 만일 아이들이 그것을 지키지 않으면 "터키인, 인디언 혹은 다른 '이교도들'보다 더 나을 수 없을" 것이다(Miller 1953, 11-12).

잉글랜드에서 청교도 공동체는 자신들과 대립하는 것이 다른 종족 집단은 아니고, 위로는 영국 국교회의 지배층 그리고 아래로는 일반 대중이라고 보았다. 이는 그들에게 인종차별적 사고와 같은 것이 없었다는 뜻이 아니라, 미국에 비해서 덜 심했다는 뜻이다. 예컨대, 18세기 회중교회주의자인 유명한 (찬송가 작사가) 아이삭 와츠(Issac Watts 1724, 1)는 다음과 같이 적었다.

내가 감히 말한다면 **이성의 향상**은 유럽 세계의 유식하고 사려 깊은 사람들을 **호텐토트족**이나 **아프리카**의 다른 야만인보다 높은 수준으로 올려놓았는데, 이는 이런 야만인들이 본성적으로 새들, 야수들, 물고기들보다 본성적으로 더 우월한 정도나 다름없다.

(강조는 원문에서)

인종적 우월성에 관한 관심은 대서양의 양쪽에서 정도의 차이가 있다. 이 사실은 심리학의 역사에도 반영된다. 먼저, 1910년과 1930년 사이에 미국 이민자들에게 인종차별적 아이디어는 어떻게 적용되었을까? 카민(Kamin, 1977, 제2장)에 따르면 다음과 같다. 엘리스 섬에서 이민자를 대상으로 1912년 고다드(Goddard)가 시행한 지능검사에서 유대인의 83%가 "우둔한" 것으로 "보였고"(ibid, 34). 육군 신병에 대한 여키스(Yerkes)의 1912년도 연구는 남/동유럽보다 북유럽 출신이 우월한 지능을 갖고 있음을 보여주었다(ibi., 34). 우생학자인 칼 브리검(Carl Brigham)은 북유럽인의 우월성을 보여주었다(ibid., 36ff). 카민은 아서 옌센(Arthur Jensen)의 다음과 같은 연구 결과도 언급한다. "평균적으로 니그로의 지능검사는 백인 집단의 평균 IQ 점수보다 15점 정도 더 낮은 편이다"(ibid., 50). 또한 터만(Terman, 1916, 91-2)도 다음과 같이 믿었다. 낮은 수준의 지능은 미국 흑인뿐만 아니라 남서부의 스페인-인디언이나 멕시칸 가족에게서 공통으로 나타난다(Rose *et al.* 1984, 86).

심리학자들의 인종차별적 사고의 증거는 영국이 미국보다 덜 심한 편이지만 여전히 상당한 편이다. 버트는 그렇지 않았으나 골턴은 그랬다는 점은 제1장에 인용된 구절이 입증해준다. 맥두걸(McDougall)도 마찬가지다. 1920년대에 쓴 그의 책 『미국은 민주주의를 위해서 안전한가?』에 인종차별적 우생학이 들어있다고 비판을 받았다(이 책의 132쪽을 참조). 영국의 심리학자 중에서 인종에 대해 가장 노골적이었던 사람은 버트의 학생이었던 레이먼드 카텔(Raymond Cattell)이다. 그는 다른 언급도 많이 했으나 다음과 같이 주장했다. "내 생각에, 인종별 지능의 잠정적 순위를 다음과 같이 말해도 크게 틀리지 않을 것이다; 1. 북유럽과 유대인 2. 알프스 인종 3. 몽골인 4. 지중해인 5. 니그로 6. 최하위 인종, 호주 흑인 등"(Cattell 1933, 53).

인종에 대해서는, 청교도의 믿음과 지능검사 개척자의 믿음 사이에 유사한 점이 있는 것 같다. 물론 이것에 대해 어느 정도로 비중을 두어야 할 것인지는 별개의 문제다. 인종격리정책을 시행했던 남아프리카의 역사는 더 밝혀줄 것이 있다. 네덜란드 개혁교회(Dutch Reformed Church)는 인종격리정책을 위해서 일정한 역할을 했으며, 그리고 수많은 심리학자가 백인 지능이 우월함을 보여주려고 시도했다. 후자에 관한 설명은 멘쉬와 멘쉬(Mensh and Mensh, 1991, 107-18)를 참조하면 좋다.

마지막으로 밝힐 점이 있다. '나는 모든 청교도가 그리고 청교도에서 파생된 모든 공동체가 인종차별적이었고 현재도 그렇다고 말하고 있지 **않다**'라는 것은 재언할 필요조차 없는 말이다. 특히 지난 두 세기 동안 청교도에 속하는 집단들이 일련의 문제에서 보여주었던 정치적 태도는 그 집단들 간에 그리고 그 집단들 내에서 동질적이지 않았다. 예를 들어, 19세기에 영국에서는 수많은 비국교도가 사회적으로 보수적이었다. 그들은 매슈 아널드(Matthew Arnold)의 『문화와 무질서』를 조롱거리의 주요 표적으로 삼았다. 그러나 그들과 의견이 다른 비국교도도 많았다. 예컨대 19세기 말과 20세기에 노동당의 성장을 위해 활약했던 비국교도가 있었다. 세상을 더 나은 곳으로 만들려는 욕구는 청교도 사상에 깊이 새겨져 있고, 이는 여러 형태로 나타날 수 있다. 인종 문제에 대해 살펴보면, 18세기 말에 노예무역이 마침내 폐지될 때까지 앞장을 섰던 사람은 퀘이커교도, 토마스 클락슨(Thomas Clarkson)과 윌리엄 윌버포스(William Wilberforce)였다.

9) 젠더

마지막으로 젠더(gender)에 대해 무슨 말을 할 수 있을까? 여기에도 남녀 능력의 비교에 대한 종교적 믿음과 심리학적 믿음 사이에 어떤 유사점이 있을까? 우리가 보았듯이 청교도의 견해에서 소명은 핵심 아이디어에 속한다. 예외도 있지만(Hufton 1995, 408-18) 뉴잉글랜드에서는 다른 비슷한 공동체도 그랬던 것처럼, 아버지의 직업을 이어받지 않는 아들은 자신의 직업을 선택하는 데에 시간이 필요했지만, 이와 달리 딸은 가정주부라는 소명 때문에 바느질이나 다른 일에서 훨씬 더 일찍부터 도제 수업을 받을 수 있었다(Morgan 1944, 29). 이런 점은, 신학적 맥락을 벗어나면, 여성의 지적 열등에 대한 믿음과 꼭 연결되지 않는다. 왜냐면 여성이 좋은 재봉사가 되고 또 좋은 추론자(reasoner)

가 되는 것이 동시에 가능하기 때문이다. 그러나 신학적 맥락 내에서, 만일 재능과 소명이 상관관계에 있다면, 하버드 대학 출신 남자의 추론 능력을 어떻게 여성이 타고날 수 있겠는가?

만일 젠더에 관한 그런 점이 심리학에서도 비슷하게 나타난다면, 지능 개척자들은 양성의 지적 평등에 대해 부정적일 것이라고 우리는 예상하게 된다. 홀(G. S. Hall)은 주저 없이 부정적이었고(Dyhouse 1981, 121-32), 또 골턴은 『유전적 천재』에서 저명한 개인의 긴 목록에 여성을 포함할 생각이 전혀 없었을 것이다. 그러나 지능 개척자 중 일부는 평등주의를 표명하였지만 늘 확연하게 그런 것은 아니었다. 버트와 공동연구자인 모어(R. C. Moore)는 지능의 성별 차이에 관한 1912년도 연구에서 다음과 같이 적었다. "몇 가지 예외가 있으나 지적 형성에서 생득적 성별 차이는 놀랄 정도로 미미하고, 통상적 믿음이나 실제에서 우리가 기대하는 것보다 훨씬 더 작다(Hearnshaw 1979, 28. 그리고 Gould(1981)에 대한 언급도 참조)." 이와 비슷한 결과를 터만(Terman 1919, 68-72)도 보고했다. 앞서 인용한 구절에서 확실하지는 않지만 다음과 같은 암시를 얻을 수 있다. 검사 점수에서 보이는 경험적 자료는 버트 자신의 믿음에 도전적이었을 것이며, 그리고 버트의 믿음은 전통적 견해에 더 가까웠을 것이다. 이와 비슷하게 터만은 소년들보다 소녀들이 더 잘했음을 보여주는 자료를 처음에 갖고 있었음에도, 여학생의 점수를 낮추려고 자신의 연구 결과를 조작했다는 어떤 증거가 있는 것 같다(Mensh and Mensh 1991, 68). 이처럼 가끔 암시되는 인습적 태도에도 불구하고, 관련된 증거는 양성평등이라는 영역에서 밀접한 유사성을 명시해줄 정도로 강한 것은 아니다. 이는 예정, 구원, 가정, 그리고 다른 주제의 경우와는 대조적이다.

04 결론

우리는 이 장에서 지능/지능검사에 관한 골턴의 아이디어, 그리고 청교도 사상 간의 비슷한 점을 여러 가지로 살펴보았다. 칼뱅주의의 예정설에 관한 생각, 그리고 '개인의 생득적 지능의 어떤 수준은 그의 전문직 진로 및 이에 따른 생활 수준의 가능성을 배제할 것이다'라는 아이디어 간에는 비슷한 점이 많다. 구원에 대한 청교도의 관심, 그리고 '저명함', '명성', '천재성', (IQ 검사와 장학제도를 통해 영리한 노동계급 청년의) '구제'에 대한 지능 이론가의 선입견 사이에는 비슷한 점이 많다. 두 집단은 노동윤리의 미덕에 애착을 보였고, 그리고 '신이 버린 자'나 'IQ가 낮은 자'와 연관된 게으름과 도덕적 해이를 혐오했다. 두 집단은, (종교 쪽은) 구원의 추정, 그리고 (심리학 쪽은) 높은 지능의 추정이라는 바람직한 특성을 다음 세대에 전수하는 제도로서 부부관계가 중심인 가족을 중시했다. 두 집단은 자기들이 선호하는 집단을 위해 지적으로 힘든 교육을 선호했고, 그리고 이런 교육이 가치 있는 소명을 위한 준비라고 보았다. 두 집단은 백인, 특히 북유럽인의 능력이 우수하다는 생각을 공통으로 가졌다.

남녀 간의 능력 차이에 대해 종교적 견해와 심리학적 견해 사이에 비슷한 점이 있는지는 뚜렷하지 않다. 그러나 다른 사항들에서 둘 사이에는 비슷한 점이 뚜렷했고, 이것이 여러 세기를 통해서 반향을 불러일으켰는데 이것이 우연일 수도 아닐 수도 있다. 제3장과 제4장은 우연 이상의 어떤 것이 거기서 작동할지도 모른다는 증거를 제시할 것이다.

Chapter 3. 기원

1. 프랜시스 골턴
2. 시릴 버트
3. 영국의 다른 심리학자
4. 미국의 지능 심리학자: 고다드와 터만
5. 미국의 다른 심리학자
6. 영국과 미국의 최근 심리학자
7. 파스토레의 명제와 반대 사례의 문제
8. 장 피아제
9. 로버트 모란트
10. 결론

지능검사 운동을 이끌었던 모든 지도적 개척자에게는 (지금까지 언급한 온갖 심리학자나 다른 이를 포함해서) 청교도 뿌리가 있었다. 로버트 모란트에게도 청교도 뿌리가 있었다. 모란트는 잉글랜드의 선발 위주의 국가 교육을 구축한 인물이다. 그의 이원적 학교 시스템을 뒷받침하는 데에 필요한 명분은 지능검사가 제공했다.

이런 사람들이 같은 교파로부터 영향을 받지는 않았어도 기독교의 영향을 받았다는 점은 그들의 저술과 행동에서 곧바로 드러나지 않는다. 그중에서도 심리학자들은 특별히 자신이 **과학자**라는 점을 분명하게 밝혔다. 그들은 과학의 범위를 확대시키고 있었는데, 물리적 세계뿐 아니라 심적 세계를 거기에 포함시켰다. 그들의 연구 기반은 주관적 판단에 있는 것이 아니라 경험적 자료에 대한 치밀한 관심, 그리고 이에 적용한 통계적 방법에 있었다.

이것이 최소한 그들이 내세운 메시지로서 아주 성공적이었으므로 그 결과, 모든 심리학 입문서에서 지능검사에 관한 부분은 위와 똑같은 이야기를 반복하고 있다. 그러나 그들의 저술에서 과학적 접근법을 사용한다는 그들의 자의식, 다시 말해서 객관성이라는 새로운 기준에 대한 그들의 강렬한 애착은 우리가 더 깊이 파들어가게 만들고 만다. 그들이 살았던 19세기 후반과 20세기 초반의 영국과 미국은 여전히 전반적으로 종교적인 사회였다. 다윈의 『종의 기원』은, 여러 해가 지난 후에야 신앙의 붕괴에 엄청난 영향을 미쳤지만, 이런 효과를 낳는 데에도 시간이 걸렸다. 1859년에 『종의 기원』이 출판되었는데, 6년 후에 『맥밀런 매거진*(Macmillan's Magazine)*』에 골턴의 글이 실렸다. 이것은 '지능 연구'라는 새로운 세계를 탄생시켰다. 비록 많은 지능 심리학자뿐만 아니라 더욱더 많은 사람들이 종교적 믿음을 받아들일 수 없는 것으로 보게 되었을지라도, 그리고 그들이 살거나 일하는 사상-세계가 갈수록 세속화되었을지라도 그 세계에는 오래된 종교적 문화의 관념이나 이런 관념의 그림자가 여전히 남아있었다. 심리 과학에 대한 새로운 신앙은 그런 그림자 중 하나인 것 같다. 과학적 심리학의 종교적 뿌리에 관한 한 가지 설명은 리처드(Richards 2002, 284-9)가 보여준다. 이미 1919년에도 핀들리(J.J. Findlay) 교수는 터만의 『지능의 측정(*The Measurement of Intelligence*)』의 영국판에 쓴 서문에서, 과학적 심리학을 거론하면서 아주 자연스럽게 다음과 같이 적었다. "신앙고백 혹은 감리교도 모임의 방법은, 동기의 심층과 감성의 원천을 파고드는 것으로 ... 종교적 경험에만 한정되지 않는다"(Terman 1919, ix).

지능 개척자들과 그들의 지지자들에게 청교도 뿌리가 있다는 주장을 더 자세히 살펴볼 시점이 되었다. 먼저 영국에서 시작하고 미국으로 넘어가자.

01 프랜시스 골턴

다윈의 『종의 기원』으로 자신의 종교적 신앙이 뒤흔들린 사람들 중에서 골턴은 초기 사례에 속한다. 그는 사촌인 다윈의 연구가 낳은 효과에 대해 다음과 같이 말했다. 그 효과는,

> 교리의 수많은 장벽을 일격에 무너뜨렸고, 그리고 근대과학과 모순되거나 증명도 안 될 실증적 진술만 떠들어대던 온갖 해묵은 권위에 대항할 반항 정신을 불러일으켰다.
>
> (Galton 1907, 287, Fancher 2001, 5에서 재인용)

골턴의 종교적 성향이 얼마나 철저하게 무너졌는지는 또 다른 문제다. 왜냐면 골턴은 1865년도 논문의 말미에서 다음과 같이 말했기 때문이다. "수없이 많은 야만의 해가 지난 후, 우리 인류는 최근에야 비로서 문명화되고, 종교화되었다"(Galton 1865, 327). 또한 『유전적 천재』의 끝부분에서도 이렇게 언급했다. "살아있는 우주의 본질은 순수한 이신론이다"(Galton 1978, 376).

여하튼 골턴은 다윈의 『종의 기원』을 읽은 1859년의 이전이나 이후나 영국 성공회를 믿었고, 저명한 성공회 가족과 혼인했다(Fancher 2001, 4). 그의 아버지도 영국 성공회에 다녔는데 원래는 퀘이커 교인이었다. 그뿐만 아니라 골턴의 퀘이커 뿌리는 17세기 중엽의 퀘이커 운동 초기로까지 올라가는 인상 깊은 가계의 혈통을 보여준다. 프랜시스 골턴의 할아버지의 고조할아버지는 16명이었는데, 이 중 최소한 11명 혹은 13명이 프랜드 교파(Society of Friends)의 초기 구성원이었다(Pearson 1914-30, Vol. I. 27). 이 중에는 17세기에 영향력이 컸던 스코틀랜드 퀘이커 교도인 로버트 바클리(Robert Barclay)가 있는데, 그에게 구원이란 수동적으로 신을 기다리면서 내면의 빛에 복종하는 데 있었다(Watts 1978, 461). 바클리 쪽의 가족은 바클리 은행을 설립하고 발전시켰다. 18세기까지 골턴의 조상은 총기 제조와 노예무역에 관심이 있었다. 1795년에 골턴의 조부, 새뮤얼 골턴(Samuel Galton FRS(학사원 회원))은 총기 제조 사업 때문에 퀘이커 집단에서 축출되었지만 1832년에 사망할 때까지 퀘이커 모임에 나갔다. 그와 그의 아내인 루시 바클리는 "퀘이커 교도로서 평생을 보냈다"(Pearson 1014-30, Vol. I, 45). 그는 퀘이커교에서 쫓겨난 후 은행업에 뛰어들었고, 골턴의 어버지인 새뮤얼 터티어스 골턴(Samuel Tertius Galton)도 뒤따랐다. 골턴의 조부는 유명한 버밍엄의 달 학회(Lunar Society)의 회원이었는데, 이 학회는 과학적, 기술적 진보에 헌신했다. 이 학회의 회원 중에는 에라스무스 다윈(Erasmus Darwin FRS)이 있었는데 그는 찰스 다윈과 프랜시스 골턴의 조부였다. 왜냐하면 프랜시스 골턴의 아버지는 에라스무스 다윈의 딸과 결혼했기 때문이다.

프랜시스 골턴의 퀘이커 조상은 과연 '유전적 천재'에 관한 골턴의 생각에 얼마나 영향을 미쳤을까? 이에 관한 확실한 증거는 없다. 내가 알기로는, 골턴의 아이디어에서 기반을 차지하는 가정들(assumptions)이 '퀘이커'라는 원천에서 파생되었다고 말해주는 부분이 그의 저술에는 전혀 없다. 그러나 이는 놀라운 일이 아니다. 왜냐면 자기 자신이 가정하고 있는 줄도 모르는 사상가가 많기 때문이다. 이런 점은 이론적 혁명의 시기에도 마찬가지였다. 이때는 새로운 이론에 애착을 가진 사람들이, 바로 그 애착 때문에, 과거의 것이 자기에게 얼마나 영향을 미치고 있는지를 알기가 어려웠다. 이와 비슷한 사례는 요즈음에도 많다. 오늘날 세속적 입장을 가진 수많은 현대 철학자들도, 나를 포함해서, 윤리학의 최근 발전 속에서 그런 일을 겪었었다. 다시 말해서 우리에게 더 분명해졌던 점은, 세속적 체계의 적절한 기반으로 우리가 따랐던 '합리적 규칙과 원리'의 윤리학조차도 기독교 사상으로부터 너무 많은 것을 이어받았다는 것이다. '원리에 기반'을 둔 윤리학이 '법칙에 기반'을 둔 십계명의 윤리학과 너무도 가까운 것임이 드러나기 시작했다. 새로운 출발점이 필요했을 때, 이것을 제공해주는 것은 '인간이 행복한 삶을 공유하는 데에 필요한 자질'에 관한 아리스토텔레스의 논의라고 생각하는 사람들이 많아졌다.

다윈이 죽은 지 한 세기, 혹은 그 이상이 지난 이후에, 세속적 철학자들도 자신의 사상이 종교적 틀로 엮어져 있었음을 몰랐다면, 다윈과 같은 시대에 살았던 사람들이 그와 비슷한 점을 안다는 것은 분명히 훨씬 힘들었을 것이다. 만일 프랜시스 골턴이 그의 시대 직전까지 두 세기 동안 남아있었던 퀘이커교로부터 완전히 떨어질 수 있었다면 이는 정말 놀라운 일이었을 것이다. 골턴의 퀘이커 전기작가인 칼 피어슨(Karl Pearson)은 골턴의 인성에 미친 퀘이커교의 영향을 가리켜 골턴의 '퀘이커 완고함'이라고 표현한다(Pearson 1914-30). 골턴의 경우 그것은 평범한 퀘이커교가 아니었다. 그의 조상은 퀘이커 상업 엘리트의 구성원이었다. 영국에서 퀘이커 교도는 아무튼 배타적 집단이었는데, 제2장에서 설명한 것처럼, 그들의 단결된, 관료적 조직이 퀘이커 교도가 아닌 사람과의 혼인을 금지했기 때문이다. 골턴은 이처럼 밀착된 공동체 안에서 부유하고 성공했던 가족의 후손이다. 이런 배경이 그의 세계관에 아무 영향도 미치지 않았다고 보기는 어렵다. 골턴 자신의 연구를 살펴보면 특히 그렇다. 그의 핵심 주장은 '우수한 능력 혹은 천재성은 유전된다'라는 것이며, 이를 밝히는 방법은, 어떤 엘리트 가족들의 밀접하게 관련된 사람들에게서 나타나는 저명한 사례에 의존하는 것이었다.

우리가 제1장 끝부분에서 이미 보았듯이, 골턴의 주된 아이디어는 『맥밀런 메거진』에 실린 1865년도의 글에 들어있는데, 이 글에는 『종의 기원』을 제외하고는 뚜렷한 출처가 보이지 않는다. 그 글이 세상에 드러낸 생각은 다음과 같은 것들이다. i) 사람들에게 유전되는 일반적 지적 능력은 제각기 한계가 있다. ii) 재능 있는 개인으로 선발된 집단이 번성하도록 장려해야 비로서 '인류의 종자'가 개량된다. iii) 성격도 재능과 마찬가지로 유전되는 정도가 서로 다르며, 거기에는 '끊임없이 꾸준하게 일하는 본능'이 포함된다(Galton 1865, 325). iv) "문명화된 인간의 하층계급"(ibid., 326)은 여러 면에서 야만인에 가깝다. v) 사회의 '쓰레기 인간'을 줄이고 제거하는 방법을 찾을 수 있다(ibid., 327). vi) 인류는 더 높은 수준의 문명과 종교로 진화할 수 있다(ibid., 327). 이런 생각은 다윈 한 사람으로부터 생겨날 수 없다. 만일 그렇게 본다면, 다윈의 주된 생각들을 받아들이는 우리도 그런 생각을 모두 당연하게 받아들여야 할 것이다. 그러나 결코 그런 것은 아니다. 우리 중에서 '한 사회집단은 번성해야 하고 나머지 집단은 사라져야 한다'라는 견해를 싫어할 사람이 많다. 우리는 더 평등주의적 비전을 따르기 때문이다.

여기서 또 다른 설명이 필요한 질문이 나타난다. 왜 골턴은 그가 보았던 다윈주의를 그의 방식대로 인간사회에 적용했을까? 그리고 골턴의 특이한 해석은, 그 바탕이 될만한 분명한 지적 뿌리도 없이, 1865년 무렵에 **만들어진** 것으로 보이는데 이는 어떻게 이루어진 일일까?

골턴이 1865년도 글과 『유전적 천재』를 저술했던 관점은 편안하고 여유로운 사람의 것이다. 다시 말해서 자신이 고도로 교육받은 소수 엘리트에 속한다고 여기는, 그리고 이런 엘리트와 볼품없고 위험한 하층 대중을 엄밀히 구분하는 사람의 관점이다. 골턴은 높은 수준의 성취와 '명성'을 얻는 데에 필요한 시간이 충분했던 사람이었다. 이런 점은 오늘날 우리가 퀘이커파와 관련짓는 태도와 아주 다른 것이겠지만, 19세기 초 고상한 퀘이커 집단과는 무관하지 않았을 것이다. 17세기의 다른 비국교도 집단들과 마찬가지로, 초기 퀘이커 교도들은 근면의 의무를 비롯한 신앙의 의무를 헌신적으로 이행하는 데에 성공했는데, 이는 곧 그들의 일이 자연스럽게 풀려서 소규모 사업, 특히 직물 생산과 기계 교역에서 더욱 넓은 영역으로까지 성공을 거두었다는 뜻이다(Watts 1978, 351). 18세기에 에이브러햄 다비(Abraham Darby)나 다른 사람들과 같은 퀘이커 기술자들은 철, 구리, 양철 산업에서 진보의 선두에 있었다. 또한 프랜드 교파는 은행가(Lloyds와 Barclays), 비스킷 생산자(Huntley and Palmers, Carr's), 그리고 초콜릿 생산자(Fry, Rowntree, Cadbury)였었다. 1859년에 자신이 속한 공동체를 비판할 때, 존 라운트리(John Rowntree)는,

> 프렌드 교파를 뒷받침해준 것은 '퀘이커의 삶의 방식이 [물질적] 성공에 이르는 길'이라는 상정이었음을 밝혀냈다. 그 방식은 미리 선택된 개인적 사회적 자질을 갖춘 엘리트를 사실상 형성했으며, 세대를 이어가면서 번성하기는 했지만 대중적 지지를 받을 수 없는 것임을 스스로 입증했다. 그 교파의 넓은 기반이 그들의 성공을 해치고 말았을 것이다.
>
> (Walvin 1997, 132)

퀘이커 교도가 아닌 사람과의 혼인 금지는 이미 축소된 교파 구성원이 더욱 줄어들게 만들었다. 1800년에 잉글랜드와 웨일스에는 대략 2만 명이 남았었다(Davidoff and Hall 1987, 86). 라운트리의 분석은 "그 집단을 가리켜, 진즉 사라진 시대의 이상과 의식에 얽매였던, 그리고 자기들이 도우려 했었던 사람들, 즉 가난하고 불우한 사람을 배척했던 완고한 교파라고 묘사했다"(ibid.,)

실제로 18세기 후반부터 더 많은 퀘이커 교도가 일반 비국교도처럼 인도주의적 목적에 헌신하기 시작했고, 특히 노예무역의 폐지에 있어서 그리고 나중에는 빈곤과 평화에 대한 정책에 있어서도 사회 개혁적 지도자가 되었던 것은 사실이다. 그러나 더 오래된, 사회적 무관심의 태도는 여전히 퍼져있었다. 프랜드 교파는 자기들끼리만 네트워크를 넓혔고, 늘 자기들끼리 도와주려고 했을 뿐, 외부의 불쌍한 사람들에게 자신의 자비를 베풀지 못하는 경우가 많았다. 그들은 산업혁

명 시기에 다른 고용주들과 똑같은 태도를 보이면서, 자신들의 노동자에게 장시간 노동과 저임금을 강요하는 문화를 19세기 말엽까지 고수했다(Walvin 1997, 182).

골턴의 부친이 1844년에 사망한 이후, 그는 런던의 지적 엘리트 중에서 독립할만한 재력을 가진 신사로서 살았다. 일찍부터 그는 지적 성공에 몰두했다. 그의 부친이 퀘이커 교도를 떠난 후에 생긴 한 가지 이득은 옥스퍼드나 케임브리지 대학에 입학할 수 있게 된 것이다. 그가 케임브리지 대학에 들어가 런던 지식인의 범주에 끼어들 자격을 갖추었다는 사실은 세속적 성취에 대한 퀘이커의 칭송과 부합되는 일이었다. 제1장에서 보았듯이, 골턴은 우등 수학 최종 시험에서 일급 합격자가 되려고 했으나 정서적 장애 때문에 좌절하고 말았다. 더 일반적으로 본다면, 제1장에서 『유전적 천재』에서 인용한 한 구절은 명성에 대한 퀘이커 교도의 관심이 골턴에게도 있었음을 아주 극명하게 보여준다. "나는 사회적, 전문적 생활을 시험의 연속이라고 본다. 모두가 타인의 좋은 평판을, 그리고 각자의 전문직에서 성공을 이루려고 하는 후보자다"(Galton 1978, 6).

삶을 '시험의 연속'으로 보는 이런 생각은 더 자세히 검토할 만한 가치가 있다. 오늘날 그런 생각은 과장된, 어쩌면 신경증적인 것처럼 우리에게 보일 것이다. 인정을 받으려는 노력은 여전히 현대 문화의 특성이지만, 그것을 시험과 시험 응시자라는 측면에서, 더군다나 끝없는 시험으로 보고싶은 사람은 별로 없다. 그러나 그것이 곧바로 이해될 수 있는 배경은 있었다. 이는, 자신이 '내면의 빛'에 얼마나 적절하게 대응하고 있는지가 신의 눈에는 어떻게 보일 것인가에 대해 끊임없이 관심을 쏟았던 개인들의 공동체라는 배경이다. 골턴의 생각은 이런 오래된 믿음의 세속적 버전, 즉 '신의 역할이 엘리트 동료집단의 역할로 바뀐 것'이라고 볼만한 구석이 많다. 어쩌면 엘리트 동료집단 그 자체가, 자기 자신의 올바름뿐만 아니라 자기 동료의 고결함에 관해서 관심을 쏟았던, 풍요한 퀘이커 교도들로 형성된 소규모 공동체의 세속적 버전이었다. 그런 공동체였기에 골턴의 조부를 총기 제작이라는 이유로 축출하기도 했다.

코메니우스는 급진적 프로테스탄트 사상의 영향을 크게 받았던 17세기의 교육자인데, 그가 말한 어느 구절(Comenius 1907, ch. XXIV:section 6, section 9)은, 인생을 시험의 연속이라고 생각했던 골턴과 연결지어 볼 때, 흥미로울 것이다. 코메니우스는 명상, 기도, 시험이 '진정한 기독교인의 본질'이라는 루터의 생각을 끌어들이면서 다음과 같이 적었다.

> 시험은 우리의 경건성의 진보에 대한 지속적 검사이며, 그리고 우리는 자신으로부터 혹은 타인으로부터 시험받을 수 있다. 시험받을 항목은 인간적, 악마적, 신성한 유혹이다. 왜냐면 인간은 자신이 신의 의지에 충실하고, 또 실행하는지를 알아보기 위해 자신을 시험해야 하며, 그리고 우리는 다른 사람들, 우리의 친구들, 그리고 우리의 적들에 의해 검사받아야 할 필요가 있다.
>
> (Comenius 1907, 219-220)

골턴이 그의 선조인 다수의 퀘이커 교도와 공유했던, 그리고 구 비국교도의 성격에 아주 깊이 새겨졌던 또 다른 특성은 '사회적 유용성'에 대한 욕구다. 우리가 보았듯이, 프로테스탄트 종교개혁의 핵심 특성은, 청교도 교파에게 아주 강하게 나타났던 것으로, 기독교적 삶의 최고 형태로서 '일상적인 사회적, 경제적 활동'에 대한 애착이었다. 이는 신이 자기에게 부여한 상인, 목수, 교역자, 아내로서의 소명을 충실하게 행한다는 뜻이었다. 18세기에 수많은 영국 구 비국교도의 사업 활동이 번창함으로써 사회적 공리성(social utility)의 범위는 지역에서 국가로 확대되었다. 우리는 이런 사례를 앞서 골턴의 조상에게서도 찾아보았다. 골턴 자신도 똑같은 기질이었고, "세상에서 쓸모"가 있기를 원했다. "그는 뒤에 앉아서 자신의 부의 결실을 즐기는 것에 만족하지 않았고, 어떤 식으로건 사회에 이롭게 되는 것을 자신의 의무라고 느꼈다"(Cowan 1977, 152-3). 그는 이런 목표를 평생토록 줄기차게 추구했다. 이는 특별하고 영향력 있는 발명의 형태로 여러 영역에 걸쳐서 자주 나타났다. 기상학, 통계학, 범인 지문추적 등의 연구에서 그랬다(Brookes 2004, 248). 조금 덜 유명한 사례가 1877년의 '자전거 속도계'다. 이것은

> 달걀 삶는 시간을 재는 모래시계일 뿐인데, 자전거를 타는 사람이 그것을 가지고 페달의 회전수를 세도록 만든 것이었다. 정해진 시간에 회전한 횟수는 시간당 몇 마일 속도로 달리는지를 알려준다. 이 시스템이 제대로 작동하려면 자전거 바퀴의 지름에 맞추어 모래 유리의 크기를 측정해야 했다. 이는 별로 놀라운 것이 아니어서 주목받지 못했을 것이다.
>
> (ibid., 207)

골턴의 사회적 상상력이 **탁월하게** 펼쳐졌던 것은 그의 우생학 프로젝트다. '유용한 일'에 대한 그의 추구는 그의 비전이 담긴 1865년도 글에서 대성공을 거두었다. 이 유토피아적 구상은 "그에게 그의 모든 이타적, 과학적 충동을 사로잡을 수 있는 박애주의적 명분을 제공하였다"(Cowan 1977, 153). 이와 관련된 골턴의 우생학적 사명은 나중에 다시 다룰 것이다.

여기서는 '자연적 능력'에 대한 골턴의 생각으로 되돌아가자. 이것은 어느 정도로 퀘이커의 배경에서 파생된 것이었을까? 우리가 보았듯이 골턴이 말하는 자연적 능력은, 버트의 지능관과 비슷하게, 일반적 지적 능력이며, 이를 소유하는 정도는 개인마다 다르고, 그 한계는 생득적 요인에 의해 결정된다. 제4장에서 더 자세히 논하겠지만, 청교도 운동은 전반적으로 지력의 힘을 크게 강조했다. 이것은 개인의 구원에 관한 관심과 연결되었는데, 영원한 삶이란 영혼의 삶이었기 때문이다. 계속해서 존재하는 것은 감각경험의 세계에 가장 적게 의존하는 것으로 주장되는 것이다. 이런 것에 가장 적합한 것은 순수한 사고, 즉 가능한 한 추상적이고 또 경험 세계와 최소한도로 얽혀있는 것이다. 제4장에서 살펴보겠지만, 지적 노력 중에서 가장 추상적인 논리가 청교도 사상의 중심이었다. 이와 일치된 것은 골턴 자신이 일찍이 순수 수학에 대해 가졌던 애착인데, 이런 심적 성향은 이 장에서 논의한 많은 심리학자들에게도 공통된 것이었다. 골턴이 그토록 열망했지만 끼어들지 못했던 순수 수학자들의 엘리트, 즉 케임브리지 대학의 랭글러(wranglers)에 대한 그의 선입견도 마찬가지다. 이 엘리트 집단이 그의 책 『유전적 천재』에서 첫 번째 연구사례였다.

인간의 마음의 본성은, 데카르트주의에 따르면, 사고가 본질인 비물리적 실체다. 이런 인간의 마음은 신의 마음과 유사하다고 주장했기 때문에 18세기에 청교도의 상급 교육과정에서도 중요한 소재였다. '성령론(pneumatology)'이라는 주제는, 근대 심리학의 시초인데, 비국교도 아카데미의 주요 산물이었다. 퀘이커 교도 및 다른 집단이 그런 아카데미에 다녔다. 골턴의 조부, 새뮤얼 골턴이 다닌 곳은 워링턴 아카데미(Warrington Academy)였다(Pearson 1914-30, Vol. I, 15). 성령론은 두 부분으로 나누어 가르쳤는데, 인간의 마음에서 시작하여 신의 마음으로 넓혀졌다.

이런 사항의 자세한 내용을 제4장에서 다룰 것이다. 이제까지의 설명은, 우리의 목적에 맞게, '왜 골턴은 지적 능력을 연구하기로 결심했을까?'를 어느 정도 밝혀줄 것이다. 자기 자신의 영적 본성을 이해하는 일은 청교도 집단에게는 공통된 의무였고, 그리고 그것은 골턴의 부친 계열에 속하는 모든 조상의 마음에 가까웠을 것이다. 그것은 골턴의 생각이 형성되는 데 도움을 주었을 것이다.

청교도 집단 중에서도 왜 퀘이커 교도가 인간의 영혼/마음/정신의 본성에 특히 골몰하게 되었을까? 그 이유는, 앞서 말했듯이, '내면의 빛'이라는 그들의 생각 때문이었다. 처음부터 퀘이커 교도는 신의 왕국이 그들의 내면에 있으며, 그리고 "내 안에 거주하는 성령은 믿는 자에게 완전성을 보증한다"(Watts, 1978, 208)라고 믿었던 점에서 다른 청교도 집단과 달랐다. 인간의 마음과 신의 마음의 동일성은 퀘이커 교도의 신조에서 특별히 돋보였다. 이 점을 기억한다면, 독자에게 이미 친숙한 『유전적 천재』의 끝 구절은 반복할만할 것이다.

> 살아있는 우주의 본질은 순수한 이신론이며, 그리고 … 그 활동의 형식은 협동적이라고 말할 수 있다 … 모든 생명은 본질에 있어 단일한 것이지만 그 드러남에서는 다양하고, 더 다양해지며, 상호작용적이며, 그리고 … 인간과 온갖 다른 생물은, 우리 중에서 비교적 소수만 이해할 수 있는 것보다 훨씬 더 확대된 우주적 행위 시스템 속에서, 능동적으로 일하고 공유하는 존재다 … 그들은

> 다소 무의식적으로 인간의 생명보다 아주 더 고귀한 생명의 드러남에 기여할 것이다. 이는 마치, 은유를 너무 과도하게 사용하면 안 되는 것인데, 더욱 복잡한 동물 중 어느 한 개체의 개별적 세포들이 그보다 더 높은 수준의 인격성이 드러남에 공헌하는 것처럼 말이다.
>
> (Galton 1978, 376)

골턴의 우생학적 비전의 목표로 해석할 수 있는 것은, 여러 시대를 거치면서 인간적인, 그리고 정말 동물적인 마음에 쌓인 불순물, 즉 비-지적 쓰레기를 제거함으로써 순수한 지력만 이상적으로 남게 하는 일이다. 우리는 지력을, 개인의 마음에 있는 것 혹은 아마 그것을 구성하는 것이라고 생각하지만, 위 인용문이 시사하는 것처럼, 개인들은 '우리 자신보다 훨씬 더 고귀한 생명'의 일부일 뿐이다. 이는 인간의 마음과 신의 마음의 동일성이라는 명제와 놀랍도록 비슷하게 보인다. 이제 신은 살아있는 자연으로 재개념화된다.

또한 위 구절은 진화의 과정은 **지도된다**는 점을 암시한다. 의식이 작동하고 있으며, 우리의 이해를 넘어서는 계획으로 작동한다. 신은 진화의 건축가로 보인다. 만일 그러하다면, 이렇게 진화를 목적론적으로 설명하는 것은 표준적인 포스트-다윈주의 견해, 즉 진화에는 정해진 방향이 없고, 우연과 상황의 산물이라는 견해와 어긋난다.

골턴에게 신은 진화의 건축가로 보인다는 점은 해석이 필요하다. 그 점은 총체적인 우생학적 프로젝트와 모순되는 것으로 보일 수 있다. 왜냐면 그 점은, 인간이 진화 과정에 개입할 수 있고, 진화의 과정을 도와줄 수 있다고 가정하기 때문이다. 그러나 이런 가정은 골턴처럼 개인의 마음과 초-개인적 의식의 동일성을 믿는 사람에게는 문제가 될 필요가 없다. 더 높은 능력을 갖춘 피조물을 생성시키려는 의도를 가지고 우생학적 프로젝트를 지도해야 할 존재는 결국 최고의 지력을 가진 인간뿐이다. 이와 같은 우생학의 실행자는 능력이 뒤떨어진 사람보다는 오히려 신성한 의식에 더 가깝다. 물론 그 실행자도 우주의 총체적 계획을 결코 충분히 이해하지 못하지만, 그 계획을 실현하는 일에서 섭리의 대행자와 같은 것이 되기에는 충분할 정도로 똑똑한 존재다.

이런 해석을 뒷받침해주는 사람은 골턴의 퀘이커 전기작가인 칼 피어슨(Karl Pearson)이다. 피어슨은 골턴의 신앙이 다윈 때문에 흔들린 이후에도 그의 종교성이 남아있었음을 골턴의 『인간 능력과 발달 연구』를 가리키면서 자세히 밝혀준다.

> 그것은 굉장한 사상적 혁명으로, 이것을 1883년에 골턴이 제안하고 있었는데, 그 범위를 파악했던 사람은 별로 없었다. 그는 새로운 종교를, 계시에 의존하지 않은 종교를 염두에 두고 있었다. ... 인간은 우주의 진화 과정에 담겨있는 목적을 연구해야 하고, 그리고 그와 똑같은 목적으로 일함으로써, 미래의 진보를 덜 느리게 또 덜 고통스럽게 이룩해야 한다 ... 만일 신의 목적이 우주의 발전에서 나타난다면, 인간의 목적은 그에게 지금 있는 제한된 능력으로써 그 신성한 목적을 촉진시키는 일이어야 한다.
>
> (Pearson 1914-30, Vo 1. II, 261)

골턴의 새로운 종교가 그의 비국교도 조상의 종교와 공유하는 점은, '각자의 종교적 의무는 사회적으로 유용하고 그럼으로써 신의 목적을 증진하는 일이다'라는 생각이다. 골턴의 비전은 청교도의 '새 예루살렘'에서 나온 것일까? 어쨌든 골턴의 비전은 우생학적 전통 속에서 그를 추종했고, 또 (아래에서 언급하는) 청교도 배경을 가졌던 심리학자들에게는 영감이 되었다. 이들은 모두 골턴처럼 사회 개선을 위해서 자기들 나름대로 가끔은 사회정책, 특히 교육정책의 수립자로서 부지런히 공헌했다.

골턴의 종교성에 대한 피어슨의 견해를 지지해주는 진술이 골턴의 『인간 능력과 발달 연구』에 들어있다.

> 인간은 이미 진화를, 아주 상당한 정도로, 절반은 무의식적으로, 또 자신의 개인적 이득을 위해서도 상당히 증진했을지라도, 그것을 의도적으로 또 체계적

으로 행하는 것이 자신의 종교적 의무라는 확신에는 아직 도달하지 못했다.

(Galton 1907, 198)

골턴의 저술에 종교적 의도를 가리키는 또 다른 구절이 있다는 지적은 팬처(Fancher 2001, 3-4)에게서도 찾아볼 수 있다.

제2장에서 나는 다음과 같이 말했다. '생득적으로 결정된 한계가 있는 지능'이라는 전통적 개념은 칼뱅주의자의 예정설과 비슷하다. 리프먼(Lippman)도 비슷하게 생각했었다는 점도 앞서 언급했다. 그러나 '골턴이 자신의 견해에 들어있는 어떤 예정론적 요소를 퀘이커교로부터 끌어냈다'라고 주장하기는 어렵다. 왜냐면 퀘이커 교도들은 예정설을 **거부**했으며, 이런 점에서 회중파나 장로교와 같은 칼뱅주의적 청교도와 달랐기 때문이다. 퀘이커 교도들은 다음과 같이 믿었다: 구원은 신이 미리 내린 결정에 의해서가 아니라 내면의 빛에 대한 개인의 긍정적 반응을 통해서, 즉 게으름/죄악이 아닌 미덕/근면의 삶을 통해서 생긴다. 이와 별개로, 퀘이커 교도도 구원론자**였었다**. 그들도, 엄격한 공동체 안에서 엄밀한 훈육을 따른다면, 자신들이 구원될 것으로 확신했다. 그리고 퀘이커 교도가 아닌 사람과의 혼인 금지는 퀘이커 혈통이 구원의 여권(passport)이라는 생각을 강화시켰다. 그러므로 모든 퀘이커 교도는 각자에게 태어난 아이도 잘 길러지면 구원받는 사람에 낄 것이라는 확신을 강하게 가질 수 있었다. 이것은 예정설이 아니지만 그렇다고 크게 벗어난 것도 아니다.

18세기까지 퀘이커 교도는 자기들 나름대로 구원을 출생 혹은 세속적 성공과 연결시켰다. 유전된 능력과 명성을 서로 연결짓는 (그리고 1865년에 갑자기 출현한 점을 여전히 설명할 필요가 있는) 골턴의 이론은 퀘이커라는 원천에서 일부분 생겨났을 것이라고 우리는 여기서 이해할 수 있다.

'퀘이커 배경이 골턴에게 영향을 미쳤을지 모른다'라는 점에 관한 지금까지의 논증은 아직 결정적인 것이 아니다. 그러나 그런 영향의 가능성 정도는 보여주었다고 나는 생각한다.

02 시릴 버트

시릴 버트는 골턴과 마찬가지로 부친의 조상으로 올라가면 청교도에 속한다. 버트는 자서전(Burt 1952, 55)에서, 어머니가 성공회였고, 아버지는 같은 성을 가진 대다수 친족처럼 회중교회 교인이었다고 적었다.

지능이나 학교 선택에 관한 버트의 견해가 그의 회중교회 교파의 뿌리에서 영향을 받았다는 어떤 증거가 있을까? 버트는 그렇다고 말하지 않지만, 앞서 암시했듯이 그것을 놀랍게 생각하지는 말아야 한다. 비록 종교에 대해 적대적이지 않았으나 버트는 자신을 과학자로, 그리고 전문가로 크게 여겼으며, 이 점에서는 골턴보다 훨씬 강했다. 버트는 (함께 양육된 일란성 쌍둥이와 따로 양육된 일란성 쌍둥이 간의 측정된 IQ의 비교에 관한) 자신의 이론적 주장이 엄밀한 경험적, 통계학적 증거에 뿌리를 둔다고 보았다. 나는 1970-71년에 버트와 서신을 교환했는데, 이런 개인적 경험을 토대로 다음과 같이 증언할 수 있다. 그의 (끈기 있는) 논변은 객관적인 과학적 진리를 찾는 끈질긴 과학자의 그것처럼 곳곳에서 드러났다(White 1970).

버트와 똑같은 세대에 속하는 모든 심리학자들이 버트가 사로잡혔던 특수한 탐구에 이끌렸던 것은 아니다. 우리에게 필요한 설명은 이것이다. 왜 버트는 골턴의 지능관을 이어받았고, 그것을 그의 방식대로, 다시 말해서 국가의 교육 시스템 내에서 학교를 분류하고 학생을 선발하는 데 적용하게 되었을까? 이런 설명에서 버트의 회중교회 교파의 배경은 어느 정도까지 나타나게 될까?

버트의 자서전에서 알 수 있듯이, 골턴의 아동기가 퀘이커 교파의 영향을 받은 것이라면 버트의 아동기는 회중교회주의의 영향을 더 직접적으로 받았다. 골턴의 아버지가 성공회 교인으로 전향했지만, 버트의 아버지는 회중교회의 교인으로 남았다. 우리가 아는 것처럼, 버트의 아버지는 의료 전문직이었고 버트가 아주 어릴 때 런던에서 화학자와 의사로 일했으며, 버트가 10살 때 외과의사로 워릭셔(Warwickshire)의 마을로 이사갔었다. 버트의 말에 따르면(Burt 1952, 55), "아버지의 눈에 나는, 내 누이처럼, 당연히 그처럼 의사가 될 운명을 타고난 것으로 보였다." 버트의 아버지는 날카로운 고전학자였고, 라틴어의 어형변화를 버트가 매일 아침 간이침대에 누워있을 때 가르쳐주었고, 그 보상으로 리비(Livy) 혹은 네포(Nepos)의 이야기도 들려주었다. 버트의 친할아버지도 회중교회 교인이었는데, 1849년에 람스게이트(Ramsgate)에 있는 독립 교회에서 결혼했다는 기록이 남아있다(Norman Franke로부터 개인 서신을 통해 들었음). 그는 한때 서머세트(Somerset)의 몬태큐트(Montacute)에 있는 농장과 채석장을 소유했었고(Burt 1952, 54), 나중에는 그의 아들처럼 의료인이 된 것으로 보인다. 처음에는 외과의사, 나중에는 화학자/약제사였다(Norman Franke와의 소통으로 알았음). 골턴의 할아버지는 그의 아버지처럼 조기 학습에 민감했다. 왜냐면 간이침대에서의 체험보다 몇 년 후의 일인데. "나의 친할아버지는 독일의 과학과 철학을 굉장히 숭배했으며, 내가 독일어 어형변화를 배우고 또 빌헬름 텔의 노래를 부르게 하셨다"(Burt 1952, 55). 또한 버트의 말에 따르면, "책장에는 나의 증조할아버지가 소유했던 고대 의학에 관한 커다란 책이 많았다"(Ibid., 54). 다른 연구자들에 따르면, 버트의 증조할아버지는 에드워드 크누리트 버트(Edward Knuritt Burt)였다. 그의 후손처럼 그는 약종상이었다. 1851년도 인구조사 때 그는 몬태큐트에 살고 있었다(Bevington n.d.).

나중에 우리가 알게 되는데, 청교도 중에서도 회중교회주의자들은 전통적으로 신학을 포함한 폭넓은 주제를 배우고 가르치는 데에 아주 헌신적인 집단이었다. 이 점은 버트의 가족에게서도 분명히 나타나는 것 같다. 앞서 제시한 사실 외에도 우리가 아는 바, 버트의 할아버지가 버트에게 전해준 "온갖 종류의 특이한 과학적 정보는, 내 생각으로는, 그가 주로 『네이처(Nature)』에서, 혹은 그가 파링던(Farringdon) 시장에서 골라온 이상한 독일어 책자에서 베낀 것"(Burt 1951, 55)이었다. 또한 버트의 할아버지는 빈민학교(ragged school)에도 관여했다.

버트의 아버지는 "밀턴, 라파엘, 모차르트, 크리스토퍼 렌(Christopher Wren)을 칭송했고", 그의 산문 문체는 닥터 존슨(Dr Johnson)을 모방한 것이었다. 버트가 워릭에서 학교 다닐 때,

> 시험이 가까워질 무렵 내 어머니가 반복해서 들려준 이야기는, 내 아버지가 세인트 세이비어 문법 학교에서 얼마나 많은 상을 받았는지, 집에 가져오는데 차가 필요할 정도였으며, 만일 내가 상을 하나도 받아 오지 못하면 나는 정말 창피해질 것이라고 느꼈다.
>
> (ibid., 56)

이것은 흥미로운 구절이다. 왜냐면 그것은 버트 가문의 학구적 경향을 일반적으로 보여줄 뿐만 아니라, 버트이나 그의 부친의 가정에서 시험에 대해 부여했던 중요성을 알려주는 증거이기 때문이다. 우리가 제5장에서 자세히 다룰 것인데, 시험은 회중교회 교파를 비롯한 비국교도의 전통에서 핵심적 위치를 차지했다. 이 책에서 앞서 언급한 자료를 통해 우리는, 버트의 영웅인 골턴의 삶과 사상에서 시험이 차지했던 역할을 이미 알고 있다. 게다가 우리는, 교육심리학자로서 버트의 전문직 경력이 학습 능력 검사를 중심으로 어떻게 전개되었는지, 그리고 버트의 연구가 제2차 세계대전 이후 11+ 시험의 발전에 어떻게 공헌했는지를 알고 있다. 버트 자신은 열한 살에 그 시험에 통과했고 장학금을 타서 크라이스트 병원학교에서 자유로운 교육을 받았다. 그는 교육을 받는 과정에서 다른 장학금도 여러 번 받았다. 그의 자서전에 따르면,

> 장학금은 내 인생에서 결코 빼놓을 수 없는 부분을 차지했기 때문에 나의 주요 관심은 자연스럽게 장학제도를 확대하고, 가능하면 개선하고, 시험과 선발을 연결하는 것이었다.
>
> (ibid., 57, fn 2)

어떻게 해서 버트가 골턴에 주목하게 되었는가를 말해주는 제1장의 그 구절을 다시 떠올리게 만드는 것은 골턴에 대한 그의 언급이다. 그런 일이 버트의 아버지를 통해서 일어났다는 점은 이 장의 관점에서 볼 때 흥미로운 점이다. 버트의 아버지는 가정 의사로서 농촌 지역인 워릭셔를 순회할 때 클레버든(Claverdon)에 있는 골턴 가족의 저택에 적어도 매주 한 번씩 방문하곤 했다. 놀랍지도 않게 시릴 버트는,

> ... 누구보다도 프랜시스 골턴에 관해서 더 많은 이야기를 들었다. 밀턴과 다윈 다음으로 아버지가 이상적 인간의 최고 사례로 여긴 사람은 골턴이었다고 나는 생각한다. 학교 도서관에 가서 나는 골턴의 『인간 능력의 탐구』를 찾아보았으며, 그 책이 세상에 나온 해에 내가 태어났음을 거기서 확인했을 때 내가 느꼈던 그 신비한 전율을 아직도 기억한다.
>
> (ibid., 59)

이 구절은 두 가지 점에서 흥미롭다. 첫째, '차에 실어 올 정도의 상'에 관한 인용문처럼 여기서도, 버트가 그의 부친과 얼마나 가까운 사이였고 또 쉽게 영향을 받았는가 하는 점이 드러난다. 둘째, '**왜** 버트의 부친은 골턴을 이상적 인간으로 보았을까?' 하는 의문이 여기서 생긴다. 안타깝게도 버트는 말해주지 않는다. 버트의 부친에게 모범적이었던 인물인 다른 두 사람은 청교도 동조자와 과학자였다. 버트의 부친이 골턴에게 이끌린 것은, 골턴이 자기와 똑같은 종교적 사상-세계에 속했기 때문일까(골턴도 그렇다는 명시적 언명은 없었지만)? 혹은 버트의 부친처럼, 골턴이 생물학 영역을 연구했기 때문이었을까? 골턴이 그에게 모범적 인간이었던 것은 두 가지, 즉 종교적 사고방식과 과학적 사고방식을 동시에 지녔기 때문이었을까? 혹은 어떤 다른 이유가 있었을까?

버트는 우리에게 말하기를 "여섯 세대에 걸쳐서 여섯 명의 내과 혹은 외과 의사, 그리고 세 명의 성직자가 나타났다"(ibid., 54). 따라서 과학과 종교의 연관성은 그의 가계에서 꽤 오래된 일이었다. 여기서 기억해야 할 중요한 사항이

있다: 다윈 이전과 이후에, 이 책에서 밝히는 것처럼, 과학과 종교는 아무튼 언제나 서로 위협적인 것으로 보지 않았고, 서로 지원하는 것처럼 본 적도 많았다. 이 점은 특히 회중교회 교인들에게서 그랬다. 회중교회 교파는 17~19세기에 주도적으로 비국교도 아카데미를 설립했다. 과학은 18세기를 거치면서 비국교도 아카데미의 교육과정에서 점점 더 뚜렷이 떠올랐다. 뉴턴의 과학은 1729~1751년에 필립 도드리지(Philip Dodridge)가 노샘프턴 아카데미(Northampton Academy)에서, 신학 및 다른 과목과 함께 가르쳤다. 이 아카데미의 가장 유명한 교사였던 도드리지는 회중교회 교인이었다(Watts 1978, 369). 조지프 프리스틀리(Joseph Priestley)는 노샘턴 아카데미의 후신인 대번트리 아카데미(Daventry Academy)에서 공부했는데, 1761년에는 워링턴 아카데미(Warrington Academy)에서 과학 교육을 진흥시켰다. "그의 『신학 및 총론(*Theological and Miscellaneous Works*)』은 모두 26권이며, 그는 화학에 독창적으로 공헌했고, 암모니아, 이산화 황, 산소를 발견했으며, 이산화탄소를 물에 넣어 탄산수를 만들었다"(ibid., 472). 일반적으로 "그 아카데미에서 자연과학 과목들의 주요 목표는 창조주의 지혜와 권능을 옹호하는 논변을 연역하는 일이었다"(ibid., 370).

버트 자신은 종교 및 과학에 어디까지 흥미를 가졌을까? 그는 어렸을 때 흥미가 있었다고 말한다. 국교도였던 그의 모친은 "내가 목사가 되어야 한다는 희망을 마음에 지녔다. 내가 기독교 전례복(서플리스와 후드)을 입고 어머니 앞에서 설교했을 때 모친은 그런 생각이었다"(Burt 1952, 55). 워릭에 있는 세인트 세이비어 문법 학교에서 버트의 부친이 받았던 상에 자극을 받아서, "아주 확실한 길을 찾으려고 나는 전반적으로 성서 상을 목표로 삼았는데, 아무도 그것을 탐내는 것 같지 않았다"(ibid., 56). 그는 크라이스트 병원학교에서도 성서 상을 받았다(ibid., 59). 내가 아는 한, 종교적 관심은 그의 자서전에서는 그정도뿐이고, 그 이야기에 관통하는 것은 심리학이라는 과학이었다.

그런데 버트가 은퇴한 1950~1971 사이의 21년 동안 신학은 천문학이나 음악과 함께 그의 비-전문적 관심 영역이었다. 그는 자신을 기독교인, 즉 종파로는 '자유주의적 성공회', 그리고 신학으로는 유니테리언에 속한다고 말한다(Hearnshaw 1979, 207). 그는 히브리어에 상당히 능통했고, 신학 분야를 폭넓게 읽었고, '종교적 형이상학의 장단점(ibid, 208)'이라는 책을 구상하기도 했다. 또 그는 심령 연구에 관한 글을 몇 편 발표했는데 이것은 그의 마지막 생애의 십년간 "그의 형이상학적 시스템의 핵심 부분"(ibid, 224)이었다. 그는 이원론자였고, 두 가지 유형의 의식이 있다고 주장했다. 하나는 뇌 과정에 의존하는 수동적 형태의 의식이고, 다른 하나는 그가 '사이콘(psychon)'이라고 불렀던 '무한 가능한 생애-시간'을 가진 능동적 형태의 의식이다.

> 여러 개인의 심령 영역은 중첩될 뿐만 아니라 텔레파시 경험을 설명해주지만, '초영혼(over-soul)'이라는 것도 있을 것이다. 이는 어떤 사람들의 마음 사이에서 무의식적 텔레파시에 의한 상호작용으로 형성되는 일종의 집단 마인드다. 이때 그들은 심적 보존물(psychic reservoir)을 함께 지니고 사는데, 그것은 이미 죽은 개인들의 마음을 형성했었던 것이고, 그리고 그들의 육신이 사멸하면 그것으로 다시 흡수되어버릴 것이다. 이 능동적 '사이콘'은 자체의 법칙에 따라 움직이는 어떤 것이다. 심리학은 그러므로 독자적인 과학이며, 물질적 자료에 의존하는 것이 아니다.
>
> (ibid., 224-5)

버트는 '사이콘이 신체적 행위를 지시할 수 있는데 이는 자발적 선택이 인과적으로 뇌에 일으키는 변화 때문이다'라는 자신의 견해를 기반으로 삼아, 그의 말처럼, "동물 진화의 진행을 촉진하고, 그리고 그 방향의 결정에서 가장 중요한 것이 의식"(ibid., 225에서 재인용)이라고 믿었다.

흥미롭게도 헌쇼(Hearnshaw)는 '심령 연구에 관한 이런 견해에 관한 자신의 논의'를, '자신의 자서전에서 버트의 신학적 관심에 대해 일찍이 서술했던 점'과 서로 연결시키지 않는다. 다시 말해서 헌쇼는 '심령 연구에 관한 버트의 견해에 대한 자신의 논의'를 '버트의 심리학 연구가 더 확장된 범위에 속하는 것'

으로 다룬다. 그러나 과학과 종교는 별개의 것으로 떨어져야 하는가?

'의식은 죽음을 넘어 영원으로 뻗어갈 수 있다'라는 점은 기독교도의 표준 생각이다. '개인적 의식과 초-개인적인 어떤 것과의 동일성'이라는 아이디어도 마찬가지다. 이미 우리는 이런 유형의 사고를 골턴에게서 보았다. 골턴도 역시, 진화는 우연적이지 않고 의식적으로 지향되는 것이라고 생각했었다. 버트가 그의 멘토인 골턴에게서 이어받았다고 보이는 점은 i) 생득적, 일반적, 지적 능력이라는 지능관, 그리고 ii) (이런 지능관에 부합하고, 또 이를 위해 합리적 이유를 제공해준) 더 넓은 형이상학적 틀과 같은 것이다.

만일 이것이 맞는 말이라면, 결국 버트에게 심리학과 신학은 서로 떨어질 수 없다. 헌쇼의 말에 따르면, 버트는 심리학을 '독자적인 과학이며, 그리고 물질적 자료에 의존하지 않는다'라고 믿었다. 이런 믿음은 그런 단어들을 사용하는 세속적 사상가에게 있을 수 있는 생각, 즉 '화학과 지질학이 지난 두 세기에 거쳐서 각기 과학의 하위 영역으로 굳어졌듯이 심리학도 그런 과학의 길로 조금 나아갔다'라는 생각과 거리가 먼 것이다. 버트가 '심리학이 그 자체로서 고유한 법칙을 가진 과학'이라는 말로써 가리켰던 의미는 더 거창한 것으로 보인다. 이는 '인간의 마음에 관한 연구는 우주를 지배하는 초-개인적 의식을 우리에게 밝혀줄 수 있다'라는 뜻이다. 인간의 마음의 법칙은 신 자체의 법칙이다. 이것이 맞는 말이라면, '심리학이 자율적 과학'이라는 버트의 견해는 심리학을 현대 학문으로서의 심리학보다는 비국교도의 성령론에 더 가까운 것이다. (성령론에 대해서는 제4장을 참조).

이것은 '심령 연구에 관한 버트의 관심'에 대해 헌쇼가 진술한 바를 너무 확대해석한 것일까? 아마 그럴지도 모른다. 그러나 그것을, 있는 그대로 보아도, 덜 우주적인 방향으로 받아들이기는 어렵다. 이런 문제에 대한 버트의 관심이 그의 긴 인생의 끝자락에서만 나타난다는 점도 관련되는 사항일까? 우리는 그의 그런 관심을 노인의 산만한, 다소 가벼운 생각이라고 무시해도 될까? 실제로 검사 결과와 통계 분석에 치밀하고, 봉급을 받고 살았던 전문 교육심리학자가 오히려 현실적인 버트가 아니었을까?

여기서 버트를 전문적 심리학자로 보았던 제1장의 설명으로 되돌아간다. 버트의 연구는 골턴에게서 이어받은 틀 속에서 자리를 잡았다. 버트는 골턴으로부터 생득적, 일반적, 지적 능력이라는 지능관 뿐만 아니라 그런 지능관이 포함된 우생학적 프로젝트까지 이어받았다. 버트는 1937년부터 1957년까지 우생학회의 자문위원이었다. 버트가 학교 시스템의 분할과 선발에 관해 연구했던 것은, 천재성을 드높이고 낮은 지능을 억제하려는 의도였으며, 실행에 옮겨진 골턴의 우생학이었다. 이렇게 볼 때, 그리고 골턴의 사상체계의 신학적 배경을 살펴보았던 점에서 볼 때, 버트의 거창한 종교적 성향은 노망의 발동이 아니고, 그의 생애에서 늘 배경에 있었던 것이라는 증거가 상당히 있다.

마지막으로 과학과 종교의 관계에 관한 버트의 생각을 마무리하기 전에 살펴볼 점이 있다. 1970년대 이후 버트가 자신의 연구 자료를 조작했던 것 때문에 드높았던 악명을 돌이켜보자. 만일 버트가 정말 신중한 행동과학자였다면, 도대체 따로 양육된 53명의 일란성 쌍둥이, 그리고 두 명의 여성 공동연구자를 가짜로 산정하는 **조작**을 어떻게 저지를 수 있었을까? 우리가 알듯이, 버트는 어릴 때부터 '경쟁적 포상'이라는 형태의 학업적 성공에 예민했던 사람이었다. 헌쇼는 논쟁에서 버트가 보여주었던 속임수나 파렴치를 기록으로 남겼다. "그는 상대방을 오해하고, 논점을 흐리게 만들곤 했다. 겉으로 정중하고 합당한 것처럼 보였지만 그 이면에는 논쟁에서 이기고, 상대방을 모욕하려는 단호한 결의가 숨어 있었다"(Hearnshaw, 1979, 206). 나는 버트가 88세일 때 그의 지능관을 놓고 그와 날카롭게 맞섰던 사람으로서 이제 헌쇼의 판단을 확인해 줄 수 있다. 버트가 자료와 연구자를 조작했던 것은 '생득적으로 이미 결정된 것을 환경적 요인이 어디까지 바꿀 수 있는가'에 관한 논쟁에서 이겨야만 한다는 그의 단호한 결의 때문이었을까? 버트의 조작은, 생득적 지능에 대한 그의 견해를 골턴으로부터 기본적인 신념으로, 즉 그가 보기에 결코 틀릴 수 없는 것으로 받아들였기 때문이었을까? 만일 그렇다면, 버트는 비판에 대해 진심으로 개방된 학자라기보다 충실한 신자였던 것으로 드러난다. 그렇다면 열린 진리 추구가 아니라 신앙이 그의 동기는 아니었을까? 버트가 그의 자서전에서, 과학자로서는 특이한 언어로 자신의 '제자들'이라는 말을 썼는데, 그가 언급한 카텔(R. B. Cattell), 아이젱크(H.J. Eysenck) 혹은 다른 사람을 어떻게 생각했을까? 그들을 그의 전공의 객관적 표준으로 끌어들인 학자로 그는 생각했을까, 혹은 골턴의 신앙을 후속 세대에게 밝혀줄 신자로 생각했을까?

이런 사변적 이야기는 더 탐구해 보아야 한다. 그러나 그것을 일부 확인해줄 사항을 헌쇼는 다음과 같이 언급한다.

> 그는 내심으론 결코 과학자가 아니었다. 그가 수집한 많은 자료는 성급하게 수집한 것이어서 질적으로 의문스러웠다. 그는 유능하나 야심 찬 인간이었고, 일찍부터 골턴의 전통을 거의 복음적 진리로, 그리고 자신을 골턴의 후계자로 여겼다.
>
> (Hearnshaw 1987, 121)

이 구절은 굴드(Stephen Jay Gould)의 증언과 일치한다.

> 지능의 선천성은 버트의 고정관념이었다. 그가 자신의 지적 기능을 다른 영역으로 돌렸을 때 그의 추론은 잘, 교묘하게, 그리고 가끔은 굉장한 통찰을 통해서 이루어졌다. 지능의 선천성을 고려할 때 그는 현혹되었고, 그리고 그의 합리적 사고는 그에게 명성을 안겨주었으나, 그의 지적 파멸을 끝내 감추었던 유전론적 도그마 앞에서 증발하고 말았다.
>
> (Gould 1981, 279)

이제까지의 논의에서 버트의 생애와 활동에서 종교적 믿음의 의미가 충분히 밝혀졌을 것으로 나는 믿는다. 그렇지만 '회중교회주의가 그에게 중대한 영향을 미쳤다'라는 논변을 마무리할 정도로 충분한 것은 **아니다**. 이제까지 그런 방향을 가리킬 수 있는 몇 가지 가능성을 살펴보았다. 우리가 아는 것은, 버트가 회중파 교인인 그의 아버지와 할아버지와 가까웠고, 학습에 대한 그들의 종합적 사랑을 공유했고, 학문적 성공에 대한 아버지의 욕망도 공유했었다는 점이다. 또 우리가 아는 것은, 종교와 과학에 대한 그 가족의 전통적인 이원적 관심이 버트 자신의 이력에서도 나타났다는 점이다. 그런 관심은 18세기 회중교회주의자들의 학문적 사고에서 핵심이었지만, 회중교회주의가 버트의 조상에게 영향을 주었다는 증거를 우리는 아직 확인하지 못했다.

우리가 제2장에서 보았듯이, 회중파 교인들은 엘리자베스 1세(1533-1603) 치하의 칼뱅주의적 청교도의 직통 후계였다. 18세기 후반에 복음주의 운동의 부활이 보편주의적 방향으로 일부 회중파 교인들을 전향시킴으로써, '잘 살아가기만 한다면 누구나 구원받을 수 있도록 신이 예정해 놓았다'(Jones 1962, 168-71)라는 주장도 있었지만, 그 집단 내부의 전통적 견해는 '신은 오직 그가 선택한 사람만 구원받도록 예정해 놓았다'라는 것이었다. 앞서 말했듯이 이런 점에서 회중파 교인은 퀘이커 교인과 달랐다. 물론 19세기에 이르러 칼뱅주의의 복음주의적 버전은 어쩌면 예정설보다는 '신앙을 통한 개인적 구원에 대한 확신'을 강조했을 것이다(Bebbington 1989, 63-5). 그 밖에 다른 점에서는 퀘이커 교인과 회중파 교인 사이에 유사점이 많다. 퀘이커 교인과 마찬가지로 회중파 교인은 '자신들이 선민에 속한다'라고 믿었다. 즉 체스터튼(Chesterton)이 말하는 "선민이라는 놀라운 귀족주의"(Routley 1961, 63)를 신봉했다. 이에 따라 그들은 자기 교회의 구성원을 제한했다(Watts 1978, 169,291); 그리고 퀘이커 교인처럼 그들은 전통적으로 자신의 신앙 속에서만 결혼을 허용하려고 했다(ibid., 329-30). 그들은 퀘이커 교인처럼, 자기 교파에 속하는 빈민들만 돌보려는 경향이 있었고(ibid., 337) 보통 사람들의 빈곤에는 무관심하면서도 이를 신의 섭리의 일부로 여겼다(Jones 1962, 192). 사회적으로는 17세기부터 "회중교회주의는 대체로 경제적 독립을 성취한 사람들의 종교였으며"(ibid., 126), 여기에 상업/무역업 종사자가 포함되었다. 퀘이커 교인처럼, 그들은 공적 생활에서 대부분 축출된 것을 "사업에 대한 열렬한 헌신"(ibid., 127)으로 이겨냈다. 그들은 18세기에 산업/상업의 발흥에 기여하여 이득을 보았으며, 그리고 19세기가 되기까지 “세속적 성공에 대한 일반적인 추종에 직접 동참”(ibid., 288)함으로써 자유방임과 경쟁의 강력한 지지자가 되었다. 퀘이커 교인과 마찬가지로, 그들은 부유한 기업가를 낳았다. 프랜시스 크로슬리(Francis Crossley)는 카펫 제조업자, 티투스 솔트(Titus Salt)는 모직 제조업자, 윌스(W.D. Wills)는 담배 제조업자였다(Ibid., 289). 성공회 교인과 감리교 교인 다음으로 가장 큰 기독교 집단이었던 회중파 교인은 근면, 절약, 절대 금주, 안식일 엄수, 가족 존중, 극장을 멀리함 등과 같은 ‘빅토리아 여왕 시대의 미덕’을 옹호했다(ibid., 290-4). 1902년의 어느 관찰자의 기록에 따르면, 회중교회주의는 “무엇보다도 중산계급의 교파였고, 실제로 그 구성원은 중산계급이라는 종합적 명칭에 포함되는 위아래 부류의 사람들로 집중되었다”(Bebbington 1989, 110에서 재인용).

우리는 앞서, ‘퀘이커 교인의 배타주의적 태도, 즉 자신을 종교적 특권집단으로 바라보고 자신들만의 구원을 확신했던 그들의 경향’이 ‘진화론적으로 특권적인 인간들에 대한 골턴의 선입견’에 어떻게 반영된 것이었는지를 살펴보았다. 이렇게 본다면, 골턴의 우생학적 비전이 회중파 교인에게도 호소력을 가짐으로써 이들이 스스로 성공을 추종하고, 그리고 선천적으로 부여받은 특별함을 비슷하게 느꼈다고 말할지라도 놀랍지는 않을 것이다.

우리가 모르는 점은, 부분적으로 그런 이유 때문에 골턴의 연구가 버트의 아버지에게 영향을 미쳤을까 하는 것이다. 우리가 또 모르는 점은, 버트가 스스로 골턴 옹호자가 된 이유는 무엇이었을까 하는 것이다. 버트가 다윈 사상을 엘리트주의적으로 응용하는 쪽에 기울어졌던 어떤 이유, 그리고 마찬가지로 골턴의 아이디어를 자기 방식대로 발전시켰던 어떤 이유가 분명히 있었을 것이다. 버트가 그의 청교도 뿌리에 의해 영향을 받았을 것으로 생각되는 이유가 몇 가지 있다. 그 일부는 이미 다루었으므로 간략하게만 정리할 것이다.

1. ‘예정된 혹은 최소한 확신된 구원’과 ‘수준 높은 생득적 지능이 선발 학교에 적합

하다는 사실' 간의 유사성.

2. 1의 구체적 사항으로, '인간의 소명은 신이 부여한다'라는 아이디어와 '개인의 타고난 지능은 그의 지능 수준에 맞는 직업의 범위와 상관관계가 있다'라는 버트의 믿음 간의 유사성.

3. 더 일반적으로, '직업지도와 선발'에 대한 버트의 오랜 관심. 1919년에 버트는 새로 설립된 국립산업심리연구소에서 직업 분야의 최초 책임자로 임명되었다(Burt 1952, 67). 버트는 자신이 스스로 선택한 심리학자라는 직업을 중심으로 삼아 그의 자서전의 틀을 분명히 구상했었다. 이것이, 그가 그의 글에서 말했던 것처럼, "직업 선택이라는 문제에 주로 집중"(ibid., 35)하게 되었던 이유다. 우리가 보았듯이 그의 가족 내에서 그가 나중에 스스로 선택할 직업은 중요한 이슈였었다. "나도 언젠가는 내 부친의 가족에서 지배적이었던 소명 중 하나를 택하여, 성직자나 의사가 되어야 한다고 일반적으로 생각했었다"(ibid., 55). 그의 모친의 희망은, 그가 성직자가 되는 것이었으나, 그의 아버지는 그가 "의심할 여지가 없이 태어날 때부터 자신의 뒤를 이어서 의사가 될 운명"(ibid.,)이라고 보았다. "의심할 여지가 없이 ... 이 될 운명"이라는 구절을 중시할 필요가 있다.

4. 버트는 각 개인에게 가능/불가능한 직업의 다양한 범위에 관심을 쏟았는데, 이는 그의 지능검사와 연관된다. 지능검사는 학생들을 계층화하는 데에, 다시 말해서 초등학교 안에서 트랙을 나누고, 그리고 중등학교에 들어갈 가장 재능있는 학생들을 선발하는 데에 활용되었다. 회중파 교인은, 퀘이커 교인처럼, 선민 집단인 자신들과 비-선민 간의 명확한 계층 구별에 집착하는 경향이 있었다. 이런 점이 선발 학교 시스템에 민감했던 버트의 배경의 어딘가에 있었을 것이다. 물론 다른 증거도 있다. 즉 회중파 교인은 선발보다는 부/지위에 기반한 사회적 계층 구별의 구체적 수준에 전통적으로 더 민감했었다는 증거가 있다. "18세기 사회의 계층화는 비국교도 예배당에서 재생산되었으며"(Jones, 1962, 127) 부유한 사람들은 대중의 시선이 닿지 않는 벤치형 좌석에 앉았었고, 그 좌석은 직업 수준에 따라서 설교하는 성직자에 더 가깝게 혹은 더 멀리 놓여있었다.

버트의 견해, 즉 지능의 계급 차이는 대체로 생득적이며, 따라서 "계급 차이는 어느 문명사회에서나 불가피한 것이다"(Burt 1969, 20)라는 견해는, 19세기 회중파 교인의 다음과 같은 신념과 일관되며, 또 이로부터 영향을 받았을 것이다: "사회 질서는 신의 목표를 달성하려고 그의 섭리에 따라 만들어진다. 부자와 빈자는 우연히 나누어진 것이 아니고, 사회계급도 우연히 형성된 것이 아니다"(Jones 1962, 192).

5. 지능에 관심을 쏟았던 심리학자들이 실천적 지능의 형태보다는 지적 과제에 집중했어야 할 일반적 이유는 없다. 그러나 버트는 골턴처럼 그런 방향으로 나아갔다. 우리가 앞서 논의했듯이, 청교도는 언제나 지적 문제에 특별한 관심을 가졌고, 그리고 회중파 교인들은 학문-지향적이었던 비국교도 아카데미에서 특별히 두각을 나타냈다. 버트가 아버지와 할아버지 밑에서 특이하게 일찍부터 받았던 학문적 교육에 관한 그의 설명은 회중파 교인의 그런 경향이 반영된 것이었는지도 모른다. 버트는 평생토록 엄청난 범위의 학문적 자료를 닥치는 대로 읽었는데 이 사실도 마찬가지였을지 모른다(Hearnshaw 1979, 206).

골턴과 또 나중에 거론할 다른 사람도 똑같은데, '버트의 청교도 조상이 심리학자로서의 버트의 활동이 형성되는 데에 도움을 주었다'라고 주장할 엄밀한, 확실한 증거는 없다. 청교도 뿌리가 없는 온갖 부류의 사람들도 직업훈련에 관여했고, 종합적인 지적 관심을 가졌고; 엘리트주의자였고; 사회계층을 선호했고; 영생을 그리고 개인과 신의 통합을 믿었고; 또 우생학회에 가입했다. 청교도주의와의 연결을 찾아보기 위해 검토했던 여러 가지 고려사항은 우연의 일치였는지도 모른다. 이와 달리, '그 모든 특성이 한 개인 안에서 연결되어 있다'라는 점은 '그 모든 것은 우연이 아닐 수 있다'라는 생각이 들게 혹은 안 들게 만들 수도 있다. 우리가 나중에 살펴볼 것인데 '지능검사와 학교 선발의 모든 개척자가 실제로 청교도 가계 중에서 어느 계통의 출신이었다'라는 사실도 위와 마찬가지일 것이다. 여전히 우연일 수 있겠으나, 여하튼 특이한 우연일 것이다.

03 영국의 다른 심리학자

1) 윌리엄 맥두걸

버트는 그의 자서전에서 골턴 학파의 심리학자로서 처음 훈련을 받았을 때의 중요한 인물로 윌리엄 맥두걸(William McDougall, 1871-1938)과 칼 피어슨(Karl Pearson, 1857-1936)을 언급한다(Burt 1952, 60-2). 버트가 1904년 혹은 1905년에 옥스퍼드 대학 학부에서 고전학을 공부할 때 그는 최종시험의 특별 과목으로 심리학을 택하기로 맥두걸과 결정했다. 맥두걸은 1904년 옥스퍼드 대학의 심리철학 담당교수(Wilde Reader)로 임명되었는데, 그전에는 1900년 이후 유니버시티 칼리지 런던(UCL)에서 시간 강사직에 있었다. 버트가 골턴의 연구에 흥미를 갖고 있음을 알게 된 맥두걸은 버트에게 다음과 같은 내용의 연구주제를 제안했다. 이는 "골턴의 제안에 따라 영국학회의 어느 위원회에서 계획하고 있었던 인체-측정학적 조사를 위한 심리검사의 표준화였다. 이것은 '심적 위계의 모든 수준'을 포괄하는 것이었다'"(ibid., 60). 옥스퍼드에서 맥두걸은 "언어와 학습으로부터 가능한 한 독립적인, 그리고 보편적으로 적용되어야 하는 일련의 심리검사"(McDougall 1930, 210)를 만드는 것도 연구했다. 그러나 심리학에서 그의 주요 연구는, 그의 생애에 걸쳐 수행된 것으로, 생득적으로 주어진 본능에 들어있는 목적성에 관한 것이었다. 맥두걸은 우생학자였으며 1920년대 초에 미국으로 건너가 국가적 우생학에 관한 책으로 『미국은 민주주의를 위해 안전한가?』를 저술하였는데, 이 책의 인종차별적 견해는 적개심을 불러일으켰다(ibid., 213). 버트와 마찬가지로 맥두걸은 심령 연구(psychical research)에 관심이 있었고, 종교 문제에 얽매이지 않았어도, 텔레파시의 실재를 믿는 경향이 갈수록 깊어졌다(ibid., 220).

맥두걸은, 버트와 마찬가지로, 비국교도의 혈통을 이어받았다. 맥두걸의 아버지는 이윤이 많았던 화학품 사업에 종사했고, "대부분의 지도적 기독교 종파의 지속적 구성원이었다"(ibid., 191). 맥두걸의 아버지는 북부 잉글랜드의 다른 제조업자들과 생각이 비슷했다, 이들은 "계급을 의식하고, 권력과 자신의 특수한 이익을 의식"했으며, 그 당시의 자유당에 애착을 가졌다. 맥두걸이 기억하는 그의 친할아버지는 화학품 사업을 창안했으며, "엄격하고 아주 경건한 노신사로서 그의 취미는 바이블의 기적이 과학의 가르침과 부합될 수 있음을 보여주는 글쓰기였다"(ibid., 191). 그의 할아버지는 화학자요, 아톰 이론의 저자였던 돌턴(John Dalton)의 학생이었다. 돌턴은 퀘이커 교도였고, 1793~1800년에 맨체스터 아카데미에서 수학과 과학을 강의했으며(McLachlan 1931, 258), 블랙번에 있는 다른 비국교도 아카데미에서도 활동했다(ibid., 272). 돌턴이 맥두걸의 할아버지를 어디에서 가르쳤는지는 아직 모른다.

2) 칼 피어슨

칼 피어슨(Karl Pearson, 1857-1936)은 골턴의 전기작가였고, 버트와 마찬가지로 골턴 숭배자였다. 피어슨은 UCL에서 1884~1933년에 응용수학 및 역학의 교수였고, 그리고 1911년부터 1933년까지 최초의 우생학 교수였는데 이 자리는 골턴이 죽은 해에 그의 유언에 따라 피어슨에게 넘어갔다. 1901년에 피어슨은 골턴 및 UCL의 어느 동료와 함께 『생물측정(*Biometrika*)』이라는 저널을 창간했다. 피어슨은 "적극적 사회주의자였는데, ... 그러나 추상적 의미에서만 그랬었고, 그리고 그는 지적 속물로서 사회의 진보는 두 손보다 두뇌를 가지고 주로 일하는 사람을 선호할 수밖에 없다고 믿었다"(Gilham 2001, 273).

피어슨의 인체측정학 연구는 버트가 옥스퍼드에서 심리학으로 전향했을 때 버트에게 감명을 주었고, 이윽고 두 사람은 직접 만났다. 왜냐면 피어슨의 아들이 버트가 검사를 시행하고 있었던 학교의 남학생이었기 때문이다(Burt 1952, 60).

피어슨은 심리검사의 통계적 측면에 대한 버트의 초기 연구에 큰 영향을 미쳤다(ibid., 61, 62). 그리고 피어슨은 골턴 및 다른 사람과 더불어, 교육심리학자를 장학사의 일원으로 참여시키는 방안을 고안했고, 런던 카운티 의회(London County Council, 1889-1965)에서 그것이 최종 승인받음으로써 그 자리는 버트에게 최초로 돌아갔다(ibid., 63).

피어슨의 친가 쪽은, 골턴과 마찬가지로, 퀘이커 혈통이었다. 피어슨의 아들과 전기작가는 그가 요크셔의 데일 지방을 여러 차례 방문했다고 말한다. 거기서 "그는 통계학에 대한 진지한 작업을, 그리고 그의 퀘이커 조상이 살다가 묻힌 골짜기 농장 사이로 뚫려있는 인도와 승마 도로를 따라 걷는 것을 모두 좋아했다"(Pearson 1938, 2).

피어슨은, 골턴처럼 그리고 그들의 퀘이커 조상처럼, 일반적으로는 세속적 입장이었지만 근본적으로 과학과 종교가 적대적이지 않고 협력적이라고 보았다. 피어슨의 '종교적 신앙으로서 우생학'에 관한 글은(1914-30, Vol. IIIA, 87ff) 골턴의 견해를 진술한 것이지만 자신의 견해를 표출한 것이기도 했다.

피어슨에 따르면 종교는

> 먼 옛날부터 혼인, 출생, 사망에 관한 종족의 관습을 지켰다. 그러므로 종교가 관여해왔던 문제는, 자연 선택과 유전의 법칙에 관한 우리의 현재 지식을 바탕으로 인간의 진화와 관련된다고 우리가 인식하는 것이다. 진화라는 과학적 교설, 그리고 종교적 믿음이 촉발하는 인간의 도덕적 행위를 서로 동떨어진 완벽한 공간에 떼어놓기란 불가능한 일이며, 그리고 이런 점을 교회가 드디어 인식하기 시작했다.
>
> (ibid., 88-9)

피어슨의 글을 몇 쪽 더 넘어가면, 우생학을 자연적 종교로 보는 골턴의 생각에 대해 긍정하는 부분이 나온다. 여기서 피어슨은 말하기를, 유전과 환경의 법칙들은 다음과 같이 적용된다.

인류의 진보적 진화에 대한 [그런 법칙들의 적용은] 각 민족의 종교가 될 것이다. 그것이 골턴의 가르침의 목표이며, 다윈의 진화론이 종교적 가르침으로 전환된 것이며, 실천적 삶의 철학이다. 이런 말은 그것이 모든 참된 애국자의 목표여야 한다는 것 이상일까?

(ibid., 93)

3) 찰스 스피어만

찰스 스피어만(Charles Spearman, 1863-1945)은 그동안 언급되지 않은 영국인 개척자 중에서 가장 유명한 인물이다. 그는 요인 분석과 일반지능(g)이라는 개념의 창안자이며, 1907~1931년에 UCL의 심리학 및 심리철학 교수였다. 그는 1916년에 우생학회 회원, 1938년에는 평의원이 되었다. 스피어만 가족의 종교적 배경은 확실하지 않다. 비국교도였다는 증거를 나는 본 적이 없다. 군대와의 관계에서 볼 때(스피어만은 심리학자가 되기 전에 직업 군인이었음), 또 그의 아버지인 A.Y. 스피어만 경(백작 이하의 고관, the Rt Hon Sir)이 1830년대 영국 재무부의 고위 관료였다는 사실로 볼 때, 그의 가족 배경은 성공회를 암시하지만 이에 관한 더 확실한 증거가 나에게는 없다.

그렇다면 스피어만은 '지능 개척자들이 청교도와 연결되었다'라는 명제의 반대-사례인가? 그 명제를 넓게 해석하면 그렇게 볼 수도 있다. 그러나 골턴의 우생학 전통에 속하는 개척자들에게 초점을 둔다면, 그 답은 불확실해진다. 노턴(Norton 1980)이 암시하듯이, 피어슨의 사고에서 핵심은 그의 옛날 선생이던 빌헬름 분트의 철학적 관념론을 옹호하는 입장에 서서 당시의 강단 철학에 널리 퍼져 있는 연합주의에 대해 반발하는 것이었다. 스피어만은 'g'를 '심적 에너지'(Norton 1980, 61)의 축적이라고 말하며, 그리고 '행위의 주체로서 마음이나 영혼을'(ibid., 64) 가리킨다. 스피어만의 지향성은 실천적이지 않고 학문적이었다. 그는 사회적 유용성이라는 청교도적 충동이 부족했던 사람처럼 보인다.

> 스피어만은 당대의 많은 과학자처럼, 자기 연구의 우생학적 잠재력에 대해 이슥고 주목했다. 그러나 그의 생산물과 관심사의 패턴을 검토해보면, 거기서 우생학적 이데올로기가 추동력으로 드러난 경우가 전혀 없음을 알게 된다. 가령 시릴 버트의 특성이었던 심리검사와 사회조직에 대한 실천적 관심은 전혀 없었다. 스피어만은 처음부터 끝까지 마음의 구조를 밝혀내고, 인간의 심적 내용이 구성되는 원리를 밝혀내기를 원했다.
>
> (ibid., 63)

4) 갓프리 톰슨과 레이먼드 카텔

갓프리 톰슨(Godfrey Thomson, 1881-1955)과 레이먼드 카텔(R. B. Cattell, 1905-1998)은 골턴의 전통에 속하는. 그리고 우생학회 특별회원에 속하는 더 최근의 영국 심리학자이다. 이들의 가족 종교에 관해서 나는 분명한 증거를 찾지 못했다. 두 사람에게서 찾아볼 수 있는 산업가의 배경은 비국교도를 가리킬 것이다. 톰슨의 할아버지는 그의 사촌과 함께 타인사이드(Tyneside)에 화학공장을 설립했으며(Thomsom 1969, 1-2), 카텔의 아버지와 할아버지는 "잉글랜드의 미들랜드에서 자기 사업을 운영하는 기술자, 제작자였고", 정치적으로는 자유당이었다(Cattell 1974, 61).

다음으로 미국에서 활동했던 지능검사의 개척자들을 살펴보자.

04 미국의 지능 심리학자: 고다드와 터만

1) 헨리 허버트 고다드

헨리 허버트 고다드(Henry Herbart Goddard, 1866-1957)는 제1장에서 미국 최초의 지능검사자, 우생학자, 『캘리캑가(家)』의 저자라고 소개했다.

고다드는 뉴잉글랜드에서 퀘이커 부모에게서 태어났다. 그의 부모는 17세기의 잉글랜드에 뿌리를 둔 가족으로 거슬러 올라가는 것까지 추적할 수 있다. 고다드의 어머니는 플리머스(Plymoth) 식민지의 관리자였던 에드워드 윈슬로(Edward Winslow)와 관계가 있다. 윈슬로는 메이플라워호를 타고 아메리카로 건너간 사람이다(Zenderland 1998, 16). 고다드의 아버지는 농부였고 일용직 노동자로도 살았다. 그는 고다드가 9살 때 사망했다. 고다드에 따르면 "프렌드 교인(퀘이커 교인)이 없었다면 삶은 곤궁했을 것이다 ... 프렌드 교인은 가난한 교인을 늘 보살펴 주었다"(ibid., 17). 고다드의 어머니는 헌신적인 퀘이커였고, 어머니의 이런 헌신이 더 깊어진 것은 고다드가 어릴 적에 메인(Maine) 지역에서 큰 영향을 미친 퀘이커교 전국부흥회 때문이었다. 그녀에게 나타난 '엄청난 변화'는 그 지역의 프렌드 교인들이 그녀의 '성직자로서의 재능'을 인정하도록 만들었다(그녀는 다른 지역에서도 그랬지만 주로 지역 회중교회에서 설교했다). 그 이후 그녀는 '먼 곳에 있는 지역사회의 프렌드 모임에 방문해야 한다는 소명'을 느꼈고, 이 목적으로 캐나다와 미국의 많은 지역으로(ibid., 19) 그리고 나중에는 유럽까지 여행했다.

그러던 중에, 고다드는 결혼한 누이의 집에서 오크 그로브 세미너리(Oak Grove Seminary), 프로비던스의 프렌드 학교(Friends School in Providence), 그리고 나중에는 헤버포드 칼리지(Haverford College)에서 퀘이커 교인들에 의해 교육을 받았다. 그는 헤버포드 칼리지의 명성에 관해서 "부유한 필라델피아 퀘이커 교인의 아이들을 해악에서 벗어나게 하려는 편법"(ibid., 20)이었다고 비난했고, 그곳의 편협한, 감시적인 교육을 싫어했다. 그렇지만 그는 헤버포드 칼리지에서 학사학위와 수학 석사학위를 받고 나서 결혼했는데, 그의 부인도 이윽고 퀘이커 신앙을 받아들였다(ibid., 25), 고다드는 오하이오에 있는 어느 퀘이커 학교의 교장이 되었고, 2년 뒤에는 그의 모교인 오크 그로브 세미너리의 교장이 되었다.

고다드는 오크 그로브에 있을 때, 지역 교사를 상대로 열렸던 홀(G. Stanley Hall)의 강연을 들었다. 홀은 미국 최초의 심리학자였고, 그 당시 매사추세츠 우스터(Worcester)에 있는 클라크 대학교의 총장이었다(ibid., 28). 고다드는 수많은 청중과 함께 감명을 받았다. 이는 클라크의 아동-중심적, 과학-기반 교육관 때문이었다. 1896년 그는 클라크 대학으로 가서 홀과 함께 연구를 시작했고, 3년 후에 박사학위를 취득했다. 홀은 자유로운 탐구의 풍토 속에서 고다드를, 특히 진화 심리학 안에서 과학적 사고로 이끌어주었다.

> 퀘이커와 클라크의 교수법 간에 현저한 차이가 있었지만, 고다드의 과학 교육은 놀라울 정도로 일관되었다. 다른 프로테스탄트처럼, 고다드의 퀘이커교 교사들은 자연 신학의 버전을 가르쳤는데, 여기서 물리적 세계에서 발견되는 질서는 신의 질서 있는 마음을 밝혀주었다. 과학은 자연법칙의 발견을 의미한다고 고다드는 배웠다.
>
> (ibid., 30)

고다드가 프로비던스에서 받았던 퀘이커 학교 교육에는 다윈에게서 파생된 진화론적 아이디어에 기반을 둔 지질학 수업도 들어있었다. 이것은 이후에 고다드의 연구를 위해 좋은 준비였던 셈이다. 왜냐면 "고다드는 기독교적 유산이 '진화 이론을 연구하는 과학자라는 새로운 진로'와 충돌하는 모양을 전혀 분명히 느끼지 못했기 때문이다"(ibid., 31).

홀의 지도체제에서 허용되는 지적 자율성도 고다드의 신앙을 전혀 흔들지 못했다. 홀 자신도 어린 시절에 엄격한 회중교회 노선에 따라 교육받았는데 나중에 기독교로 귀환했고, 그 후에 자기 자신을 기독교적 이상에 대한 심리학적 재해석을 제공하는 사람이라고 여겼으며, 그의 말대로 "영혼을 연구하는 근대적 방법"(ibid.)을 적용하였다. 오래된 주제에 새로운 방법을 적용한 것은, 고다드가 자신의 박사학위 논문에서 다룬 주제, 즉 "신앙 치유에서 입증되는, 마음이 몸에 미치는 효과"(ibid., 33)에서도 나타났다.

고다드는 그 이후 수년간 퀘이커 교인과 친밀한 관계를 유지했다(ibid., 39). 그의 전기작가는 다음과 같이 적고 있다.

> 그가 아동기에 습득한 사고방식을 완전히 버린 적은 결코 없었다. 말년에 이르러 그의 초기 퀘이커 경험에 대한 부정적 그리고 긍정적 반응은 그의 행위에서 뚜렷했을 것이다. 자신의 인생에서도 이 과학자는 엄격한 교수법이나 엄격한 신학적 도그마를 언제나 경멸했다. 그렇지만 더 깊은 의미에서, 그의 종교적 배경은 심리학에 관한 그의 이해와 뒤섞였을 것이다.
>
> (ibid., 42)

그의 전기작가가 암시하듯이,

> 졸업할 즈음에 고다드는 자신의 소명을 찾았다. 그는 복음서에 대한 교회의 해석보다는 G. 스탠리 홀의 해석을 따르는 제자로서, 1899년 클라크를 떠났다. 게다가 고다드는 새로운 심리학자의 소명을 그의 모친처럼 복음적 열정으로 받아들였다. 이제 고다드는 그의 교부들의 신앙에 대한 진화론적 버전을 믿었다.
>
> (ibid., 43)

젠더랜드(Zenderland)의 전기를 보면, 고다드는 교육자로서의 초기 활동에서, 특히 아동 연구 운동과 관련된 그의 활동에서(ibid., 46-9) 과학과 종교에 대한 헌신이 더욱 결합되었다는 증거가 충분하다. 이 책의 관심사와 더 연결되는 점은 두 가지다, 즉 지능의 개인차가 갖는 우생학적 의의에 대한 그의 끈질긴 믿음, 그리고 지능검사를 개발하고 발전시킨 그의 열정이다. 우리는 앞서 몇 가지 사항을 살펴보았다. 즉 아메리카로 넘어온 미국 이민자 중에서 지능이 낮은 사람을 확인하는 방식으로서 지능검사에 대한 그의 믿음; 고도로 유능하고 유덕한 사람들과 이와 달리 악덕한 사람들을 그의 『캘리캑가』에서 양분한 점; 그리고 모든 사람이 자신의 지적 수준에 맞는 직업을 찾을 수 있는 사회에 대한 그의 비전이 그것이다.

고다드는 버트나 골턴과 마찬가지로 청교도주의의 한 분파인 퀘이커파 혹은 회중교회 출신이다. 이 교파에서는 자기들이 선민임을 실제로 당연하게 여겼었다. 세 인물의 사회철학에서 전제가 되었던 점은 세 가지다. i) 재능있는 개인들로 구성된 소집단을 육성함, ii) 최하위 지능을 가진 사람들을 억제함, iii) 지적 능력에 따라 직업을 계층화함. 세 인물은 자기의 소명을 과학에서 찾았고, 각기 우생학적 사명에 평생토록 열정을 쏟았다.

2) 루이스 터만

루이스 터만(1877-1956)은, 제1장에서 보았듯이, 고다드처럼 클라크 대학에서 스탠리 홀의 학생이었고, 골턴주의자였다. 터만은 스탠퍼드-비네 검사를 개발/출판했으며, 이것을 학생선발 시스템에 적용했고, 지적 재능에 관해서 다년간 연구했다. 또 터만은 우생학자였으며, 능력 스펙트럼의 한쪽 극단에 있는 지도자를 양성하는 일, 그리고 다른 한쪽 극단에 있는 지적으로 우둔한 사람을 차단하는 일에 관심을 쏟았다.

터만은 자신과 사회적 관점이 비슷한 다른 심리학자들처럼 프로테스탄트 혈통 출신이었다. 물론 터만의 경우는 다른 사람에 비해 자세한 사항이 거의 없다. 터만은 인디아나 농장에서 태어나고 자랐다. 그의 아버지는 교회에는 별로 나가지 않았어도 바이블 읽기를 즐겼다(Seacoe 1975, 2). 터만의 가족은 친가나 외가나 그 뿌리를 미국에서 1700년 무렵까지 추적할 수 있다. 그의 친할아버지, 존 H. 타만(John H. Tarman)은 스코틀랜드계 아일랜드인의 후손이고, 나중에 존 번니언 터만(John Bunyan Terman)으로 이름을 바꾸었는데, 이 사실은(Minton 1988, 3) 청교도와의 연관성을 강하게 암시한다. 터만의 어머니는 그녀의 친가와 외가가 모두 독일인(펜실베이니아의 '네덜란드인') 그리고 프랑스 위그노였으므로 프로테스탄트 조상인 셈이다. 그녀는 남편과 함께 프로테스탄트 가족의 미덕 즉 질서, 훈육, 근면에 충실하게 살았다(Seacoe 1975, 3). 루이스 터만은 10대 후반에 젊은 교사가 되었고, 제도 종교에 관한 관심은 모두 사라지고, 점점 더 불가지론자가 되었다(ibid., 6).

이 장에서 다루는 다른 주요 인물들과 달리, 과연 루이스 터만에게 엄밀한 의미의 청교도적 연관성이 있는지는 분명히 지적하기가 어렵다. 그렇지만 터만의 친할아버지가 1790년 스코틀랜드계 아일랜드 가족에게서 태어났다는 점은 북아일랜드 얼스터 장로교 교인이었음을 강하게 시사한다.

05 미국의 다른 심리학자

1) G. 스탠리 홀

G. 스탠리 홀(G. Stamley Hall, 1844-1924)은, 앞서 말했듯이, 고다드와 터만을 가르쳤다. 그는 이들이 공부했던 클라크 대학의 초대 총장이었다. 스탠리 홀은 미국의 과학적 심리학을 개척한 인물이었고, 미국 최초의 심리학 실험실을 열었으며, 최초로 심리학 저널과 미국심리학회도 만들었다(Schultz and Schultz 2000, 203-4). 그의 특별한 관심은 아동 심리학에 적용되는 진화 이론이었다. 그의

가장 영향력 있는 저술은 『청소년(Adolescence, 1904)』이었다. 여기에 그의 유명한 '발달단계 반복론'이 들어있다. 아동의 발달은 준-야만에서 문명으로 나아가는 인류의 생활사를 반복한다는 이론이다.

홀은 매사추세츠의 독실한 회중교회 교인의 가족으로 태어났다. 그의 부모는 메이플라워호를 타고 건너온 사람의 후손이었다(Ross 1972, 3). 그의 아버지는 '옛날 학교의 칼뱅주의자'라고 불렸다(ibid., 5). 홀은 뉴욕에 있는 유니언 신학교에서 성직자가 되려고 공부했으나 임명되지는 못했고, 진화 이론과 생리학에 대한 그의 관심은 그를 심리학자의 길로 이끌었다(Schultz and Schultz 2000, 202). 그렇지만 종교에 관한 관심은 남아있었고, 클라크 종교심리학 교실과 『종교심리학 저널』을 만들었다(ibid., 204). 그는 이 책에서 다루는 대다수 심리학자들의 실천적 경향성을 공유했다. 말하자면 그는 어렸을 때부터 '세상에서 무엇인가를 행하거나 되려고' 결심했으며, 심리학을 교육에 응용함으로써 그의 이름을 처음 알리기 시작했다(ibig., 201-3). 미국 대학이 '마음에 대한 종교적 관심'에서 '마음에 관한 과학적 탐구'로 넘어가는 과정에서 홀의 연구는 역사적 의의가 있다. 이를 제4장에서 더 논할 것이다.

2) 제임스 맥킨 카텔

제임스 맥킨 카텔(James McKeen Cattell, 1860-1944)은 스텐리 홀의 학생이었다. 홀은 클라크 대학으로 옮기기 전에 존스 홉킨스 대학에 있었는데 여기서 카텔을 가르쳤다. 카텔은 일찍부터 심리검사에 헌신하기 시작했다. 그가 개인차를 연구하도록 감명을 준 골턴을 만나고 나서부터 그랬다. 카텔은 1891~1917에 컬럼비아 대학에서 심리학을 가르쳤다. 카텔의 아버지는 장로교 목사였고, 라파옛(Lafayette) 칼리지 학장이었다. 이것은 장로교와 연관된 대학인데 여기서 카텔이 공부했다.

3) 로버트 M. 여키스

로버트 M. 여키스(Robert M. Yerkes, 1876-1956)는 1916년 미국심리학회의 회장이었다. 여키스 회장은 터만, 손다이크, 우드워스(Woodworth) 등과 함께, 미국 육군 징병에 필요한 육군 알파 검사와 육군 베타 집단지능검사를 도입하는 일을 이끌었다. 제1차 세계대전 이후에 지능검사의 발달에 미쳤던 육군 검사의 극적인 효과는 제2장에서 언급했다. 여키스는 우생학자였고, 심적 특성의 유전에 관한 우생학기록분과위원회(Eugenic Record Office's Committee)의 위원이었다(Blum 1978, 57).

여키스의 어머니는 그의 유아 시절에 가장 큰 영향을 미쳤다(Yerkes 1932, 382). 그의 어머니는 "내가 교회에 들어가기를 원했다. 어머니가 자유롭게 진로를 선택할 수 있었다면 거의 틀림없이 해외선교사가 되셨을 것이다"(ibid., 385). 여키스는 1898년 하버드에 입학하기 전, 1892~1897에 펜실베이니아 얼시너스(Ursinus) 아카데미에서 공부했다. 이 학교는 당시 독일개혁교회 안에서 저교회파(low church party)와 관련된 기관이었다.

4) E. L. 손다이크

E. L. 손다이크(E.L. Thorndike, 1874-1949)는 지능 심리학도 연구한 심리학자였다. 그의 심리학적 관심은 확실히 실천적이었다. 그는 40년 동안 교육심리학 과장을 지냈다(Pastore 1949, 71). 그는 골턴을 추종하는 생득론자로서 1911년에 다음과 같이 적었다. "전반적으로 지적 및 도덕적 개성은 유전자에 의해 결정되는 것으로 보인다"(ibid., 66). 손다이크는 정치적 우파로서, '실업자는 풍요로울 때 절약해 두어야 빈곤해질 때 자신을 지키게 된다'라고 주장했다. 골턴과 마찬가지로 손다이크는 우생학적 이유에서 지적 귀족주의를 더 좋아했고, "민중의 대다수는 통치하기를 바라지 않는다"(ibid., 74)라고 믿었다. 손타이크는, 스탠리 홀과 마찬가지로, 구(舊) 뉴잉글랜드 가계의 태생이며, 그의 부모는 1630년대

부터 잉글랜드계 정착민의 후손이었다(Joncici 1968, 11, 15). 그의 아버지는 감리교 목사였고, 그의 어머니는 "단호한 빅토리아인 그 이상이었다: 그녀는 '그 길을 안다'라고 확신하며, 그리고 청교도의 의무는 그녀가 자신의 남편과 아이들을 실수로부터 지켜낼 것을 명령한다고 확신하는 사람이었다"(ibid., 22). 손다이크 자신도 감리교 재단의 웨슬리언 대학(Wesleyan University)에서 교육받았다.

5) 서스턴과 우스워드

서스턴(L. L. Thurstone)의 부모는 스웨덴 출신으로 루터 교회의 신자였고, 그의 아버지는 나중에 루터 교회의 목사가 되었다(Thurston 1952, 295). 우스워드(R. S. Woodsworth)의 조상은 여러 세대에 걸쳐 뉴잉글랜드에서 살았다. 그의 아버지는 회중교회의 목사였고 "열렬하고 엄격한 종교인"(Woodsworth 1932, 359)이었다.

06 영국과 미국의 최근 심리학자

우리는, 지능에 관한 더욱 최근의 사고방식 속에서 구 비국교도/청교도 세계의 메아리를 어디까지 찾아낼 것으로 기대해야 할까? 골턴의 글이 『맥밀런 매거진』에 실린 지 140년이 지났고, 그리고 터만, 고다드, 버트의 연구가 시작된 지도 거의 한 세기가 흘렀다. 그들의 시대는 우리의 시대에 비해 더 종교적이었고, 그 메아리는 그들이 살았던 시대에는 그 이후의 시대보다 더 잘 울렸을 것이다.

정말 그런 것 같다. 20세기 후반의 저명한 지능 연구자들 사이에서 급진적 프로테스탄트와 연관성이 있다는 증거는 현재에 가까울수록 더 희미해진다. 만일 이 책의 주요 가설이 맞는 것이라면, 우리는 다음과 같이 예상할 것이다:

초기 지능 연구의 여러 개척자가 그 연구에 이끌린 것은 그 연구와 (그들이 친숙하고, 또 무심코 영향을 받았던) 문화적 배경 간의 유사성 때문이다. 20세기 중반에 지능 연구는 심리학의 한 분야로 정착되었고, 독자적 진로를 열어갔다. 또한 주목받는 영역이 된 것은 지능 연구가 교육정책 결정에 관여하면서 정치적 논란을 일으켰기 때문이다. 이 책의 주요 가설에 따른다면, 새로운 자격을 갖춘 심리학자들이 갈수록 이 영역에 몰리는 것은 여러 가지 중첩된 이유 때문일 것이다. 예컨대 진로에 관한 고려, 공적 이익이 뚜렷한 영역에서 일하고 싶은 욕망, 좋아하는 교수의 영향 등이다. 여기서 문화적 유사성이 일정한 역할을 했을 가능성은 지능 연구의 초기 개척자들에 비해서 더 낮았을 것이다.

그렇다면 1950년 무렵에서 현재까지 살펴보자. 이 무렵 영국의 지능검사에서 가장 두드러진 인물은 필립 E. 버논, 그리고 한스 아이젱크다.

1) 필립 버논

필립 버논(Philip Vernon, 1905-87)은 1949년부터 1968년까지 런던교육전문대학원(Institute of Education in London)의 교육심리학 교수였다. 나중에 캐나다의 캘거리 대학으로 옮겼다. 1933~1961에 그는 우생학회의 걸출한 회원이었다. 그랬다가 그는 'IQ에는 변함이 없다'라는 주장을 앞장서서 비판했고, '지능검사를 위한 코칭은 그 점수를 의미 있게 증가시킬 수 있다'라는 점을 밝혀주었고, 심리학적 관점에서 '선발이 없는 종합학교'를 옹호했으며, '학생집단의 우열반 구분'에 반대했다. 골턴이나 버트와 마찬가지로 그는 청교도 가계 출신이었다. 그는 자서전에서 다음과 같이 썼다.

> 나의 할아버지는 런던에서 감리교 목사였고, 그의 첫째, 둘째, 셋째 아들은 모두 의사 자격을 취득했는데 그중 한 명이 내 아버지다 ... 나의 아버지는 청교도이고 권위주의적 인물이었으며, 자녀를 위한 시간을 가진 적이 거의 없었고,

> 나는 그가 정말 무서웠으며; 지금에서야 내가 여러 가지 면에서 그를 닮았고, 그의 영향을 크게 받았다는 점을 깨닫는다.
>
> (Vernon 1978, 303)

버논의 아버지는 제1차 세계대전 중에 옥스퍼드 대학의 생리학 강사직을 포기하고, 장시간 노동의 나쁜 효과에 관한 산업심리학 연구를 개척하기 시작했다. 버논의 아버지는 버논과 그의 여동생이 심리학자가 되도록 조언했다(ibid., 305-6). 버논은 자기를 성찰하는 솔직한 글에서 다음과 같이 말한다. 자신의 은둔적 성격으로 볼 때, "나는 인간의 인성과 사회적 상호작용에 대한 이해에 의존하는 전문직에 종사할 수 있는 최후의 인간이라고 스스로 생각한다"(ibid., 309). 버논에 따르면, 그가 심리학을 하게 된 것은 "사람들과의 관계가 어느 정도 기본적으로 필요해서도 ... 그랬었지만 이와 동시에 나는 인간을 과학적 법칙으로 다루고, 또 인간이 아닌 능력이나 검사 점수와 같은 것에 특별히 집중함으로써 과도한 정서적 개입을 피하려고 했었다"(ibid., 309-10). 이는 흥미로운 발언이다. 청교도 전통은 다른 사람과의 정서적 개입에 대해 낮은 가치를 부여했다는 점에서 볼 때, 이 책에서 다루는 지능 심리학자들 중에 버논과 비슷한 동기를 가진 사람이 또 있는지도 궁금하다.

2) 한스 아이젱크

한스 아이젱크(Hans Eysenck, 1916-97)는 유니버시티 칼리지 런던(University College London)에서 시릴 버트와 함께 심리학을 공부했다. 아이젱크의 특별 관심은 인성 이론에 있었다. 아이젱크는 골턴-버트 전통의 지능과 지능검사에 관한 연구를 최근까지 끈질기게 계속했다. 아이젱크는 버트처럼 'IQ는 변함없다는 것이 합당하다,' 그리고 'IQ의 개인차는 압도적으로 생득적 원인 때문이다'라고 주장했다. 그는 1947~1967에 우생학회 펠로우였다. 아이젱크는 베를린에서 태어났는데, 그의 부모는 별로 종교적이지 않았다. 그의 아버지는 가톨릭 가문의 후손이었고 어머니는 루터주의 가문의 후손이었어도 그랬다. 아이젱크를 길러준 외할머니는 프라우 베르너(Frau Werner)인데 신에 대한 믿음이 확고했다(Eysenck 1990, 14). 아이젱크는 외할머니의 루터주의가 그에게 별다른 영향을 못 미쳤다고 말했다(Gibson 1981, 17). 그러나 그의 전기를 보면,

> 어떤 면에서는 그가 깨달은 것보다 더 많은 영향을 종교로부터 받았을 수도 있다. 그의 생애를 전반적으로 살펴보면, 마틴 루터의 가르침의 정조가 그에게 전혀 없었는지도 궁금해진다. 아이젱크는 아무 근거도 없이 가정하는 경우가 꽤 많았던 기존의 어떤 신조를 거부했기 때문에 자신의 원칙을 적은 것을 여러 교회의 대문에 붙이는 일도 있었다.
>
> (ibid.,)

아이젱크는, 버트와 비슷하게, 1970년대의 『흑서(Black Papers)』에 자주 기고했다. 그는 1979~1990 사이에 대처 정부의 교육정책이 종합학교에서 (부모의 선택에 기반을 둔) 선발 학교로, 그리고 전통적 학교 교육과정으로 바뀌도록 길을 닦았던 사람이다. 그의 1975년도 기고문인 "인간 불평등의 교육적 귀결"(Eysenck 1975)에는 다음과 같이 전통적인 우생학적 주제가 담긴 진술이 들어있다. "우리의 문명은 교육에 기반을 두고 있는데, 작금의 교육이론가들이 생물학적 실재를 끊임없이 무시하려는 견해를 보이기 때문에, 그것이 심각한 타격을 받을 위험에 있다고 우리는 결론을 내려야 하며"(ibid., 41), 그리고 "전통적인 방향에서 전통적인 교과들을 가르치고, 훈육을 유지하고, 학문적 표준을 지켜내야 한다는 온갖 요구를 포기해버린 소위 '근대적' 종합학교만 제공받고 있는"(ibid.) 학부모들에게 선택권이 없어졌음을 통렬히 비난했다.

3) 아서 젠센

아서 젠센(Arther Jensen, 1923-2012)은 1950년 이후 미국의 지능 심리학에서 가장 유명한 학자였다. '인종 간의 IQ 차이'에 관한 젠센의 연구는 앞서 언급했었다. 젠센은 '미국에서 흑인과 백인 간에 나타나는 평균 15점이라는 IQ 차이는 대부분 유전적으로 결정된다'라는 자기의 입장에 따라 '흑인의 교육은 암기학습 중심이어야 하고, 백인의 교육에 적합한 것은 개념 학습이다'라고 주장했다. 젠센은 아이젱크의 제자였고, 런던 심리치료 연구소(Institute of Psychiatry in London)에서 함께 연구했으며, 나중에 미국 우생학회의 회원이 되었다.

젠센의 어머니는 폴란드 유대인의 혈통이며, 그의 아버지는 코펜하겐에서 건너온 이민자의 아들이었다. 젠센의 삶과 학문에 관해서 연구했던 프랭크 밀레(Frank Mille)는 다음과 같이 말한다.

> 일찍이 젠센은 그의 덴마크 친가 쪽의 완고한 태도가 그의 외가 쪽의 흥겨운 분위기와 얼마나 대조적이었는가에 주목했다. (Miele 2002, 8)

또한 밀레의 말에 따르면, 젠센의 어머니가 베를린에서 살다가 이주할 수밖에 없었는데, 이는 젠센의 부모 집안에서 종교가 다른 결혼을 거부했기 때문이었다(ibid.). 이 때문에 젠센의 덴마크 친척이 루터교를 믿었을 가능성도 있지만 이를 확인할 수 없다.

젠센에게 있었을지 모르는 루터교 배경은 그의 연구 관심의 방향과 어떤 관계가 있을까? 혹시 우리는 젠센의 선생인 한스 아이젱크가 그에게 미쳤던 큰 영향에 더 무게를 두어야 할까? 후자 쪽의 증거는 분명하지만, 전자 쪽에 관해 내가 아는 바는 불확실하다(아이젱크와 젠센의 배경에 모두 들어있을 가능성이 큰 루터교를 기반으로 삼을 수도 있으나 이것도 빈약하다).

4) 리처드 헌스타인

리처드 헌스타인(Richard Herrnstein, 1930-94)은 젠센의 '인종 간 분석'을 '계급 간 분석'으로 확대한 인물이다. 헌스타인은 현대의 개방 사회에서 능력주의적 엘리트로 떠오르는 사람들의 유전적 우월성을 주장했다(Herrnstein, 1971). 그는 타인과 공저한 『벨 커브(The Bell Curve, 1994)』에서 똑같이 주장했다. 내가 알기로, 헌스타인의 배경에는 프로테스탄트 혈통을 가리키는 사항을 찾을 수가 없다. 그의 아버지는 유대인이고 그의 어머니는 헝가리 혈통인데, 헌스타인은 특히 외가 쪽에 애착을 가졌다.

만일 우리가 1960년대와 1970년대에서 20세기 후반으로 넘어간다면, 'IQ 패러다임을 가지고 연구하는 지능 심리학자에게 금욕적 프로테스탄트가 영향을 미쳤다'라고 주장할만한 의미 있는 증거는 없다. (나는 이에 관한 도움을, 에딘버러 대학교 교수였던 크리스토퍼 브랜드(Christopher Brand), 그리고 얼스터 대학 명예교수인 리차드 린(Richard Lynn)으로부터 받았다.)

07 파스토레의 명제와 반대사례의 문제

1) 니콜라스 파스토레

니콜라스 파스토레(Nicholas Pastore, 1916-98)는 1949년 『본성-육성 논쟁(*The Nature-Nurture Controversy*)』이라는 책을 출판했다(Pastore 1949). 여기서 그는, 이 논쟁에 끼어든 과학자 24명의 저술을 검토하였고, "그들의 본성 혹은 육성에 대한 강조, 그리고 그들의 특수한 사회정치적 방향 사이에 의미 있는 관계가 있는지를 확인했다"(ibid., 176). 생물학, 교육학, 심리학 분야에 속하는 이런 과학자 중에는 이 책에서 다루는 사람도 몇 명 들어있다. 카텔, 골턴, 고다드, 맥두걸, 피어슨, 터만, 손다이크다. 24명의 그룹에 대한 파스토레의 결론은, "한두 명을 제외하면 환경 요인을 강조하는 사람은 자유주의 혹은 급진주의 쪽이었고 유전적 요인을 강조하는 사람은 보수주의 쪽이었다"(ibid., 176-7). 후자 쪽에 속하는 인물은 골턴, 고다드, 맥두걸, 피어슨, 손다이크였으며, 카텔은 환경론자이면서 자유주의자로 분류되었고, 터만은 특이하게 생득론적 자유주의자였다.

여기에 우리가 거의 지나칠 수도 있는 문제들이 숨어있다. 카텔이 늘 환경론자였을까? 터만이 늘 자유주의자였을까? 초창기의 카텔과 터만은 오히려 그 반대편에 더 속했다. 터만의 경우 제1장에서 인용한 글이 그런 점을 밝혀준다. 더 넓게 살펴보면 파스토레의 연구는 두 가지 점에서 우리의 흥미를 끈다.

파스토레는 (다른 과학자들 중에서도) 지도적인 지능 심리학자를 한 집단으로 묶어서 그들의 이데올로기적 방향을 검토했던 최초의 학자에 속하지만, 그들이 모두 공유하고 있었던 급진적 프로테스탄트라는 공통된 배경은 언급하지 않는다. 파스토레는 19세기에 있었던 종교적 아이디어와 생물학적 아이디어 간의 연속성을 분명히 알고 있었을 것인데도 말이다.

> 종교를 방어하는 지배적 패턴의 붕괴는, 일부는 논란을 일으켰던 다윈의 학설이 널리 수용되었기 때문인데, 과학이라는 명성이 덧붙여진 비슷한 사고 패턴이 수용될 수 있는 길을 열어놓았다. 예컨대 종교적 예정설이라는 아이디어가 '생물학적 결정론'이라는 것으로 대체될 수 있었다.
>
> (Pastore 1949, 10)

이어서 파스토레는 생물학자인 윌리엄 베티슨(Willian Bateson)의 강의에 참석했던 어느 청중의 발언을 언급한다: "교수님은 과학적 칼뱅주의를 설교하고 계십니다!" 그다음에 파스토레는 '종교에서 벗어나는 일'에서 골턴이 겪었던 난점을 덧붙인다. 그러나 파스토레는 그의 책의 중심 부분에서 종교와 과학의 이런 연관성에 대해 그 이상 언급하지 않았다. 사실상 파스토레는 또 다른 연관성, 즉 **정치**와 과학에 주목했고, 이런 탐구에 골몰하느라 다른 사항을 빠뜨려버렸던 것은 놀랄 일이 아니다.

두 번째 사항을 보자. 파스토레의 골몰하는 마음을 가지고 나는 이 책에서 지능 개척자들의 청교도 기원을 추적하고 있다고 말할 사람이 있을 것이다. 나는 긍정-사례뿐만 아니라 반대-사례를 검토하는 일에서 과연 공정한가? 나는 긍정-사례에 편향될 위험성을 더 많이 의식하고 있는데, 이를 피했기를 바란다. 지금까지 제시된 반대-증거 중에서 가장 명백한 사례는 '스피어만의 경우에 비국교도 연관성이 전혀 없는 것처럼 보인다'라는 점이다. 톰슨과 카텔은 반대-사례에 속할 수도 있지만, 명확한 증거가 아직도 부족하다. 그렇다면 미국에는 반대-사례가 있는가?

2) 존 듀이

존 듀이(John Dewey, 1859-1952)는 19세기 말 '새로운 심리학(New Psychology)'에서 두드러진 인물이었다. 듀이는 고다드, 카텔, 터만 등과 함께 존스 홉킨스 대학에서 스탠리 홀의 학생이었다. 듀이는 대학원생일 때 심리학에 처음 파고들었는데, 심리학과 종교 간 관심의 통일성에 관한 홀의 연구를 충실히 따랐었다(Ryan 1995, 75). 그러다가 이윽고 듀이는 홀의 생각에서 벗어났다(ibid., 74). 듀이는 고다드, 터만과 다르게 골턴주의적 지능과 그 활용에 대해서 내놓고 비판했다. 듀이는 『새로운 나라(*The New Republic*)』에 실린 '평범성과 개성'(Dewey 1990, 289ff)이라는 글에서 같은 저널에 실린 월터 리프먼의 지능검사 비판론에 찬동했고(제2장, 31쪽 참조), "우리의 인구를 명확한 계급으로 구분하는 방식"(Dewey 1990, 289)의 새로운 발견에 대해 감동적으로 썼다.

듀이는, 뉴잉글랜드 회중교회파 가정에서 성장했기 때문에, 이 책의 명제에 대한 반대-사례로서 중요하다. 듀이는 어머니인 루시나(Lucina)의 영향을 특별하게 받았다. 루시나의 헌신성은 "개인의 내면 – 선함과 엄격한 도덕성 – 에 대한 기존의 보수주의적 강조, 그리고 바이블의 온건한 해석 즉 사회복지를 통한 선행을 강조하는 강력한 자유주의 및 개혁주의적 충동"(Martin 2002, 21)이 결합된 것이었다. 나중에 듀이는 그의 모친의 경건성에 반하는 불쾌한 행동을 보였다. 여기서 특히 "너는 예수처럼 옳으냐?"라는 거듭되는 질문이 그에게 악영향을 미쳤다.

> 그의 어머니의 노력은 결국에는 듀이를, 죄와 죄의식에서 다루어진 모든 도덕성으로부터, 그리고 전통적 칼뱅주의 기독교가 그랬듯이 신과 신자를 분리시키는 모든 종교관으로부터 벗어나게 만들었다.
>
> (Ryan 1995, 47)

듀이가 보여주는 것은 다음과 같은 점이다. 청교도 배경을 가진 초기의 모든 지능 심리학자가 골턴식 지능검사에 애착을 보였던 것은 아니라는 점이다. 왜 듀이는 달랐을까? 다른 심리학자들의 가정 분위기는 듀이와 비교해 볼 때 덜 자유주의적이고, 사회현상을 더 수용하는 편이었을까? 이와 관련된 점으로는, 듀이의 더 강한 철학적 정신이 골턴주의 전통에서 가정하고 있는 점에 대해 의문이 들도록 만들었고, 이와 달리 피어슨, 버트, 맥두걸, 고다드, 터만 등의 통계 및 우생학에 관한 관심은 골턴주의 안에서 연구하는 데에 만족하도록 만들었을까? 이를 밝혀내려면 별도의 연구가 필요할 것이다.

3) 왓슨

또 다른 반대-사례가 될 수 있는 사람은 왓슨이다. 왓슨(J. B. Watson, 1878–1958)은 지능 심리학자가 아니라 행동주의의 창시자로서 널리 알려져 있다. 왓슨은 근본주의적 칼뱅주의 가정에서 태어났다. 왓슨을 반대-사례로 볼 수 있는 것은, 행동주의가 극단적 환경론에 치우치고, 또 인간의 능력에 관한 설명에서 유전의 역할을 전적으로 부정하는 경향이 있었기 때문이다. 왓슨은 남 캐롤라이나의 침례교파 가정에서 태어났고, 어머니에게 목사가 되겠다고 약속했다. 왓슨이 학생일 때 어머니가 돌아가셔서 그 약속에서 벗어났고, 시카고 대학에서 듀이 및 다른 교수들 밑에서 철학을 공부하게 되었다. 이때 지적 위기에 빠짐으로써 그는 (심리학적 방법으로서) 의식과 내관(introspection)이 기독교의 영혼과 양심이라는 생각과 연관된 것으로 보고 그것을 배척했다. 그가 시카고 대학에서 공부하기 전에, 침례교와 연관된 퍼만 대학(Furman University)의 학부생이었을 때부터 이미 그런 배척의 씨앗이 뿌려진 것 같다. 이 대학에서 왓슨은 철학과 심리학을 공부했다. 이때 기독교적 칼리지와 대학에서 프로테스탄트 목사들이 전통적으로 '영혼 및 그 기관에 관한 기독교적 심리학'을 가르쳤는데, 이에 대한 심각한 의문이 왓슨에게 떠올랐다. 미국 대학에서 종교-기반 심리학이 과학-기반 심리학으로 이행한 것은 제4장을 참조하자. (왓슨의 칼뱅주의 거부에 대한 여러 가지 상세한 이야기는 Creelan 1974를 참조)

왓슨은 의식, 마음/영혼, 생득적 능력이라는 생각을 거부했다. 이와 달리 종교적 배경이 비슷한 지능 심리학의 개척자들은 그런 생각을 수용했다. 왜 그랬을까? 우리는 모른다. 듀이의 경우처럼, 기본적인 가정을 당연하게 여기지 않고 오히려 탐구하는 데에 관심을 쏟은 것과 똑같은 철학적 정신이 왓슨에게 있었다. 그러나 충분한 이야기가 되려면 이보다 훨씬 더 복잡해질 것이다.

또 다른 반대-사례는 개인이 아닌 집단에 있다. 영국과 미국은 부분적으로 청교도 뿌리가 깊은 나라다. 이와 비슷한 나라 중에서, 지능 및 지능검사에 대한 우생학적 관점이 큰 영향을 미치지 않은 나라가 있을까? 20세기 초 네덜란드는 그런 나라로 보인다. 멀더와 헤이팅에 따르면(Mulder and Heyting 1998, 349), 네덜란드에서 "지능검사는 실용적이었을 뿐, 다른 문화에서 발생하는 열띤 논란은 없었다." 비록 허더쉬(Herdershee)와 루닝 프락(Luning Prak)과 같은 우생학적 지능검사자가 있었으나 "네덜란드 사회에서 우생학은 극히 지엽적이었다”(ibid., 359). 여기에는 한 가지 이유가 있었다. “네덜란드는 문화와 윤리 측면에서 비교적 동질적으로 구성된 사회”(ibid)였기 때문이다. 미국에서처럼 지능의 차이를 강조해야 할 인종차별적 동기가 없었다. 또 한 가지 이유는 흔히 말하는 ‘정교분리’ 즉 ‘제도적 분리 시스템’이다. 국가에서는 모든 종교적, 준-종교적 집단이 유아 학교 때부터 자기 나름의 사회적 세계를 형성하도록 지원했다. 칼뱅주의적 소수집단은 그중 하나였고, 자유주의적 프로테스탄트, 가톨릭 등도 있었다(ibid., 359-60). 영국의 비국교도는 일반적인 계급구조 속에서 계층적 지위를 차지하려고, 그리고 자신의 상대적 지위를 교육/정치 행위를 통해 개선하려고 시도했었는데 네덜란드에는 그런 점이 없었다.

08 장 피아제

심리학자에 관해서는 피아제(Jean Piaget, 1896-1980)를 마지막으로 살펴보자. 피아제는 골턴주의 전통에 속하지 않는다. 그렇지만 지능 심리학자로서 피아제는 시릴 버트가 고안했던 검사를 활용하여, 파리의 시몬-비네 실험실에서 지능검사 연구를 시작했다. 피아제의 저술에는 골턴주의 연구자들과 공통된 특성이 두 가지로 보인다. i) 이전의 단계가 마무리되어야 비로서 도달할 수 있다는 심리발달단계에 관한 그의 생물학적 관념에는 예정론적 요소가 들어있다. ii) 심적 생활의 일반적, 추상적-논리적 측면에 관한 관심이 들어있다. (이를 지적해준 제인 그린(Jane Green)에게 감사한다). 피아제의 어머니(Rebecca, nee Jackson)는 잉글랜드인 혈통이다. 그녀의 증조할아버지, 제임스 잭슨(James Jackson, 1772-1829)은 랭커셔의 퀘이커 가정 출신으로(Jackson 1893, 152) 버밍엄에서 철강업을 했었다. 잭슨은 1814년 프랑스 정부로부터 초청을 받았고, 자신의 전문성과 산업 기밀을

챙겨서 프랑스로 이주했으며. 생-에티엔(Saint-Etienne)에서 가내 철강제조업을 차렸다(Barrelet and Perret-Clermont 1996, 42), 그는 프랑스 철강산업 전체의 개척자에 속한다는 평가를 받는다. 나는, 블룸스버리의 프렌드 하우스(Friends House) 도서관이나 다른 곳을 뒤져보았으나 제임스 잭슨이 잉글랜드 내에서 활동한 기록을 찾지 못했다. 이것이 다음 사실과 연관되는지는 알 수 없다. 제임스 잭슨은 1814년 영국 정부의 기피 인물로 찍혀서 영국 정부로부터 추방당하고, 재산도 몰수당했다.

제임스 잭슨의 장남으로 보이는 윌리엄은 철강 사업가였고, (피아제의 어머니인) 레베카의 할아버지다. 윌리엄은 (프로테스탄트에 속하는) 푸조(Peugeot) 가족과의 혼인으로 관계가 깊었고, 중상층 계급의 프로테스탄트 가족에 속했다. 윌리엄의 손녀인 레베카는 아주 독실한 신자였다(Piaget 1952, 239). 레베카는 뉴샤틀(Neuchatel)에 있는 자유 복음주의 교회에 소속했었다(Barrelet and Perret-Clermont 1996, 23). 레베카는 자기 아들인, 장 피아제에게 기독교 사회주의 이념과 활동 방향을 전해주었다. 피아제는 엄격한 프로테스탄트 신앙 속에서 자랐고(ibid., 112), 1915년에 출간된 피아제의 첫 번째 저서, 『이념의 사명(*La mission de l'idee*)』은 그런 가운데에서 나왔다(ibid., 112-13).

09 로버트 모란트

이상으로 심리학자들의 전기적 설명을 끝냈다. 이제 나는 행정가였던 로버트 모란트(Robert Morant)를 이야기하려고 한다. 모란트는 제1장에서 소개했다. 모란트는 시릴 버트와 함께 20세기 초반 잉글랜드의 교육사에서 핵심 인물이다. 모란트는 1904년 즈음에 국가 교육의 선발 시스템을 만들었다. 선발의 특성은 시릴 버트에 의해 더욱더 발전되었고, 그 과학적 근거는 시릴 버트의 지능이론과 지능검사가 제공했다.

버트와 마찬가지로, 모란트의 부모 한 명은 회중교회파의 뿌리가 있었다. 모란트의 아버지는 그가 10살 때 사망했다. 그의 종교적 배경에 관해서 나는 아무 기록도 찾지 못했다. 그러나,

> 사실상 그의 혈통에는 강한 청교도주의가 있었다. 모란트의 외가 가계를 거슬러 올라가 보면, 청교도에 충실한 인물인 제임스 베리(James Berry)라는 대령이 있었다. 그는 크롬웰(Cromwell)의 슈롭셔(Shropshire) 지역 책임자였다. 그리고 모란트의 조상 중에는 미들랜드 주에서 독립교회파 목사로 한 명 이상의 남자가 있었다.
>
> (Allen 1934, 3-4)

모란트의 외할아버지는 독립교회파 목사였고, 밀 힐 학교(Mill Hill School) 교장이었다. 밀 힐 학교는 1807년 회중교회파 및 다른 비국교도가 프로테스탄트 비국교도의 아들을 위해 세웠던 문법 학교다(Brett-James(n.d.), 9). 이 학교는 비국교도 아카데미의 직통 계열이다. 18세기 후반에는 이런 비국교도 아카데미가 그 기반을, 특히 교사들을 잃고 말았다. 교사들은 상인과 제조업자의 아들을 위해 새로 설립된 사립학교로 옮겨갔다. 이런 일은 비국교도가 학교 교사를 하도록 허용하는 1779년도 법이 통과된 후에 벌어졌다. "살아남은 몇 개의 아카데미는 밀 힐 유형의 사립학교가 되었다"(MaLachlan 1931, 5). 밀 힐 학교의 초대 교장은 존 앳킨슨(John Atkinson)이었는데, 런던의 혹스톤 독립 아카데미(Hoxton Independent Academy)에서 교사였던 인물이다(ibid., 239).

모란트의 외할아버지는 헨리 리어 베리 경(Rev. Henry Lea Berry)인데, 밀 힐 학교 학생이었고, 1831년에 교장으로 임명되었으며, 4년간 재직한 후 건강 악화로 그만두었다(Brett James(n.d.), 106-7, 111, 117-18). 모란트의 외증조할아버지는 조셉 베리 경(Rev. Joseph Berry)인데, 그 학교의 운영위원이었고, 종교계에서

유명했던 인물이다(ibid., 64). 그는 자기 아들의 교장 취임식에서 연설도 하였다(ibid., 109). 모란트에게는, 버트와 비슷하게, 회중교회파에 속하는 외할아버지와 외증조할아버지가 있었고, 그리고 버트와 비슷하게, 그의 외할아버지들이 가족의 소명으로 의사나 목사의 길을 따랐다.

모란트는, 버트처럼, 회중교회 교인이었던 외할아버지와 가까웠다. 모란트의 경우, 더욱 친밀한 유대가 있었다. 모란트의 외할아버지는, 밀 힐을 떠난 후, 햄스테드(Hampstead)에 사는 딸과 가까운 곳으로 이사하여 살았다. 모란트와 함께 유치원에 다녔던 같은 또래의 어느 소년은 다음과 같은 기록을 남겼다. "그가 아주 어릴 때 가장 자애롭게 영향을 미친 분은 외할아버지였다고 나는 확신한다. 그의 외할아버지는 호감을 주는 인성이었고, 나이가 들어 허리가 굽었고, 우리와 같은 어린아이에게 정말 친절하셨던 분이었다"(Allen 1934, 5).

모란트의 아동기에 '유력한 영향'을 주었다고 알렌(Allen)이 지적한 사람이 있는데 이는 햄스테드에 있었던 크라이스트 교회의 복음주의적 교구 목사, 빅커스테트 경(Rev. E.H. Bickersteth)이다. 빅커스테트 경은 그 교구 정원에 유치원을 만들었다. 모란트의 어머니는 그의 열렬한 추종자였고, 로버트와 두 자매를 "독실한 빅토리아 집안의 아주 엄격한 전통 속에서" 양육했다(ibid., 3). 모란트의 어머니의 믿음 체계 속에는 회중교회주의와 복음주의가 혼합되어 있었으며, (베빙턴(Bebbington)이 그의 복음주의의 역사에서 기술하는) 온건한 칼뱅주의의 범주에 딱 들어맞는 사람이었다. 베빙턴은 19세기 초의 다음 자료를 인용하고 있다: "칼뱅주의는, 우리의 일반적인 종교적 가르침 속에서, 찻잔 속의 설탕 덩어리가 되어야 한다. 모든 사람은 그것을 맛보아야 하지만 동떨어진 형식 속에서 만나면 안 된다"(ibid., 63). 온건 칼뱅주의는 구원과 (가족에 대한 의무가 포함된) 건전한 도덕으로 향하는 통로로서 신앙을 애호하는 쪽으로 예정설을 완화시켰다.

모란트는 1881년에 윈체스터를 떠나 옥스퍼드 뉴칼리지(New College Oxford)로 갔는데, 그 이전까지는 복음주의 목사가 되어 성공회 교회에 들어가려고 열심히 준비했었다. 그는 고전학을 공부하면서 히브리어 강의를 신청했고, 연합-칼리지 기독교 유니언(Inter-collegiate Christian Union)에서 복음주의 활동에 헌신했다. 또한 모란트는 마스턴(Marston) 마을에서 정기적으로 봉사했고, 뉴칼리지에서 마음이 통하는 사람들과 신학 공부를 하는 형제단(Brotherhood)을 결성했고, 힝크세이(Hinksay)의 일요 교실에서 가르치기도 했다(Allen 1934, 16-19).

모란트는 1884~5년에 그의 신앙을 버렸다. 그렇지만 "그 신앙의 뿌리에 있는 고귀한 행위의 이상에 충실하게 삶을 살았다"(ibid., 59). 모란트는 1889년에 태국 국왕을 위해서 일할 때 친구에게 편지를 보냈는데, 여기서 "이상을 따름, 이상을 위해 자신을 억제함"(ibid.)을 언급했다. 교육부의 특별조사보고팀에서 일하기 시작한 지 3년이 흐른 1898년에 그의 세속적 이상은 '초등학교 이후의 계층화된 학교관'으로 굳어졌다. 각각의 층은 국가 발전을 위해 독자적인 기능을 갖는다. 모란트는 프랑스와 스위스의 초등 이후의 계층화된 학교를 연구하면서 영향을 받았다. 특히 스위스에서 깊은 인상을 받았는데 이는 다음과 같다: "스위스인은 중등 혹은 고등학교의 육성에 지극한 정성을 쏟는데 잉글랜드는 그런 학교를 소홀히 하는 대조된 상황"(ibid., 123)이었다. 모란트는 스위스에 관한 보고서를 완성한 후에 1898년에 쓴 어떤 글에서 다음과 같이 제안했다. 민주 국가가 계속 존립하게 만들 수 있는 유일한 희망은 "소수의 현명한 사람들의 지도와 통제를 받음으로써 다수의 무식한 사람들의 충동이 자발적으로 종속될 필요성이 커진다는 인식이, 민주주의 국가에 **의해서,** 높아지는 데에"(ibid., 125) 있다. 만일 그렇지 않고,

> '두뇌들의 지도력'을 신중하게 보호하는 일이 [없으면]... 더 확실하게 ... 민주주의 국가는 생존을 위한 국제적 투쟁에서 결국 패퇴하고, 경쟁하는 국가들의 집중된 지도적 두뇌력에 의해 외부로부터 정복당하고, 자국민의 억제되지 않은 개인주의가 힘을 분산시켜 내부로부터 무너지게 되고, 그저 대다수 사람의 맹목적 충동 때문에 완전히 붕괴되고 말 것이다.
>
> (ibid., 126)

'다수의 무지한 자들'과 '소수의 현명한 자들'이라는 이 거친 이원론은 이윽고 1904년에 확정된 교육과정에 스며들었다. 제1장에서 말했듯이 중등교육과 초등교육의 내용은 확연히 구분되고 말았다.

모란트의 사회관은 골턴을 연상시킨다. 그 사회관은 국가를 구하려면 온갖 주요 지식 분야에서 자유 교육을 받은 지적 엘리트에게 의지해야 한다는 것이다. 모란트가, 골턴처럼 이런 엘리트에 뽑힌 사람임은 우리도 의심할 수 없다. 또한 모란트는 선발되지 못한, 무지한 다수의, 억제되지 못하는 개인주의와 맹목적 충동을 얕잡아보았다. 앞선 인용문에서 명시적으로 드러나지 않지만, 모란트는 '개인이 갖는 두뇌력의 크기는 생득적으로 주어지고 불변한다'라고 생각했던 것 같다. 그런데 대다수 사람이 무지하다고 생각할 경우, 그들이 더 많은 지식을 쌓도록 교육시스템이 할 수 있는 한도까지 하기를 바라는 것이 오히려 의미 있는 일일 것이다. 그러나 모란트는, 앞선 인용문에서 혹은 그가 새로 만든 초등학교 교육과정에서, 전혀 그런 노선을 택하지 않았다. 제1장에서 설명했듯이, 중등학교에서 가르치는 어려운 지식(과학, 수학, 문학, 외국어, 역사, 지리)이 초등학교에서는 희석되거나 제외되었다. 초등학교를 졸업하는 아이들은 두뇌가 아니라 두 손으로 일하게 될 것이므로 이를 그들의 교육과정에 반영했다. 초등학교의 핵심 목적은 그들의 인성을 형성하고, 강화하는 일이었다. 그들에게 근면, 자제, 의무 존중, 자기희생, 순수성과 진실 추구 등과 같은 습관을 심어주는 것이었다(Board of Education 1929, 9). 이렇게 해야 그들의 맹목적 충동은 어떤 식으로건 통제가 될 것이다. 그러나 여기에는 '모든 아이는 개인으로서 그리고 시민으로서 충실한 삶을 살아갈 후속 세대로서 제대로 준비되어야 한다'라는 평등주의적 사상이 전혀 없었다. 모란트는 골턴이나 버트와 똑같은 생각을 가졌다. 국가는 재능있는 엘리트와 그 나머지로 양분된다; 재능있는 엘리트에게는 모든 것이 가능하고, 또 성공하도록 가르쳐야 한다; 그 나머지에게 그런 것은 무의미하다. 이처럼 모란트에게는 3세기에 걸친 청교도의 이분법적 사회철학이 골턴에게, 아마 버트에게 그랬던 것처럼 들어있었다. 그런 철학이 모란트의 사상이 형성될 때 영향을 미치지 않았다고 믿기는 어렵다. 모란트의 경우 이것이 더 맞는데, 이는 그가 어린 시절부터 아주 열심히 복음주의에 헌신했기 때문이다. 이 복음주의도 (모란트가 자신이 속한다고 믿었던) '구원받는 형제단'과 '구원을 받지 못하는 다수'라는 이분법에 기반을 둔 것이었다. 그렇지만 이런 사회적 이분법이 모란트의 생각에서 늘 절대적이었다는 뜻은 아니다. 옥스퍼드의 주변 마을에서 영혼 구제를 위해 설교했다는 것은, 누군가 구제될지 모른다는 생각이 이미 있었기 때문이다. 그렇지 않다면 그것은 무의미한 일이었을 것이다. 이와 마찬가지로, 모란트의 직장 생활이 20년쯤 지난 후 그는 「초등학교령(Elementary School Code)」의 서론을 썼는데 거기에 다음과 같은 문장이 들어있다. "예외적 능력을 보여줄 만한 개별 아동을 하나하나 찾아내고, 그리고 그들의 특별한 재능을 발달시킴 ... 으로써 그들이 적절한 나이에 중등학교에 진학할 자격을 갖추게 하는 것은 학교의 부차적인 그러나 중요한 목표일 것이다"(Board of Education 1929, 9). 종교에서나 교육에서나, 예외에 속하는 영혼에게만 더 높은 자리로 올라갈 사다리가 남아있다.

10 결론

이 장에서 우리가 살펴본 것은, 지능 개척자나 이와 관련된 인물들의 청교도/비국교도 가족 배경에 관한 수많은 증거였다. 또한 이런 배경에 들어있는 종교적 관념이 그들의 심리학적, 교육적 활동에 어떤 영향을 미쳤는지/미쳤을 것인지도 살펴보았다. 이런 논의가 아직 결정적인 것은 아니며, 고다드처럼 분명한 경우와 그렇지 못한 경우가 있다. 그렇지만 그런 생각을 진지하게 수용해야 함을 보여주는 증거는 충분했다. 이런 증거로는 초기 지능 연구에서 지도적 인물 중 **거의 모두**가 비슷한 사상-세계의 출신이었으며, 그리고 우생학적 관념과 관계된 것으로 보이는 사상-세계가 그것을 뒷받침해준다는 두 가지 사실이다. 나는 반대-증거도 고찰했다. (스피어만처럼) 지능검사에서는 핵심 인물이었지만 뚜렷한 청교도/비국교도 조상이 없는 심리학자도 있었고, 그리고 (듀이와 왓슨처럼) 청교도 혈통에 속했지만 골턴주의적 사고의 어떤 측면과 거리가 먼 심리학자도 있었다.

탐구는 더 깊어져야 한다. 더 면밀하게 살펴보아야 할 것은 '지능 개척자들이 지능을 생각하는 방식에는 어떤 경향이 있었을까'이며, 또 탐색할 필요가 있는 것은 '그런 개념에는 어떤 기원이 있을 수 있을까'이다. 이런 탐구는 우리를 청교도 사상의 역사에서 어느 측면으로 이끌어갈 것이며, 그리고 이로써 '이런 종류의 심리학은 특수한 종교적 배경에 비추어 이해되어야 한다'라는 주장이 힘을 얻게 될 것이다. 이를 모두 제4장에서 탐구할 것이다.

Chapter 4. 논리와 마음

01 지능: 추상적인 지적 능력

골턴의 지능관을 보면, 그 핵심은 '지적' 능력, 그리고 특수한 종류가 아닌 일반적 종류의 지적(intellectual) 능력이다. 이 지능관은 지능에 대한 공통적 이해에 큰 영향을 미쳤기 때문에 우리는 그것이 얼마나 특이한지조차 모른 것 같다. 제1장에서 보았듯이, 지능적(intelligent) 행동은 수많은 형태로, 즉 가족 간의 복잡한 관계를 해결하는 일에서부터 주식 시장에서 재주껏 살아남는 법에 이르기까지 다양하게 나타난다. 지적 능력은 지능의 한 가지 형식일 뿐이다. 지적 능력 자체도 다양한 형태로 나타나는 역량이며, 따라서 수학 계산에서 나타나는 역량과 역사/법률 연구에서 나타나는 역량은 아주 다르다.

지능검사의 개척자들은 일반적인 지적 능력에 대해서, 이런 것이 존재하지 않는 것일 수 있음에도 불구하고, 어째서 그토록 관심을 가졌을까? 그리고 어떻게 해서 그들은 그렇게 생각하게 되었을까? 그들은 일반적인 지적 능력을 인간의 생득적 장치의 일부라고 간주했기 때문에 '그것이 문화적 입문을 요구하는 것'이라는 점에 대해 둔감할 수밖에 없었고, 오히려 문화적 입문으로부터 최대한으로 추상화할 수밖에 없었다. 도대체 무엇이 이런 것에 맞는 것일 수 있을까? 지적 활동의 가장 추상적 형태는 (모국어의 요소들에 대한 논리적 조작이 포함되는) 논리 및 수학이다. 이 두 종류의 조작이 지능검사에서 그토록 현저하게 부각되는 것은 이제는 놀랍지도 않다. 예를 들어 여키스(Yerkes)가 제1차 세계대전 시기에 글도 제대로 못 읽는 미군 병사에게 사용하려고 만든 검사, 즉 베타 검사(Beta test)를 살펴보자. 거기에는 7가지 항목이 들어있다. 미로 수

수께끼, 큐브의 수를 세기, O과 X를 포함한 수열을 완성하기, 수를 상징으로 바꾸기, 숫자의 짝에서 틀린 것을 찾아내기, 대상에 숨겨진 특성을 찾아내기, 그리고 사각형을 몇 조각으로 나누기(Gould 1981, 208-9를 참조).

언어적 조작이 더 분명한 것은 스탠퍼드-비네 검사의 초기 단계이며, 이는 비슷한 시기의 것인데, 터만의 『지능의 측정(*The Measurement of Intelligence*)』에 들어있다. 이런 검사는 대상자의 나이가 많을수록 더 추상화된다. 아주 어린 아이를 위한 대다수 검사는, 비네를 따라서, 단순 사실에 관한 지식을 요구한다. 예컨대 자기의 이름, 한 주의 요일, 좌우의 차이 등등. 연령대가 정반대인, 일반 성인용 검사에는 다음과 같은 것이 포함된다. 예컨대 추상적 용어의 정의, 더 큰 상자에 들어있는 상자들의 수를 말하기, 여섯 자리의 숫자를 거꾸로 말하기, (포탄이 날아가는 것과 관련된) 물리적 관계를 파악하기(Terman 1916, 제19장) 등등. 이런 사항은 터만의 책에 들어있는 다음 진술과 맞아떨어진다. 즉, 개인은 추상적으로 사고할 수 있는 능력에 비례해서 지능적이다. "차원이 높은 사고 과정의 핵심은 개념적이고 추상적이다"(ibid., 344). 시릴 버트의 『심리 및 학업 검사(*Mental and Scholastic Tests*)』에 들어있는 검사는 여키스의 베타 검사보다는 터만의 것에 더 가깝다.

골턴이 말하는 지능의 추상적-지적 성격은 1947년 우생학회에서 갓프리 톰슨(Godfrey Thompson)이 행한 연설에서 잘 드러난다.

> 그러나 지능이 다양한 형태로 드러나긴 하지만 최고 측면의 지능은 늘 추상, 개념, 관계와 관련된다. 실천적 지능이라는 것도 세상에서 상당히 중요하지만, 이론적 지능이 훨씬 더 중요하다. 영리한 정비소 수리공은 자동차 엔진을 고쳐줄 것이다. 열역학이나 원자물리학을 배운 사람은 자동차 엔진을 폐기하고, 더욱 효율적 엔진으로 교체하는 일을 훨씬 더 잘할 것이다. 그리고 이런 사람의 사고는 추상적이며, 추상은 흔히 상징에 들어있으며, 상징은 언어적 혹은 수학적인 것이며 혹은 패러데이(Faraday)의 역선관(tubes of force)처럼 더 일상적, 물질적인 것도 여전히 상징이며, 이런 사람의 마음이 다루는 실질적 가치

는 추상적 관계다.

(Thompson 1947, 17)

여기서 질문을 던질 수 있다. 위에서 실천적 지능의 사례를 들었는데, 어째서 그 사례를 외교관/정치가의 일이 아니라 자동차 수리공의 일에서 찾았을까? 어째서 실천적인 것보다는 이론적인 것을 더 선호했으며, 그리고 이론적인 것에서도 더 추상적인 것만을 선호했을까? 더 일반적으로 말해서, 어째서 지능 개척자들은 그렇게 특이한, 오늘날 우리가 이해하기에도 추상적이고, 비현실적인 지능관에 사로잡혔을까?

02 골턴주의는 어디서 왔을까?

그 단서가 될만한 것이 과연 청교도의 배경에 들어있을까? 일반적으로 기독교에서 그리고 특히 청교도주의에서 핵심 개념은 영혼이다. '개척자들의 지능관은 기독교의 영혼 개념과 밀접히 연관된다'라고 주장할만한 근거가 있다.

이는 극적인 주장이다. 얼핏 보면 우스운 이야기처럼 들릴 수 있다. 오늘날 우리는 지능검사를 흔히 더 사실문제 쪽으로 생각한다. 다시 말해서 직업 선택, 아동용 진단 평가, 교육시스템 안에서의 배치 등과 관련된 쪽으로만 생각한다. 그러나 지금 우리는, 최초의 지능검사가 생긴 지 한 세기 너머 지나온 시대에 살고 있다. 지능검사를 생각하는 새로운 방식이 여러 해를 거치면서 힘을 얻었다. 1880년에 대서양의 양편에서 찾아볼 수 있었던 종교-중심적 문화는 세속적 태도에 밀려나고 말았다. 물론 다른 곳에 비해 미국의 심장부에서는 덜 그렇긴 하다. 종교-중심적 문화의 개념에 스며들어 있었던 신학적 함의는 점차 시들어갔다. 물론 그런 개념을 표현하는 데 쓰였던 단어들은 여전히 남아있다. 이런 변화의 조짐이 보이기 시작했을 무렵에, 종교적 지능관을 이어받은 것이 우생학 운동(eugenic movement)이었다. 우생학 운동은 나치의 잔학행위가 밝혀진 이후로 힘을 잃었다. 우생학을 버린 후에도 지능검사자는 변함없이 자신들의 연구를 계속해왔으며, 오늘날 '지능', '지능검사'라는 용어가 낮은 수준의, 사실적 연관성을 의미하는 것이 되도록 힘써 왔다.

나는 제1장에서 다음과 같이 말했다: 골턴의 지능관은 그가 1865년에 쓴 글로 거슬러 올라갈 수 있으며, 이는 1869년의 『유전적 천재』보다 4년 정도 앞선 것이며, 그 흔적은 거기서 끝이다. 골턴의 심리학 이론의 기원은 당시 학계에 통용되었던 심리학에서는 찾을 수 없다. 당시의 학문적 심리학은 철학 안에 머물러 있었고, 이는 연합주의(associationism)라고 불렸다. 이는 존 로크(John Locke)에 기원을 두는 급진적 경험주의 이론인데 다음과 같이 주장했다: 마음속의 아이디어는 (이에 의존하는 추론과 같은 심적 작용과 함께) 생득적인 것이 아니라, 감각에서 생긴다. 즉 근접(condiguity)이나 다른 원리에 따라 서로 연합된다는 것이다. 골턴이 살았던 시기에는 제임스 밀, 존 스튜어트 밀, 알렉산더 베인(Alexander Bain) 등이 (18세기에 데이비드 하틀리와 데이비드 흄에서 생겨난) 연합주의의 전통을 이어나갔다. 이와 같은 경험주의와 근본적으로 어긋나는 것이 '지적 능력은 생득적'이라는 골턴의 생각다. 이것의 기원은 틀림없이 다른 데에 있었다. 또한 '인간이 타고나는 지적 능력의 크기에 개인차가 있다'라는 골턴의 생각도 마찬가지였다. 내가 아는 한, 골턴이 살았던 시대의 주류 심리학에는 그의 견해의 흔적이 없었다.

골턴이 주도했던 심리학적 전통, 그리고 당시의 주류였던 연합주의 사이에는 또 다른 차이가 있다. 골턴의 심리학은 '실천적인 일과 더 밀접하게 연결되는' 것이었다. 연합주의 학파는 '순수한' 혹은 '일반적' 형태의 심리학이었다. 그 목표는 심리학적 자료에 대한 엄밀한 설명, 그 자체였다. 이런 면에서 연합주의는 19세기 후반과 20세기에 일반화된 과학적 심리학의 직계 조상이었다.

이런 일은 부분적으로는, 그것과 상반되는 이론들을 낳음으로써 일어나기도 했는데 그럼에도 이는 모두 똑같이 비-실천적인, 전적으로 이론적인 패러다임 안에서 일어났다. 스피어만(Spearman)의 연구가 이런 사례에 속한다. 그러나 애초부터 골턴주의(Galtonianism)는 오늘날 우리가 '응용' 심리학이라고 일컫는 것이었다. 지능검사의 개척자들은 앞서 보았듯이 교육, 정신건강, 고용과 이민, 그리고 그런 정책과 부합되는 더 넓은 우생학적 프로젝트에 주로 관심을 쏟았다. 골턴주의의 '응용적' 성격은 나중에 다시 논할 것이다.

여기서 생득적 지능이라는 골턴의 생각을 다시 살펴보자. 마음과 그 능력에 관해서 영향력이 있는 생득론적 설명을 찾으려면 우리는 연합주의의 이전으로, 최소한 17세기로 올라가야 한다. 데카르트의 철학이 그중 가장 유명한 사례이다. 데카르트는, 기독교의 틀 안에서 활동했던 당시의 다른 사상가와 마찬가지로, 다음과 같이 주장했다: 마음 혹은 영혼은 신체가 없어도 실재할 수 있으며, 그리고 판단과 추론이라는 생득적 능력뿐 아니라 (감각을 통해 들어오는 자료를 마음이 처리할 수 있게 해주는) 생득적(본유) 관념 자체를 갖는다. 마음에 관한 데카르트의 이론은 16세기와 17세기에 번성했던 심리학 중에서 가장 유명하지만, 이것이 골턴주의의 조상에서 특별히 중요하다고 생각할 이유는 없다. 이 시기에 영향을 주었던 것이 또 있다. 이를 밝혀보자.

골턴의 전통에서는 지적 능력을 생득적인, 특정 주제와 연결되지 않는, 그러나 추상적이고 일반적인 것, 그리고 천재적 엘리트들 사이에 가장 강력한 것으로 본다. 이를 염두에 두면서, 페리 밀러(Perry Miller)의 『뉴잉글랜드 마음』에서 한 구절을 살펴보자. 밀러는, 17세기 뉴잉글랜드의 사회적 정황을 기록하면서 당시의 일반적 믿음을 다음과 같이 말한다: 사회가 서로 다른 계급으로 구분되는 것은 신의 설계 중 일부이며, 그리고 동시대인의 말처럼 "사회에서 동등함을 옹호하는 자는 사태를 혼란의 더미로 만들고 말 것이다". 이어서 말하기를,

올바른 이유에서 혹은 성서의 법에서 주장하건 간에 청교도 지도자들은 동일한 결론에, 즉, 권위주의적 국가, 분할된 계급 사회에 도달했다. 이는 상층계급의 현명하고 학식 있는 인물들이 논리의 숙달을 통해서 운영하는 몇 가지 기본적 법률에 따라 통치된다. 그들이 기본적 법률에서 연역한 것은 그 법률 자체만큼 타당하며, 그리고 그들의 결론에 대한 저항은 하층계급이 저지를 수 있는 가장 큰 죄악다.

(Miller 1939, 429)

여기서 인상적인 것은 '논리의 숙달'이다. 현대의 독자들에게는, 즉 적어도 골턴의 우생학에 물들지 않은 우리들에게는 정말 이상하게 보이는 용어이다. 논리, 즉 지적 영역에서 가장 추상적인 것이 왜 그처럼 사회적으로 중요했어야 할까?

이를 이해하려면, 우리는 청교도 세계관에서 논리가 차지했던 핵심적 중요성을 파악해야 한다. 이것의 기원은 16세기인데, 19세기까지도 "논리의 지배는 ... 계속되었다"(ibid., 115).

H. B. 스토우(Harriet Beecher Stowe)는 뉴잉글랜드의 구세대에 관해서 1869년에 다음과 같이 적었다.

우리의 정화된 뉴잉글랜드에서 숭배받는 것이 있다면 그 이름은 **논리**이다; 그리고 나의 좋은 친구인 그 목사는 논리 앞에서 아주 신성하고 순수한 의도를 가지고 향을 피운다. 그는 죄인이 논리에 의해 개종될 수 있고, 그리고 만일 그가 앞서 말했던 간단하고 조그만 함정 중 하나로 일단 나를 끌어들일 수 있다면 내 영혼의 구원은 보장된다고 믿고 있다. 그는 인근에 사는 농부들 중에서 가장 교활한 이교도를 여러 명 잡아냈으며, 그리고 꼭 말해야 할 점은, 양키에게 최고의 덫은 논리의 덫이다.

(Stowe 1869, 224; Miller 1939, 115에서 재인용)

03 라무스의 논리와 청교도 정신

밀러에 따르면, 청교도주의의 아주 초창기부터 논리는 신의 본성, 그리고 신이 창조한 세계의 본성을 이해하는 열쇠로서 중요했다. 그리고 논리는 좋은 행위의 열쇠이기도 했다. 초기 청교도주의에 지적 영향을 미친 핵심 인물은 프랑스의 논리학자, 피에르 드 라 라뮈(Pietrre de la Ramée) 혹은 페트루스 라무스(Petrus Ramus 1515-72)였다. 1556년에 그가 쓴 소책자, 『변증론(Ramus 1969)』은 "당대에 유명한 서너 권의 도서 중 하나"(Miller 1939, 116)였다. 밀러는 또 말한다. "오거스틴과 칼뱅이 청교도주의의 원천으로 널리 인정받았지만, 이런 신학자들만큼 뉴잉글랜드의 청교도에게 큰 영향을 미친 것은 페트루스 라무스의 논리학이라고 해도 지나친 말이 아니다"(ibid.).

영국과 뉴잉글랜드에서 청교도의 공통 기원을 살펴보면, 라무스가 영국뿐만 아니라 뉴잉글랜드에서도 영향력이 컸음을 곧바로 알게 된다. 16세기 중엽 라무스의 논리학은 파리에서 스코틀랜드로 퍼졌고, 1570년대에는 케임브리지 대학에 들어갔으며, 여기서 알렉산더 리차드슨(Alexander Richardson)이나 다른 주석자를 통해서 논리 수업을 지배하게 되었다. "잉글랜드에서 그런 가르침은 청교도주의와 함께 번창했으며, 17세기 초에 라무스의 논리학은 청교도주의와 거의 같은 것이었다"(ibid., 117).

라무스와 그의 사상이 급진적 프로테스탄트 집단에게 그처럼 대중적이었던 이유는 무엇이었을까? 간단히 말하면, 라무스가 그의 『변증론』 및 다른 저술을 통해 제공해주었던 것은 인간 지식의 전체 범위에 대한 체계적 지도, 그리고 '그 구성항목이 교사로부터 학생에게 어떻게 전수될 수 있는가'에 관한 상세한 지침이었다. 이 두 가지는 핵심적인 영적 필요를 충족시키는 데에 도움을 주었기 때문에 청교도에게 호소력이 있었다. 개인의 영혼은 구원을 위해 제대로 준비되어야 했다. 이 점은 가톨릭의 전통과 다른 것으로 다음과 같은 뜻이었다. 즉, 신과 신이 창조한 세계의 본성에 대한 각자의 이해, 그리고 이에 기반을 두어야 하는 도덕적 미덕은 성직자의 위계적 권위에 의존하지 않고 신이 각자에게 부여한 지적 능력에 더 의존하는 것이다. 창조된 세계와 그 이면의 신성한 마음에 대해서 라무스가 제공해 주었던 체계적 설명은, 논리적 연역에 확실한 기반을 두었던 설명으로서, 청교도의 요구에 딱 들어맞는 것이었다. 이런 지식을 어떻게 가르쳐야 하는가에 관한 라무스의 방법론적 처방도 마찬가지였다. 제2장에서 보았듯이, 부모들은 자신과 자식의 구원에 사로잡혀 있었다. 그리고 그들의 마음에 필요한 지식을 집어 넣어주는 단계적이고, 알기 쉬운 방법은 그런 요구를 제대로 충족시켜주었다.

그렇다면 라무스의 시스템은 어떤 것이었는가? 그것은 아리스토텔레스보다는 플라톤에 더 가까웠다. 라무스는, 당시의 유럽 대학을 지배했던 아리스토텔레스에게 도전한다는 관점에서 자신의 논리 시스템을 구축했다. 플라톤은, 우리가 세계를 제대로 이해하려면 보고, 듣고, 냄새 맡고, 만질 수 있는 것의 이면으로 들어가서 그런 현상의 뒤편에 놓여있는 보이지 않은 구조에 도달해야 한다고 주장했다. 이것은 감각으로는 접근할 수 없고, 오직 지력에 의해서만 가능하다. 이것은 개념의 형식으로 존재하고, 때때로 이데아(ideas) 혹은 형상(forms)이라고 불리고, 개념들의 위계로 조직되며, 감각-지각의 세계에서 더 멀어질수록 더 일반적, 추상적이다. 이런 틀의 꼭대기에 선(the Good)의 개념, 혹은 형상이 있으며, 이에 따라 모든 하위 개념 그리고 감각세계에서 그것의 모든 표출이 설명되고, 이해된다.

라무스의 논리 시스템은 플라톤의 것과 거의 비슷했지만 더 단순하고 더 기계적이었다. 라틴어로 '라무스(Ramus)'는 '가지(branch)'를 뜻한다. 성(姓)과 시스템의 연결은 우연으로 나에게는 보이지만, 라무스의 틀을 '가지가 뻗는 구조'로 생각하는 데에는 도움을 준다. 이는 하나의 근원에서 점점 더 복잡하게 뻗어가는 구조다. 그 핵심 특성은 두 가지다. 첫째, 플라톤과 공유하는 점으로, 라무스의 틀은 가장 추상적, 일반적인 것에서 출발하여 구체적, 특수한 것 즉 감각-경험 세계의 구체적, 특수적 현상에서 끝난다. 라무스의 '가지가 뻗는 구조' 속의 항목은 '논증(arguments)'이라고 하는데 이는 언어적 용어, 개념, 사물 자체를 포함한다(Miller 1939, 124). 둘째, 플라톤과 다른 점으로, 처음의 근원에서 출발하여 계속 뻗어가는 가지치기는 '둘로 나뉘는(dichotomising)' **이분법**의 과정을 반복하면서 일어난다.

첫 번째 이분법은 (a) 개별 '논변'의 배열, 그리고 (b) 이런 논변의 연결에 필요한 판단으로 양분된다. 계속해서 양분됨으로써 마침내 논변의 완전한 틀이 만들어지고, 그것을 서로 연결하는 방법에 대한 완전한 설명도 만들어진다. 더 나눌 수 없는 용어 혹은 실체에 도달하게 되면 이분법은 끝난다.

이 시기는 활판 인쇄의 초창기였는데, 라무스의 여러 책의 후속판은 청교도 고객에게 매력적이었다. 왜냐면 가지치기로 뻗어나가는 모습이 곧바로 파악되도록 그 형태가 공간적으로 제시되었기 때문이다. [그림 4.1 라무스의 논리]는 (a)와 (b)에서 나누어지는 가장 기초적인 양분법을 보여주는 한 가지 사례다.

활용할 경우에, 이 시스템은 보통 거꾸로 작동되었다. 말하자면 '불은 열을 일으킨다'와 같은 구체적 판단에서 시작하고, 그리고 이 판단의 요소들은 이 판단이 속하는 그 이상, 또 그 다음의 양분된 범주와 연결된다(ibid., 127). 이를 통해서 사람들은 특수한 판단을 - 이를 위해 더 일반적인 틀을 제공해주는 - 더 단순한, 더 추상적인 '논변'에 비추어 이해할 수 있게 되었다.

라무스의 논리에서 핵심은 플라톤적 가정이다: 그 시스템 안에 배열된 논변들 속에서 개념들은 사물, 그 속성 및 관계로부터 구별될 수 없다는 가정이다. 이것은 청교도가 라무스의 논리를 그토록 진지하게 받아들였던 주된 이유다. 그것은 ⅰ) 사고 안에서만 일반적인 것에서 특수한 것으로, 그리고 거꾸로 특수한 것에서 일반적인 것으로 이동하는, ⅱ) 신이 창조한 세계의 특성들을 분명하고 체계적인 방식으로 밝혀주는, 간단한 방법을 제공하는 것으로 보였다.

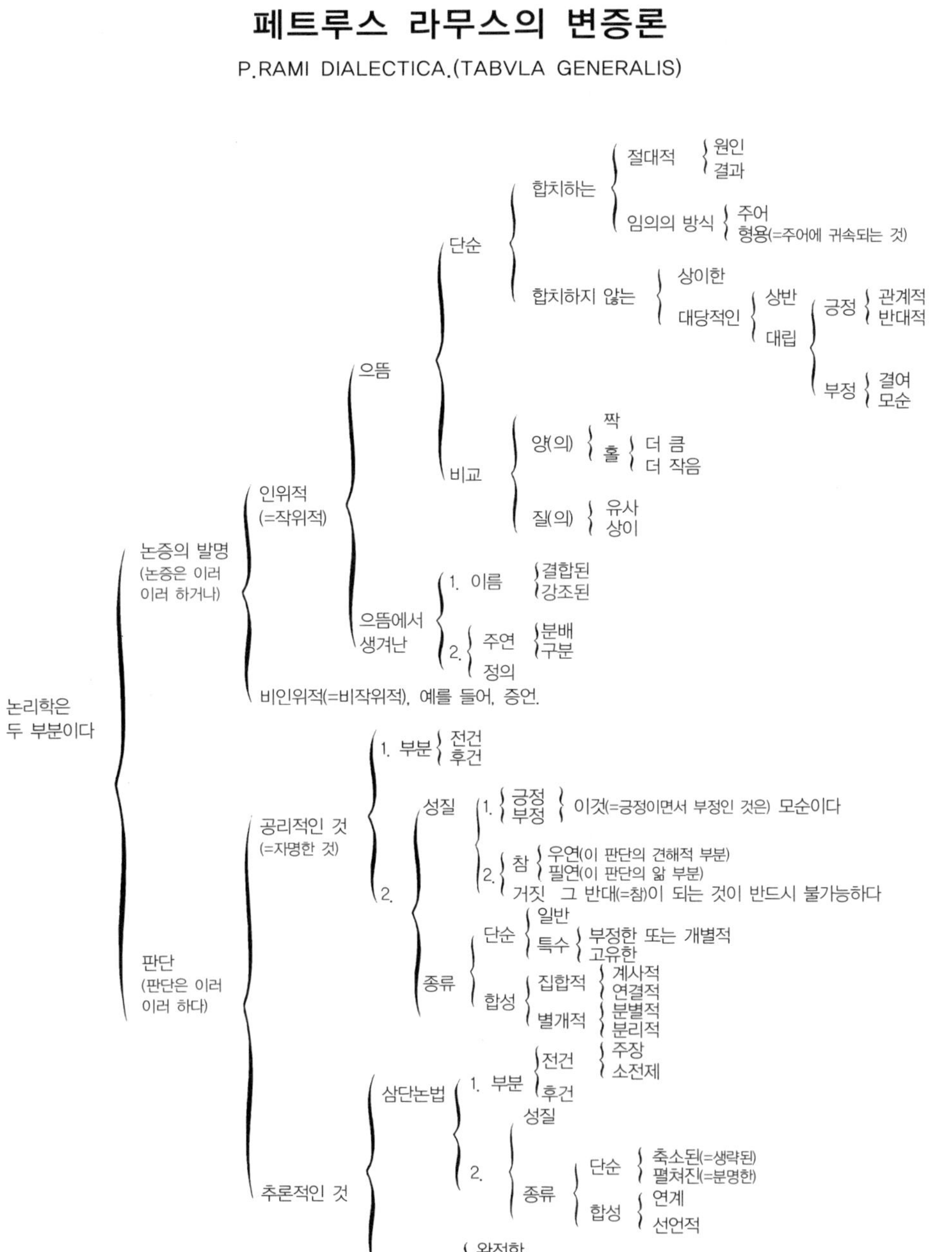

그림 4.1 라무스의 논리

출처: Miller(1939: 126)

그래서 그것은 스콜라 신학자들이 배우던 아리스토텔레스의 논리학에는 없었던 공리성을 지녔다. 즉, 쓸모없는 논쟁 속에서 길을 잃지 않고, 궁극적 진리를 발견하는 데에 사용될 수 있었다(ibid., 141-4).

이 모든 점에서 라무스의 논리는 실재의 본성과 인간 마음의 본성 간의 친밀한 연관성을 설정한다. "그 시스템의 기본 주장은 논리가 마음의 자연적 과정으로부터, 그리고 우주의 자연적 질서로부터 파생되어야 한다는 것이었다 ... 논리는 자연적 지능의 형식화된 혹은 규칙화된 버전이라고 라무스는 가르쳤다"(ibid., 144).

바꾸어 말하면, 인간은 라무스의 방식으로 자연스럽게 사고한다. 인간의 마음은 본성적으로 계시의 도구가 되도록, 그 소유자가 이성을 통해 신과 신의 세계를 이해할 수 있도록 맞추어져 있다. 라무스의 논리는 이런 공통된 능력을 체계화하며, 본능적 수준에서 작동하는 바의, 상위 수준의, 이론적 표출을 만들어낸다. 이 점은 나중에 다시 논할 것이다.

세계 내 현상들의 (추상적인 것으로부터 구체적인 것으로) 가지 치는 구조로부터 읽어낼 수 있는 것은 **인간**의 마음의 본성만이 아니다. 이 세계는 결국 신의 창조물이다. 그 구조는 **신**의 마음이 작동하는 방식의 중요한 점까지도 반영한다(Morgan 1986, 107). 인간의 마음은 신의 마음의 소우주다.

이런 시스템이 개인적 구원이 절실한 신앙인들에게 호소력을 발휘했던 점은 이해하기가 쉽다. 이런 시스템은 그들이 자신의 개인적 경험이 속해있는 그 전체를 이해할 수 있게 했다. 밀러(Miller)에 따르면,

> 이런 논리가 청교도의 마음에 미쳤던 호소력은 그들 마음의 가장 심층적인 한 가지 욕구를 충족시켜준 결과였다. 인간이 생각하는 집합적 용어나 규칙에 따르지 않는 구체적 실체로만 이루어진 세계는 결코 구원이라는 드라마의 장소가 될 수 없었다.
>
> (Miller 1939, 147)

라무스의 논리는 시간상으로 볼 때, 17세기 과학혁명보다 앞선다. 과학혁명을 당연하게 여기는 요즈음 시대에서 본다면, '과학적으로 단련된 경험적 관찰의 도움도 없이 실재의 구조를 합리적으로 연역할 수 있다'라는 아이디어는 신화의 시대에 속하는 것이다. 그러나 초기의 청교도에게 그런 아이디어는 전적으로 의미가 있었다. 세계는 더 추상적이고 일반적인 것을 우선시하면서, 용어들과 추리들을 분류하는 작업 속에서 이해되어야 하는 것이었다. 플라톤에게서도 그랬다.

초기의 청교도 사이에서 **인텔리겐차**(intelligentia)라는 용어는 라무스주의의 담론에 포함되었다. 이는 16세기 후반 케임브리지 논리학자였던, 알렉산더 리차드슨(Alexander Richardson)에 의해서였다. 리차드슨은 인텔리겐처라는 용어를 다음과 같은 의미로 썼다. '사물들 내에서 단순한 것들을 보는' 능력, 다시 말해서 구체적 현상들이 이에 적합한 더 일반적 '논변들'에 의해 어떻게 파악되는가를 보는 능력이 라무스가 말하는 마음의 최초 행동에 깔려있다는 뜻이다. 라무스주의의 논리학과 이것의 전수(transmission)를 설명하는 데에 더 큰 용어체계가 사용되었는데, 리차드슨의 **인텔리겐차**는 그 일부다. 그 용어 체계에는 다른 것도 들어있었다. 즉, 단순한 것들을 공리 속에서 연결하는 능력을 의미하는 **사이엔차**(scientia), 타인에게 가르쳐주는 공리들의 완결된 체계를 의미하는 **독트리나**(doctrina), 이런 공리들의 학습을 의미하는 **디시플리나**(disciplina) 등이다. 네 가지 용어는 짝을 이루어 "뉴잉글랜드에서 백여 년 동안 널리 사용되고 있었다"(ibid., 169).

초기의 청교도 사이에 퍼졌던 라무스주의에 대한 위와 같은 설명은, 왜 그들이 신앙과 '이성 의존 및 지식 습득'이 전혀 적대적 관계에 있지 않다고 보았는가를 아주 분명히 밝혀준다. 프로테스탄트에게 신앙을 갖는 일은 '개인과 신의 관계' 그리고 '신의 틀 안에서 개인의 위치'를 개인이 직접 이해하는 것에 달려 있었다. 이와 같은 이해에서 핵심은 라무스의 논리학이었다. 이것은 세계에 관한 개별적 지식 항목들이 포괄적인 지도 안에서 어디에 위치하는지를 보여주었다. 이것은 세부적인 것들을 전체적인 것과 연결하였다. 세계 속에서 자신들이 관찰하거나 발견한 모든 것이 그런 틀에 맞추어질 수 있다는 점을 청교도는 당연하게 여겼다.

그런 틀에 포함되었던 것은 자연의 작동에 관한 관찰 가능한 자료들뿐만 아니라 탐구 학문들과 하위-학문들 자체(이 세부 내용은 제5장 207-08쪽에 다시 나옴), 그리고 문학 작품들에 들어있는 지식의 대상들 등이었다(Miller 1939, 145-6). 청교도가 예술에 대해 늘 적대적이었다는 상식적인 지각은 근거가 부족한 것이다. 물론 청교도가 i) 더 순수하게 미학적인 사항들은 감각적인 것 혹은 비-영속적인 것과 너무 밀접한 것이므로 별로 중시하지 않았으며, ii) 감각적인 것만이 아니라 옳은 것에서 비껴있는 상상적인 것도 별로 중시하지 않았다는 점은 모두 사실이다. 그러나 진리를 밝혀내기 위해서 문학이나 다른 예술을 탐색하는 것은 전혀 다른 일이었다(제5장 204와 225쪽도 참조).

더 일반적으로 말해보자. 논리는, 앞서 라무스가 말한 것처럼, '우리가 가르치고 싶은 모든 것'에 들어있다. 이 논리가 16세기 후반과 17세기 초반에 청교도 목사에서 일반 시민에 이르기까지 널리 스며들었다. 밀러에 의하면,

> 성직자들은 이제까지 아주 성공적이어서, 내란이 일어나기 전까지 청교도로부터 영향을 받았던 대중은 일반적으로 엄청나게 많은 사상에 익숙해 있었다. 모닥불 옆에 모여 앉아서 크롬웰의 병사들이 복잡한 신학적 문제를 놓고 토론을 벌였을 때, 구경꾼들은 그 능력에 놀랄 수밖에 없었다. 그 후에도 뉴잉글랜드 농장의 노동자들이 부엌 아궁이 옆에서 자유의지, 숙명, 운명을 가지고 복잡한 이야기를 늘어놓았는데 이는 구경꾼들에게는 끝없는 찬탄의 원천이었다. 그것은, 사람들이 청교도 성직자로부터 일정 기간 가르침을 받을 때마다 그들의 정보 수준이 분명히 높아졌다는 증거로 보였을 것이다. 그 지식이 가치 있는 것이었는지, 그런 지식의 습득으로 이익보다 오히려 손해를 보았는지와 무관하게, 그들이 좋건 궂건 간에 가르침을 받았다는 것은 사실로 남는다. 역사적으로 볼 때, 근대 문명의 발전과정에서 청교도주의의 주된 기능은 영국 민

중의 일부에게 베풀었던 교육이었을 것이다. 뉴잉글랜드에서는 그런 기능이 더 열렬하게 작동했는데, 이는 이쪽 사람들이 청교도주의 이외의 것에 영향받거나 감염된 적이 비교적 없었기 때문이다 ... 청교도 교육은 학생들이 스스로 생각하게 만들려는 의도는 없었지만, 기존의 정설에 속해있는 거대한 분량의 정보를 당연히 받아들이게 하겠다는 의도는 있었다.

(Miller 1939, 86-7)

04 논리: 비국교도 아카데미에서

논리와 그 교육적 전수에 대한 초기 청교도의 애착은 지능 개척자들에 관한 우리의 인식과 연결될 수 있지 않을까? 지능 개척자들이 지능검사에서 논리에 기반한 항목을 선호했었는데, 그 근원은 라무스의 논리와 연결되는 부분에 놓여있지 않을까? 사물들 속에서 단순한 것을 간파하는 능력으로서 **인텔리켄차**라는 리차드슨의 생각은 추상적 추론 능력으로서 '지능'이라는 근대적 관념과 언어적으로뿐만 아니라 역사적으로도 연결되는 것이 아닐까? 실천적 용도로 쓰이는 연구에 관한 지능 개척자들의 뚜렷한 관심은, 라무스주의자들의 논리에 대한 (이를 신의 본성 및 신이 만든 우주의 본성을 밝히는 수단으로 보았던, 그리하여 구원의 보조물로 보았던) 공리주의적 태도와 정말 연관된 것이 아닐까? 온갖 분야의 지식을 수집하려고 했던 초기 청교도의 관심은 골턴이나 버트나 혹은 그의 가족에서 보였던 지적 종합주의와 어떤 연관성이 있지 않을까? 루이스 터만의 조상이었던 농부들의 혈통에는, 뉴잉글랜드 농장에서 방문자들이 찬탄했던 그 지적 열정이 어느 정도 스며들어 있지 않을까?

이런 문제들에 대해서 회의론이 떠오르는 데에는 한 가지 이유가 있다. 이는 초기 청교도와 지능 연구자들 사이에 놓여있는 오랜 시간이라는 격차다.

라무스는 16세기 중후반에 활동했고 골턴, 고다드, 버트 등은 19세기 중엽부터 20세기 초까지 활약했다. 그뿐만 아니라 청교도의 지적 시스템이 싹튼 시기는 16세기 중반과 그 이전으로 올라가지만, 그것이 꽃핀 시기는 (밀러의 설명이 밝히는 것처럼) 뉴잉글랜드에서, 그리고 (우리가 곧 알게 되는 것처럼) 영국에서 17, 18세기가 되어서였다. 청교도의 지적 시스템은 변함이 없었던 것이 아니고, 예상 밖으로 이 시기의 (**선험적** 연역보다는 '경험적' 발견에 그 기반을 두는) 과학혁명에 쉽게 적응했다. 이 장에서 앞으로 우리가 살펴볼 문제는 다음과 같다: '영혼은 추상적 사고를 위해 설계된 실체이다'라는 청교도의 관념은 어떻게 해서 18, 19세기를 통해 살아남았고, 그리고 과학적 학문으로 성장하는 심리학의 초기 역사에서 분명히 (유일하지는 않아도) 일정한 역할을 하게 되었을까? 이런 이야기에 비추어 보면, '최초의 지능 심리학자들이 바로 청교도의 사상-세계에서 나왔다'라는 점은 결코 놀랄 일이 아니다. 그뿐만 아니라 '그들의 청교도 뿌리는 그들의 이론과 실천에 미친 분명히 (유일하지는 않아도) 한 가지 영향이었다'라는 점도 결코 놀랄 일이 아니다.

영국에서 청교도의 논리관 그리고 이에 의존하는 세계관을 전수하는 일에서 핵심 역할을 맡았던 것은 잉글랜드에서는 비국교도 아카데미(Dissenting Academies)였고, 그리고 스코틀랜드와 미국에서는 유니버시티와 칼리지였다.

먼저 비국교도 아카데미에 대해서 살펴보자. 제3장의 간단한 설명보다 더 충실한 설명이 필요하겠다. 비국교도 아카데미는 1662년의 통일령(Act of Uniformity)에 기원을 둔다. 이때는 청교도의 공위 기간이 끝나고 1660년 왕정이 복귀된 이후다. 통일령은 모든 성직자뿐만 아니라 모든 대학 교수, 교장, 사강사가 영국 국교회에 순종할 것을 요구했다(Watts 1978, 218-19). 그것은 비국교도들을 옥스퍼드와 케임브리지에서 쫓아내는 데 효과적이었다. 교직으로 생계를 유지하려고 시도하는 모든 비국교도는 40파운드의 벌금을 물게 했다. 이런 상황에서 쫓겨났던 최소 20명의 목회자가 아카데미를 설립함으로써 비국교도의 아들이 목사가 되고, 또 다른 직업으로 갈 수 있게 하였다(ibid., 367). 1689년의 관용령

(Toleration Act)은 대다수 국교도에게 각자의 방식대로 신앙을 가질 자유를 부여했고 이것이 아카데미의 지속적 성장을 허용했다. 18세기에 일부 아카데미는 옥스퍼드나 케임브리지보다 우수한 수준의 고등교육을 제공할 수 있었다. 즉, 학생들에게 비판 정신을 장려했고, 그들을 새롭게 발전한 자연과학에 입문시켰다. 조셉 프리스틀리(Joseph Priestley)가 1761년 이후 워링턴 아카데미에서 활동했다는 점은 앞서(123쪽에서) 언급했다. 여러 아카데미는 다양한 비국교도 교파로부터 재정 지원을 받았는데, 그중 장로교와 특히 회중교회파가 가장 적극적이었다. 18세기 후반에는 아카데미가 쇠퇴하기 시작했고, 목사가 될 사람들의 양성에 치중했으며, 일반교육을 제공하는 일에서는 멀어졌다. 그중 일부는 19세기 중반까지도 살아 남았다. 이 무렵 옥스퍼드와 케임브리지 이외에 런던, 맨체스터 등에 유니버시티 칼리지(university colleges)가 세워져서, 비국교도 평민이 대학교육을 받을 수 있게 되었다.

비국교도 아카데미는 초기 청교도의 지적, 교육적 사업을 이어갔다. 그중에서 회중교회파에 속했던 필립 도드리지(Philip Doddridge)의 노샘프턴 아카데미(Northampton Academy, 1729년에 설립)처럼 극히 우수한 아카데미에서는 고전을 훨씬 뛰어넘는 폭넓은 교육과정을 가르쳤으나. 낙후된 옥스퍼드와 케임브리지의 교육은 고전에만 한정되어 있었다. 수업은 라틴어/희랍어가 아닌 영어로 했다. 노샘프턴 아카데미의 4개년 과정에서 제1, 2학년에게는 다음을 가르쳤다.

- 제1학년: 논리, 수사, 지리, 형이상학, 기하, 대수
- 제2학년: 삼각법, 원뿔곡선, 천체역학, 자연철학 및 실험철학, 신학, 웅변술

(McLachlan 1931, 147)

제3, 4학년에는 해부학, 역사, 민법이 추가되었고, 신학 교과도 있었다. 프랑스어는 선택이었고, 고전어도 조금 가르쳤다.

이런 틀은 라무스 철학의 반향을 뛰어넘어 가고 있음을 보여준다. 일부 예

외도 있으나 우리가 파악할 수 있는 점은 더 추상적인 공부에서 더 구체적인 공부로 넘어가고 있는 것이다. 가장 추상적인 논리가 먼저 나오고, 수학과 자연철학(과학)이 곧바로 이어지면서 포괄적 틀이 제공되고, 그리고 해부학이나 역사처럼 더 구체적인 교과가 나타난다.

이런 교육과정에서 두드러지는 것은 논리였다. 이는 노샘프턴에서만 나타나는 특징이 결코 아니었다. 최초의 맨체스터 아카데미(1699-1713)는 5개 학년 과정이었는데, "논리, 형이상학, 인체론, 성령론, 자연철학, 신학, 연대기"와 같은 "일상적인" 과목들이 다른 것과 함께 포함된 것으로 기록되었다(ibid., 116). 라스멜 아카데미(1669-98)에서 사용했던 36권의 참고서적을 보면 그중 9개가 논리였다(ibid., 68). 초창기의 아카데미에서는 라무스를 흔히 공부했었지만(ibid., 300), 18세기에 가장 널리 사용된 논리 교과서는 회중교회파의 아이작 와츠(Isaac Watts)의 『논리』였다(Watts 1996). 이 책은 1724년에 처음 발간되었고, 1800년에 9쇄가 나왔고, 그 이후로도 더 많이 나왔다(McLachlan 1931, 306).

라무스가 사라지자, 와츠가 등장했다. 이는, 초기의 청교도 세계관이 과학 및 철학의 새로운 진전과 거리를 유지하기가 점점 더 불가능했음을 말해준다. 로크(Locke) 등의 경험주의 철학이 뒷받침하는 자연과학이, 라무스의 이분법에 비해서, 세계의 본성에 대한 더 확실한 지침이라는 점은 부정할 수 없었다. 와츠의 『논리』는 아리스토텔레스에 대항하는 라무스를 버림으로써 눈에 띄게 근대적 형태의 논리에 가까워졌다. 그것은 지각과 개념에서 출발하여, 판단과 명제로 넘어가고, 그리고 추론과 삼단논법으로 나아간다. 베이컨, 코페르니쿠스, 뉴턴, 로크, 그리고 보일이 긍정적으로 거론된다(Watts 1996, 203).

그것은, 어떤 점에서, 명확한 사고에 관한 근대적 책을 떠올리게 한다. 그 책의 부제는 다음과 같다: "진리 탐구에서 이성의 올바른 사용. 종교와 인간적 삶의 문제, 그리고 과학에서 오류를 방지할 다양한 규칙들". 그 초점은 지적 미덕, 그리고 지적 악덕을 피하는 데에 두었다. 여기서 언급되는 오류는 예컨대 인습과 유행(ibid., 195)에 대한 애착, 그리고 인간의 권위(ibid., 199)에서 생기는 것들이다. "상상은 잘못된 판단의 또 다른 중요한 원천이다"(ibid., 181).

와츠가 말하는 이성이란,

> 인간 본성의 영광이요, 이 낮은 세계에서 우리가 비슷한 피조물인 짐승보다 더 높아지게 만드는 아주 유명한 것 중 하나다. 이성은, 그 **힘**과 **원리**에 있어서, 신이 모든 인간에게 주는 공통된 선물인데; 모든 사람이 본성에 의해 똑같은 정도로 그것을 애호하지는 못한다. 그러나 서로 다른 인간들이 그것을 **습득**하고 **향상**함으로써, 자연이 만들어놓은 것에 비해 훨씬 더 큰 구별이 그들 사이에 만들어진다. 감히 말하건대, **이성의 향상**은 유럽 세계에서 학습한 사람과 신중한 사람을 **호텐토트족**이나 **아프리카**의 다른 야만인보다 훨씬 더 우월하게 만들었고, 이는 이런 인간들이 새, 야수, 물고기보다 본성적으로 더 우월한 정도와 비슷하다.
>
> (ibid., 굵은 글씨는 원래 강조된 것)

이런 생각은 골턴을 떠오르게 만든다. 이성, 즉 일반적인 지적 능력은 모든 인간이 타고나지만, 그것을 소유하는 정도는 본성에 의해 다르다. 교육받은 유럽인은 그것을 다른 사람들보다 더 많이 소유한다. 여기서 다른 사람들이란 교육받은 유럽인과 다른 동물의 중간에 놓여있는 야만적 인종의 구성원을 가리킨다. 여기에는 학습하지 않거나 신중하지 않은 유럽인도 포함된다는 함의도 들어있다. 교육받은 유럽인과 다른 사람들을 비교하는 것을 골턴의 1865년도 진술과 비교해보자. 골턴에 의하면 인간으로서 "우리 조상은 처음에는 아주 야만적이었고; 그리고 ... 셀 수 없이 많은 야만의 해가 지나고 아주 최근에야 우리 종족은 문명화된 종교적인 존재로 성장했다"(Galton 1865, 327).

골턴과의 주요 차이점은 '습득된 향상'에 대한 와츠의 신념인 것 같다. 와츠는 분명히 교육의 힘을 생각하고 있었다. 그러나 그가 오늘날의 사람들이 말하는 '환경주의자'였는지는 확실하지 않다. 골턴과 비슷하게 와츠의 초점도 교육받은 유럽인, 즉 그가 보기에 지적 성취의 절정에 도달한 사람들에 두었다.

이는 와츠가 진술하는 다음과 같은 입장과 부합될 수 있다. 즉, 이런 사람들의 자연적 재능은 좋은 교육을 받음으로써 높이 올라갈 수 있으며, 그리고 혜택을 못 받은 다른 사람들의 자연적 재능은 그런 교육을 통해 이득을 얻기에는 불충분하다. 아무튼 와츠가 골턴과 얼마나 가까운 것인지 먼 것인지는 분명하지 않다.

잉글랜드의 청교도 유산에서 논리가 차지했던 위상을 이제 정리해 보자. 우리가 살펴보았듯이, 비록 18세기에 논리가 새로운 방향으로 전환하긴 했으나, 이미 16세기부터 논리 자체는 청교도의 지적, 교육적 시스템에서 뚜렷한 위치를 차지했으며, 이는 19세기까지 유지되었다. 그러나 우리는 다음과 같은 점도 살펴보았다. 즉 논리는, 라무스가 원래 생각했던 대로는, '진리를 추구하는, 생득적인, 신이 부여한 능력'만 가리키는 것은 아니었는데, 와츠의 시대에 와서는 라무스의 논리가 '이성'의 형태로 그렇게 축소되어 버림으로써 라무스의 이분법은 경험적 실재의 본성을 파악하기에 점점 더 부적합한 것이 되고 말았다. 게다가 원래의 라무스주의는 신의 세계의 구조를 이해하기 위한 시스템, 가장 추상적 범주와 사고형식에 가장 큰 무게를 두는 시스템이었다. 여기서 청교도 논리는 (뉴턴과 다른 이들에 의해 물질세계의 수학적 구조를 밝혀낸) 과학혁명에 더 쉽게 적응할 수 있었다. 이는 18세기 비국교도의 교육과정에서 논리, 수학, 자연철학이 중심이었다는 점에서 드러난다. 제5장에서 우리가 살펴볼 것인데, 이런 추상적 교과, 특히 수학과 과학은 19, 20세기를 거쳐서 그 이후에도 학교 교육과정에 영향을 미치고 있다. 여기서 과학과 수학은 영어와 함께 잉글랜드 국가 교육과정의 3대 핵심 교과가 되었다.

초기의 지능 심리학자들이 자신들의 검사를 만들 때, 논리적, 수학적 종류의 추상적 사고를 중심으로 삼았다. 그들은 지능을 추상적, 일반적 능력이라고 생각했다. 그들의 지적 배경이나 성향은 흔히 수학 쪽이었다. 우리는, 케임브리지 수학 학위시험의 합격자(Cambridge wrangler)에 끼고 싶었던 골턴의 초기 욕망, 그리고 골턴이 유명한 인물에 관한 연구에서 그런 집단에 부여했던 우선순위, 게다가 더 일반적으로는 골턴 자신부터 피어슨, 버트 등에 이르는 모든 잉글랜드 개척자들에게 공통된 '통계에 대한 애착'까지 생각하기에 이른다. 이 모든 점을 제대로 파악하려면, 일단 그들 가족의 뿌리였던 청교도 공동체의 지적 유산을 이해해야만 한다.

이와 관련된 주제로, 청교도적 사고의 추상적 경향은 '분류에 관한 관심'에서도 나타났다. 이것도 라무스와 그의 이분법적으로 가지를 치는 범주에서 생겨난 것이었다. 물론 화학과 생물학에서 발견된 경험적 사실들의 압박으로 인하여 적용상 한계가 드러났음에도 불구하고, 현상을 분류화/집단화하려는 더 일반적인 관심은 급진적 프로테스탄티즘의 심리에서 지속되었다. 이런 점을 우리는, 루터란 린네(Lutheran Linnaeus)의 식물학에서; 회중교회파였다가 유니테어리언 교인이 된 프리스틀리(Priestley)의 화학에서; 그리고 퀘이커의 후예인 골턴이 여러 영역을 종합하는 데에서 보게 된다. 이는 '오직 구(舊) 비국교도 및 다른 급진적 프로테스탄트만 분류자였다'라고 주장하는 것은 물론 아니다: 성공회의 배경을 가졌던 찰스 다윈은 분명한 예외에 속한다. 그러나 신의 창조물의 다중적 다양성을 체계적 질서 안으로 끌어들이려는 관심은, 우리가 보았듯이, 구 비국교도와 급진적 프로테스탄트라는 집단에서 특히 현저했었다. 여기서 분류는 인간이 빠진 생물학적 세계로부터 (지능 심리학자들 활동의 특징이었던) 인간 지력의 유형으로까지 확대되었다. 이런 점은 소위 여러 인종 간의 위계라는 거시적 수준에서; 또한 특정 사회 안에서는 '천재적', '평균적', '낙오된', '박약한' 사람들 간의 구분에서; 게다가 개인의 IQ 점수 수준에 따른 능력의 미시적 분류에서도 나타난다. 또다시, 거의 모든 지능 개척자들의 청교도 배경을 놓고볼 때, 그들이 이런 종류의 연구에 이끌렸던 것은 놀랍지 않다. 게다가, 그들의 우생학에서 크게 나타나는, 선한(똑똑한, 유덕한, 근면한) 부류와 나쁜(저능한, 악덕의, 게으른) 부류로 양분하는 경향은 최소한 부분적으로는 라무스의 시대 이후로 청교도 공동체에 스며들었던 이원론적 사고방식에 그 뿌리가 닿아 있을 수 있다. (이원론에 대해서는 제5장 239쪽의 듀이에 대한 논평을 더욱 참조).

05 성령론: 비국교도 아카데미에서

앞서 우리가 보았듯이 라무스의 논리는 실재의 본성뿐 아니라 마음의 본성에 관한 것이었다. 인간의 사고는 추상에서 구체로 갈라지는 라무스의 논리 구조가 반영되는 방식으로 자연스럽게 이루어진다. 신에 의해서 인간은 추상적 범주로 사고하고, 이를 세계에 적용하는 능력으로 프로그램되어 있다. 또 우리는, 어떻게 해서 '라무스주의의 이런 심리적 측면'이 '지식 시스템으로서의 라무스주의'에 비해 더 오래 살아남았는지도 살펴보았다. "이성은 세계에 적용된 체계적 논리가 아니라 자명한 진리를 스스로 바라보는 생득적 능력이었다"(McKnight 2003, 57).

비국교도 아카데미에서 논리와 밀접하게 연결되었던 것은 앞서 '통상적' 교과의 목록에서 우리가 보았던 성령론(pneumatology)이었다. 그 주요 교재는 필립 도드리지의 사후 저술로 1763년에 출간된 『성령론, 윤리, 신학에 대한 강의(McLachlan, 1931, 303-4)』였다. 이 책은 1799년까지 4쇄를 찍었고, 골턴이 태어난 1822년에는 5쇄가 나왔다.

영혼론에 대한 도드리지의 강의(Doddridge 1803, 299-413)는 두 부분으로 나눈다.

제1부: 인간의 마음의 힘과 능력 그리고 동물의 본능에 대하여
제2부: 신의 존재와 그의 자연적 완전성에 대하여

제1부에는 다음에 관한 강의가 들어있다: 인간의 마음과 동물의 일부 현상 간의 유사성; 마음과 몸; 비-본유 관념; 지각; 기억; 인간의 정체성; 사고; 열정; 습관과 기억; 선택의 자유. 이런 틀에 확실히 영향을 준 사람은 존 로크

였다.

제2부에는 다른 것들과 함께 '신의 존재, 전능, 지혜, 영원성에 관한 증명'이 들어있다.

우리에게 성령론은 철학적 심리학과 종교철학이 합쳐진 특이한 과목으로 보일 것이다. 그러나 청교도 사상-세계 안에 들어있는 사람들에게 성령론은 탁월한 의미가 있었다. 제1강, 17번째 구절은 다음과 같이 말한다;

> **정의**(Def): 성령론은 **영혼**에 관한 교의 혹은 **영혼**과 관련된 과학 분야다.

영혼(spirit) 자체는 제1강, 11번째 구절에서 다음과 같이 정의된다.

> **정의**(Def): 영혼은 사고하는 존재, 혹은 사고의 힘을 가진 존재다.

앞서 보았듯이, 청교도에게 인간의 마음에 대한 이해는 신의 마음을 이해하는 한 가지 방식이었다. 인간의 마음과 신의 마음을 이해하면서 영혼의 세계를 탐구했다. 청교도의 모든 공부가 그렇듯이 공리적 목표가 있었다: 심리학은 우리가 신의 본성을 더 충실하게 인식하도록 이끌어준다. 그 공리성에는 도덕적인 것도 있었다. 성령론은 우리 자신의 마음에 관한 지식이 불완전함을 가르치고(강의 XⅢ, 제1구절); 그것은 '겸허한' 것으로, 오만과 자기기만에서 우리가 벗어나게 도와준다.

제3강, '동물과 그들의 힘에 대하여'는 동물의 힘에는 지각, 기억, 열정이 있으나 추상은 없다고 우리에게 말한다. 인간 이외의 동물은 높은 수준의 추론 능력이 없다.

또다시 우리는 '인간이 되는 것'과 '추상적 사고' 간의 밀접한 연관성을 여기서 보게 된다. 논리 과목과 성령론 과목은 똑같은 메시지를 강화했는데, 이는 당시에 논리의 심리학적 전회를 보면 놀랍지도 않다.

앞에서 우리가 찾고자 했던 것은 골턴의 심리학적 입장의 기원이다. 그것은 골턴의 1865년도 논문까지 추적할 수 있었으나, 당시에 유행했던 심리학인 연합주의와는 무관한 것이었다. 성령론은 그 이야기의 일부분이 될 수 있을까? 성령론은, 골턴의 퀘이커 조상들에게 있었던 '내면의 빛'이라는 생각, 그리고 '성령 안으로 들어감은 믿는 자에게 완전성을 보장한다'(Watts 1978, 208)라는 그들의 믿음으로 볼 때, 그들이 배우고 자랐던 심리학이었을 수 있다. 그들에게 인간의 마음과 신의 마음의 연결은 특히 밀접했었고, 성령론은 이를 강조했을 것이다.

그러나 인정해야 할 사항인데, 성령론과 골턴 자신 간의 연관성에 대해서는 확실한 증거가 없다. 이와 달리 성령론의 두 부분, 즉 심리적인 것과 신학적인 것 사이의 긴밀한 연결은 (앞에서도 여러 번 언급했던) 『유전적 천재』의 끝부분에 있는 구절(Galton 1978, 376)에 반영된 것 같다. 이 구절에서 골턴은 다음과 같이 말한다: "살아있는 우주의 본질은 순수 이신론"이며 그리고 "인간과 다른 모든 살아있는 동물은 우리 중에서 누군가가, 훨씬 적은 수가 이해할 수 있는 것보다 더 거대하게 확장된 우주적 행위의 시스템 안에서 능동적으로 일하며, 공유하는 존재다 ... 그들은 우리 자신보다 훨씬 더 고귀한 생명을 드러내는 일에, 상당히 무의식적으로, 공헌할 수 있다". 제3장에서 우리가 보았던 것처럼, 시릴 버트도 그의 심적 '초영혼(oversoul)' 혹은 '사이콘(psychon)'이라는 개념 안에서 성령론이 가르치는 두 영역을 서로 연결했다. 골턴과 버트의 경우, 인간의 마음과 (이것이 그 일부가 되는) 우주적 마음 사이에는 긴밀한 연관성이 있었다. 두 사람의 조상들에게 관통했던 청교도적 사고를 위해서 이 연관성은 핵심 선입견이었다.

06 논리와 마음: 스코틀랜드에서

앞의 두 절에서 우리는 초기 청교도의 추상적 사고 그리고 특히 논리에 대한 강조가, (이와 밀접하게 연관된 주제인) 영혼의 본성과 함께, 어떻게 잉글랜드에서 i) 비국교도 아카데미의 활동에서 계속되었고, 그리하여 ii) 지능검사의 초기 개척자들의 마음가짐이 형성되는 데 도움을 주었는가를 살펴보았다.

추상적 사고와 논리의 강조는 스코틀랜드와 미국에서도 지속되었다. 이 두 나라는 잉글랜드와 다르게, 청교도주의가 주류 문화의 중심을 차지했었고, 차별과 배제의 대상은 아니었다.

18세기 초반 스코틀랜드의 주요 대학 학위는 MA였고, 4년간의 학습이 끝나면 주어졌다. 녹스(Knox 1953)에 따르면,

> 이 시기에 교양과정은 4개[에버딘, 성 앤드류, 글래스고, 에딘버러] 대학에서 모두 안정된 교육과정이 되었다. 여전히 중세적 내용이 중심이었고, 대체로 철학, 언어 훈련, 문법이 약간씩 뒤섞여 있었다. 일반적으로 희랍어는 1학년 반에서, 논리와 형이상학은 2학년 반에서, 윤리학과 영성론[3]은 3학년 (학사) 반에서, 마지막으로 (아마 일부 수학을 포함하는) 자연철학은 4학년 (석사) 반에서 가르쳤다.
>
> (Knox 1953, 17)

이 교육과정은 그 당시 잉글랜드에서 번성했던 비국교도 아카데미의 그것과 비슷한데, 비국교도 아카데미는 18세기에 스코틀랜드의 대학과 접촉이 많았다 (McLachlan 1931, 29-31). 예컨대, 와츠와 도드리지는 스코틀랜드 대학에서 박사 학위를 받았다. 다시 한번 우리는 스코틀랜드에서 논리, 영성론 (혹은 성령론), 과

3) pneumatics, 천사, 인간의 영혼, 하나인 참된 신의 본성과 같은 특이한 질문을 다룸

학, 수학이 두드러진 점을 지적할 수 있다. 그 '내용이 여전히 중세적인 것이 대부분'이라는 녹스의 언급은 상당히 틀린 말이다. 왜냐면 그 말은 그것의 청교도 기반을 제대로 파악하지 못했기 때문이다(물론 밀러의 지적처럼 16세기의 초기 청교도 사상이 철저하게 중세에 뿌리를 두었음은 사실이다(Miller 1939, 100-71)).

앤더슨(Anderson 1983, 30)이 19세기 초의 스코틀랜드 대학을 논할 때 지적했듯이, "논리는 [1700년에서처럼] 2학년에 배웠고, 철학적 교과들의 입문이었다". 이는 라무스 이후에 청교도 사상의 전통과 일관된 것이었고, 언제나 가장 추상적 탐구에서 시작했었다.

논리를 필수 과목의 하나로 고수했다는 것은 19세기 중반에서도 재확인되었다. 1858년도 (스코틀랜드) 대학령(Universities (Scotland) Act)의 결과로서, 논리 수업을 일 년간 받는 것이 재편된 석사(MA) 과정에 포함되었다(Knox 1953, 93).

그러나 모든 사람이 논리에 애착을 가졌던 것은 아니었다. 1876년 스코틀랜드 대학들에 관한 왕립위원회에서 증언할 때, 세인트 앤드류 대학의 친-잉글랜드 교수였던 존 세어프(John Shairp)는 역사라는 교과에 대해 우호적으로 이야기했다. 역사는,

> '놀라울 정도로 추상, 형이상학, 논리로 치닫는 스코틀랜드인들의 마음에 어떤 구체적인 것을 부여해주는 데에 특히 필요하다' ... 세어프는 '학문적 공부의 예비적 기초'의 일부로서 논리를 유지할지라도 그것을 더 엄밀히 정의할 것이다. '현재 우리의 모든 논리 클래스는 형이상학이 아니라 심리학으로 가득한데, 나는 그것을 모두 없앨 것이다; 내 생각에, 스코틀랜드에서 우리는 놀랄 정도로 그것을 과도하게 갖고 있고, 서투른 마음에다가 형이상학을 집어넣고 있다'.
>
> (Anderson 1983, 94)

논리와 구별되는 것이 성령론인데, 여기서 가장 중요한 인물은 18세기 스코틀랜드 철학자인 토마스 리드(Thomas Reid, 1710-96)였다. 리드는 14년간 장로회 목사였고, 그 후 애버딘 대학에서 철학을 가르쳤고, 글래스고 대학에서 도덕철

학 교수가 되었다. 그의 가장 유명한 저술, 『인간의 지적 힘에 관한 논설(Essays on the Intellectual Powers of Man, 1785)』은 오늘날에도 지각(perception) 철학에서 여전히 중요한 책이다. 이 책의 서문에서 토마스 리드는 물질적 세계와 지적 세계를 대비시킨다: "마음의 전체 시스템은, 무한한 창조주로부터, 사고를 부여받은 가장 미천한 피조물에 이르기까지, 지적 세계라고 부를 수 있다"(ibid., xxxiii).

토마스 리드는 "마음의 본성과 작용을 다루는 [철학의] 분야를 어떤 이들은 성령론이라고 불렀으며"(ibid., xxxv); 그리고 자신의 책은 특히 인간의 마음에 관한 것인데, 이는 "인간의 마음은, 이성이 우리에게 밝혀주는, 신의 가장 고상한 작품이며, 따라서 그 존엄성 때문에 우리가 공부할 가치가 있다"(ibid.)라고 말했다. 그 서문에서, "우리는 식물에 대해서 지능이나 혹은 감각까지 부여할 이유가 없다"(ibid., xxxiv)라는 경우를 보면, 지능(intelligence)이라는 용어를 여러 차례 사용하고 있는 것이 흥미롭다.

여기서 지능이라는 용어는, 고통이라는 감정과는 달리, 개념의 사용을 포함하는 심적 작용을 가리키는 것으로 보인다. 토마스 리드는, 서문 앞에 있는 헌사에서, 그 책의 기반이 되었던 여러 강의에 들어있는 다양한 반복과 예시를 자신이 삭제해버렸다고 말한다. 그는, "더 지적인 독자는 그런 추상적 교과에 정통하고 있으므로, 없애는 것이 차라리 좋을 반복이 아직도 많이 남아있다고 생각할까 걱정된다"(ibid., xxxi)라고 말했다, 여기서 지능과 추상적 사고가 연결되는 또 다른 분명한 사례가 있어서 흥미롭다. 리드는 또한 다음과 같이 진술한다;

> 우리에게 추론 능력을 부여한 것이 자연임은 의심의 여지가 없다. 그것이 없다면 기술이나 교육으로도 제공해줄 수가 없다. 그러나 그 능력은, 열과 습기가 없으면 싹트지 못하는 식물의 씨앗처럼, 평생 잠들어 있을 수 있다. 일부 야만인의 경우가 그럴 것이다.
>
> (ibid., 712)

따라서 리드는 생득적인 지적 능력을 자연의 선물, 즉 신의 선물이라고 믿었다(다른 데에서 그는 "신이 우리에게 부여해준 능력"(ibid., xxxiv)이라고 말한다). 또한 그는, 이런 능력에 개인차가 있을 것으로 생각했다. "그 능력은 순전히 자연의 선물이고, 그리고 사람에 따라서 그 정도가 아주 다르게 주어지는 것 같다; 그러나 추론의 힘은 걷거나 달리는 힘과 똑같이 습관에 의해 얻어지는 것 같다"(ibid., 712).

07 논리와 마음: 미국에서

영국에서 1865년 이후에, 리드(Reid) 등이 이끌었던 '스코틀랜드 학파'의 '상식적' 능력 심리학은 J.S. 밀의 비판으로 충격을 받아 회복하지 못했다(Passmore 1957, 28). 그러나 그것은 미국에서 영향력을 얻었고, "19세기 미국의 토착적 '심리 및 도덕 철학(Mental and Moral Philosophy)'의 전통을 지배하게 되었다". "많은 측면에서 그 학파의 활동은 근대 심리학의 그것을 앞서나갔는데", 근대 심리학에 공헌한 다른 두 가지 전통, 즉 연합주의나 합리주의보다 더 그랬었다(Richards 2002, 22). 그 발전과정에서 중요한 인물은 제임스 맥코쉬(James McCosh, 1811-94)였다. 맥코쉬는 글래스고와 에딘버러에서 교육받은 스코틀랜드 철학자였고, 1868~1888에 프린스턴 대학의 총장이었다(Reid 1785, B.S. Brody의 서문, xxv). 스코틀랜드인의 상식 철학은, 초기 청교도의 논리와 마음에 관한 관심에서부터 19세기 후반의 지능 개척자에 이르기까지 직접 관통하는 것이었다.

우리가 앞서 "논리의 지배는 끊임없이 계속되었고" 19세기로 이어졌다는 밀러의 주장을 보았다. 그것은 18, 19세기의 종교-친화적인 여러 칼리지(예컨대 1727년 버지니아의 윌리엄과 메리 칼리지, 그리고 1824년 버지니아 대학)에서 고정 과목

이 되었다(Hofstadter and Smith 1961, 44, 231),

영혼 또는 마음에 대한 전통적인 청교도의 선입견은, 스코틀랜드와 연결됨으로써, '심리 도덕 철학(mental and moral philosophy)' 교육과정에 스며들었다. 이것은 19세기 초 미국의 대학교/대학에서 필수과정이 되었다. "그 이유는 기독교가 철학이나 논리와 일관됨을 입증함으로써 유럽의 여러 지도적 사상가들의 유물론적 무신론적 논변에 대항할 필요가 있다고 그런 대학이 느꼈기 때문이다"(Richardson 2002, 53).

프린스턴의 맥코쉬(McCosh)와 같은 대학 총장의 책임은 상급 대학생에게 '심리 도덕 철학' 과목을 담당하는 일이었다. 루돌프에 따르면(Rudolph 1962, 141),

> 신학적 선입견과 복음 전도 목적이 결합됨으로써 그 과목에는 진지한 철학적 탐구와 비슷한 것이 모두 사라졌다. 어느 학생은 그 과목을 가리켜 '인간을 그의 통일성 속에서 그리고 신을 그의 주권 속에서' 포용하는 것이라고 말했는데 이는 과장이 아니었다.

윌리엄스 칼리지의 마크 홉킨스(Mark Hopkins) 총장은 동창 모임에서 그 과목을 다음과 같이 소개했다. 그 과목은 물리적 인간으로부터 출발하여, 루돌프의 말처럼(ibid.) "심적 능력, 믿음의 근거, 논리, 및 정서의 샛길을 거치고 나서, 궁극 목적지인 신의 도덕적 통치로 나아간다".

미국에서 1880년 이후 과학-지향적인 '새로운 심리학'의 개척자들은 "이런 빈약한 힘에 사로잡혀 있는 데에서 깨어난"(Richars 2002, 53) 것처럼 묘사되었지만, 최근의 연구에 따르면, 연속되는 정도가 이탈하는 정도만큼 중요하게 보인다.

> 나 자신의 견해는, 심리학이 심리 도덕 철학의 대체물로 자리를 잡았을지라도 ..., 몇 가지 중요한 측면에서 그것은 '도덕 교육'과 비슷한 역할을 계속해서 수행했다고 본다. 게다가, 1880년과 1900년 사이에 '심리학'으로 출판된 많은

> 교재는, 더 세속적으로 접근하고 더 과학적 논조를 띠었을지라도, 그 의제와 구조는 기존의 것들과 아주 비슷하다. 다시 말해서, 옛것과 새것 간의 유사성은 꽤 높은 수준이었으며, 그리고 새로운 심리학의 혁명적 수사학은 업적이라기보다는 오히려 열망의 표현인 경우가 많았다: 그다음 세기가 오기 전까지는 실제로 아무 '혁명'도 이루지 못했다.
>
> (ibid., 54)

옛것에서 새것으로 이행하는 과정에서 핵심 인물은 회중교회파인 스탠리 홀(G. Stanley Hall)이었다. 홀이 고다드, 터만, 카텔, 듀이에게 미친 영향은 제3장에서 언급했다. 홀은 1888년에 클라크 대학교의 최초 총장이 되었고, 심리학 교수로도 봉직했다. 심리학 교수로서 그의 업적의 세부 사항은 이 책(75쪽)에서 밝혔다. 홀에 대해서 리처드(Richards ibid., 55)는 다음과 같이 묘사했다.

> 1880년과 1910년 사이에 심리학의 흥미를 불러일으키는 일에서 지극히 능력 있는 정치적 동물이었고, 필요한 경우에는 세태에 따라서 임기응변적 조치를 (예를 들어, 청중이 누구냐에 따라서 심리학이 아주 세속적이라고 여러 가지로 주장하거나 혹은 그것이 교리를 존중할 수 있다는 점을 긍정하거나) 할 줄 아는 사람이었다.

심리학은 미국에서 토착적 프로테스탄트의 뿌리에서 뻗어나간 유일한 인간 과학이 아니었다. 1920년대와 1930년대에 수집된 사회학자들의 자서전적 묘사를 살펴보면, '사회학'의 초기 역사에서도 복음-전도적 프로테스탄티즘의 역할이 드러난다. 그런 반응을 보였던 사회학자들의 압도적 배경을 순서대로 말하면 침례교, 감리교, 장로교 혹은 회중교회파였다(Henking 1992, 326).

08 다시 골턴으로

마지막으로 남은 이야기가 있다. 이는 골턴의 1865년도 논문, 그리고 '거기에 나타난 지적 능력에 대한 그의 생각이 어디서 비롯된 것일까'라는 수수께끼이다. 골턴의 생각은 둘로 나눌 수 있다. i) 지적 능력은 생득적이다. ii) 지적 능력의 개인차도 생득적이다. 앞서 보았듯이, 이 둘은 당시에 심리학을 지배했던 연합주의에 어긋나는 것이었고, 따라서 그 기원을 다른 데에서 찾을 수밖에 없었다. 제1장에서는 1859년도 다윈의 진화론이 한 가지 주된 영향이었음을 확인했다. 진화론에는 '유기체의 속성 간에 생득적 개인차가 있다'라는 아이디어가 들어있다. 그럴지라도 여기서 다윈이 유일한 영향이었다는 말은 아니다. 다윈에게 없었던 것은 '인간에게 생득적인 **지적**(intellectual) 능력이 있다'라는, 혹은, 결과적으로 '**이런** 속성에서 생득적인 개인차가 있다'라는 아이디어다. 이 둘의 기원은 골턴에서 비롯된 것처럼 보인다.

아니, 정말로 그랬을까? 그 두 가지 생각은 18세기와 19세기 초에 영향력 있었던 구 비국교도들의 활동에서 확인할 수 있다. 앞서 우리는, 1724년도 아이작 와츠의 다음과 같은 진술을 보았다: "이성은 신이 모든 인간에게 준 공통된 선물이며"(Watts 1996, 1), 그리고 이런 면에서 "모든 인간이 본성적으로 그것의 혜택을 똑같이 받지는 않는다"(ibid.,). 그리고 우리는 이와 비슷한 견해를, 그로부터 약 60년 후에 토마스 리드(Thomas Reid)도 표명했다는 점도 살펴보았다. 와츠와 리드 중에서 한 명은 회중교회파, 다른 한 명은 장로교였다. 두 사람의 공통점은, '추론 능력에서 생득적 개인차'라는 생각이 '서로 다른 개인들의 소명'에 깔려있는 '신의 다양한 선물'에 대한 정통적 강조에 의해서 가장 분명히 설명될 수 있다는 점이다. '지적 및 다른 능력에서 생득적 개인차'라는 생각은 청교도의 직업관에서 중심이었다.

40년이 더 흐른 1828년에, 그러니까 골턴이 아직 살아있을 때, 그런 생각을 훨씬 더 충실히 제시한 것이 조지 콤베(George Combe, 1788-1858)의 『인간의 본질(*The Constitution of Man*, 1828)』에서 보인다. 조지 콤베는 사무변호사였고, 칼뱅주의에 속했던 에딘버러 어느 양조장 가정에서 태어났다(Gibbon 1878, Vol. I, 40-2; Cooter 1984, 102-6). 콤베는 고등학교를 마치고 에든버러 대학에 진학하고, 영국의 골상학을 개척한 사람이다. 이에 따르면 "뇌 기능은 다양한 '대뇌 기관'에 고도로 집중되어 있으며. 그것의 상대적 크기는 개인의 성격을 가리킨다 ... 골상학은 스코틀랜드에서 특별히 공감을 얻었는데 뇌 기능의 목록은 리드의 편에서 말하는 '힘'과 긴밀하게 연결된 것이었다(Richards 2002, 24)". 그러나 콤베의 『인간의 본질』이라는 책의 주제는 골상학이 아니었다. 이는 '자연적인', 즉 신의 - 유기적, 도덕적, 지적 - 법칙의 조화로운 시스템을 옹호한 책으로, 이런 법칙을 일반적으로 따른다면 사회와 개인은 크게 잘살게 되고, 사람들이 신에 더 가깝게 될 것이라고 주장했다. 이 책은 엄청난 베스트셀러였으며, 1860년까지 대략 30만 부가 팔렸다고 한다(Cooter 1984, 120).

콤베는, 그 책의 '자질의 유전적 전수'라는 절에서, 부모와 자녀의 뇌에 들어있는 여러 가지 '도덕적, 지적 기관들'의 크기에 부분적으로 기반을 두면서 다음과 같이 주장했다: 좋은/나쁜 자질은 부모로부터 자녀에게로 전해지며, 이는 부모에게 나타나는 유전적 자질에만 의존하지 않고 임신할 때까지 부모가 그것을 얼마나 향상/퇴화시켰는가에도 의존한다. 예를 들어 "도덕적, 지적 기관들이 지극히 활기 있게 살아있는 부모들은 그것을 최대한 온전하게 전수할 것이다"(Combe 1828, 161). 콤베는 다음과 같이 적었다.

> 이런 ['자질들의 유전적 전수'라는] 규칙에 따라서 유기체적, 도덕적, 지적 법칙에 복종했던 개인들의 자녀는 습득된 지식에 있어서 부모의 최고 수준에서 출발할 뿐만 아니라 도덕적, 지적 기관들의 확장된 발달도 이어받을 것이고, 그럼으로써 창조자의 기관들을 발견하고 따를 수 있는 증진된 능력도 발휘할 것이다.
>
> (ibid., 167)

비록 콤베의 라마르크(Lamarck)적 유전관은 골턴의 다윈적 유전관과 상반되는 것이지만, 이 둘의 공통점은 '생득적인 지적 능력'에 대한 믿음, 그리고 '그것의 개인차'에 대한 믿음이었다. 이런 공통점이 최소한 보여주는 것은, 그리고 콤베의 책의 대중성으로 미루어볼 때, '그런 생각들은 골턴이 그 글을 쓸 1865년 때까지 널리 퍼졌다'라는 점이다. 만일 여기서 우리가 골턴식 생각의 기원을 찾는다면, 이는 콤베가 (골상학이나 다른 세부적 측면이 아닌 일반적 측면에서) 비국교도의 전통에 따랐던 사람들과 공유했던 사고방식, 즉 '개인의 생득적인 지적 차이'뿐만 아니라, '신의 세계의 구조를 발견하는 일의 중요성'이라는 생각에서 보이는 것 같다.

골턴의 1865년도 글과 콤베의 저서 사이에 혹시 더 밀접한 연관성이 있는 것일까? 골턴은 『종의 기원』을 읽고 나서, 1859년이나 그 이후에, 콤베의 책에서 어떤 영향을 받았을까? 콤베의 이론이 골턴의 이론의 촉매제였을까? 다윈에 비추어 보면서, 골턴은 콤베의 유전관을 거부했지만, '지적 능력의 유전적 전수' 그리고 (이런 능력의 적절한 관리에서 나올 수 있는) '우주적 진보'라는 아이디어를 고수했다고 말할 수 있을까?

내가 아는 한 이런 직접적 증거는 없다. 그러나 이처럼 '더 밀접한 연관성'이 있었을 것이라는 생각은 두 사람의 책에 들어있는 몇몇 유사점에서 촉발되는 것이었다. 이런 점에는 구체적인 것과 일반적인 것이 있다.

구체적 유사점은, '골턴과 콤베가 유전적 전수의 이점을 극대화하기 위해 결혼 관계의 공식화에 관심이 있었다'라는 것이다. 콤베의 경우, 늦은 결혼이 더 바람직한 이유는 배우자가 더 성숙해지기 때문이다. 그는 부텀버그(Wurtemburg)에서 시행된 다음과 같은 법률에 매력을 느꼈다: 남자는 25세 이전에 혼인할 수 없으며, 처자식을 먹여 살릴 능력을 당국에 입증해야 한다(Combe 1828, 165-6). 제1장에서 보았듯이, 골턴이 상상했던 유토피아에서 25세의 청년은 아버지로서의 적합성을 심사하는 경쟁시험에 통과할 경우, 그의 자질에 어울리는 특별한 젊은 여성과의 공개 결혼식에서 혼인하면서 재정적 지원 등을 받을 수 있다(Galton 1865, 165-6).

더 일반적으로, 골턴과 콤베는 '인간의 지적, 도덕적 혈통이 선택적 결혼으로 향상될 수 있음'에 끌렸었고, 그리고 그 이점을 부풀려서 말했다. 콤베는 좋은 혈통을 가진 성숙한 개인들의 세대가 이전 세대에 가치를 부가하는 지속적 개선을 전망했다(Combe 1828, 164). 이와 동시에 부적절한 - 미성숙한, 혹은 지적/신체적으로 형질이 미흡한 - 남녀의 결혼은 하지 못하게 권하거나 정해야 한다(ibid., 164-5). 골턴도, 앞서 본 것처럼, 재능있는 사람은 장려하고, '나머지'는 제거하는 식의 분화된 결혼 정책을 선호했다(Galton 1865, 165-6). 그도 역시 지속적 향상을 전망했지만, '가치-부가'를 통한 향상은 아니었다.

콤베는 자신의 비전을 다음과 같이 설명했다.

> 이런 하층 세계가 상위 능력을 지닌 최고층과 조화를 이루는 것이 사실이라면, 이 법칙으로 얼마나 고상한 전망이 열릴 것인가! 결국 인간은 지금까지 할 수 있었던 것에 비해 더 충실하게 신적인(Divine) 기관에 부합되는 자리에 놓일 수 있게 되고, 그리고 결과적으로 창조주가 인간에게 정해준 것처럼 보이는 무수한 기쁨을 얻게 되고, 그리고 오늘날 너무 자주 삶을 일련의 재앙에 빠지게 만드는 수천의 참상을 피할 수 있을 것이다!
>
> (Combe 1828, 162)

골턴도 똑같이 서정적으로 서술한다. 물론 여기서는 다른 곳에서 가끔 사용했던 종교적 틀이 안 보인다.

> 만일 우리가 말이나 가축의 육종에 들이는 경비와 수고의 20분의 1이라도 인류의 향상을 위한 조치에 투입한다면 셀 수없이 많은 천재를 창조할 수 있지 않을까! 우리 문명의 예언자와 고위 성직자를 우리가 세계 속으로 끌어들이는 것은 바보끼리 결혼하게 함으로써 백치를 퍼뜨릴 수 있는 것만큼 확실하다. 현재의 남녀와 우리가 탄생시키기를 원하는 남녀 사이의 차이는, 우리가 다양

하게 길러낸 우수 품종의 개들과 가난한 동네 길거리를 떠도는 개들과의 차이 와 비슷하다.

(Galton 1865, 165-6)

콤베는, 어느 한 구절에서, 자신의 이론에 맞서서 다음과 같이 가정하는 대안을 평가했다. '인류의 각 개인의 자연적 자질은 태어날 때 주어지며, 그의 부모가 할 수 있었을 점과는 전혀 관계가 없다'. 이런 대안은 그가 보기에, 인류의 향상 가능성을 아예 배제하고 만다, 왜냐면 "모든 골상학자가 아는 것처럼 뉴홀랜드인, 카리브인 그리고 다른 야만족의 뇌는 도덕적, 지적 기관의 큰 결함에 따라서 구별된다"(Combe 1828, 166)면, 문명인이 야만인으로부터 어떻게 출현할 수 있었는가는 알 수 없기 때문이다. 콤베가 공격하는 이론을 주장했었던 골턴은 콤베의 입장을 하나의 도전으로 받아들였을까? 그것에 대한 반응이 골턴 자신의 다원주의였을까? 내가 반복해야 할 말인데, 골턴이 콤베를 읽었다거나, 콤베로부터 영향을 받았다는 직접적 증거를 나는 전혀 모른다. 그러나 앞서 말한 유사점들은 최소한 그럴 수도 있다는 생각이 들게 만든다.

여기서 마지막 증거는 다음과 같다. 생득적 능력에 대한 골턴의 생각은 당시의 연합주의 심리학에 어긋나는 것이었지만, 그것이 더 잘 어울리는, 비국교도의 전통과 연관된, 또 다른 사상적 흐름이 있었다. 생득적인 지적 능력들, 그리고 이들의 개인차라는 훨씬 더 오래된 전통에 있었다. 이는 『국가』, 『메노』와 같은 대화편에 들어있는 플라톤의 전통이다. 플라톤에 의하면, 학습은 우리가 태어날 때 이미 가지고 있는 아이디어를, 때때로 어떤 어려움을 겪으면서, 회상하는 일이다. 플라톤은 지배자에 관한 자신의 신화에서, 어떤 사람들, 즉 그의 이상국가의 미래 지도자들은 군인 계급보다 지적으로 더 나은 형질을 타고 난다(*Republic* 414 D ff)고 말한다. 잉글랜드에서 1944년 이후 도입된 3등분 학교 시스템이 1960년대에 이르러 공격을 받았다. 왜냐면 그것은 시릴 버트가 추려낸 골턴의 이론에 부분적으로 기반을 두었기 때문이다. 이때 3등분 학교 시스템은 플라톤의 『국가』(2-4권)에 있는 '3계급 시스템', 그리고 '생득적 차이에 두는 그 기반'과 자주 비교되었다. 이 당시에 나는, 그 두 가지 이론은 우연하게도 비슷한 것일 뿐이라고, 둘을 연결하는 역사적 고리가 없다고 생각했었다. 그러나 지금의 나는 놀라움을 금치 못한다.

만약 버트에서 골턴으로, 또 비국교도 전통으로 올라가는 흐름이 허구가 아니라면 그것은, 우리가 살펴보았듯이, 라무스주의와 라무스 자신으로까지 더 멀리 추적될 것이다. 코메니우스에 의하면, "학습되는 교과들을 배열하는 일은, 나중에 하는 공부에 새로운 것을 끌어들이는 일이 없이, 앞에서 아이가 이미 숙달한 지식의 요소들을 확대하기만 하면 되는 식으로 만들어야 한다"(Comenius 1907, XVI, 45).

이런 말은 라무스의 다음과 같은 생각에서 파생된 것으로 보인다: 라무스의 가치 치는 이분법은 가장 일반적인 아이디어에서 가장 특수한 아이디어로 뻗어간다. 여기서 다음과 같은 의문이 떠오른다: 학생들은 가장 일반적 아이디어를 어떻게 습득할까? 플라톤은 이는, 즉 형상(forms)은 생득적이라고 답한다. 밀러에 따르면, 비록 "라무스는 생득적 아이디어(본유관념)의 존재를 곧바로 인정하지 않을 것"(Miller 1939, 177)이지만, 라무스와 그의 (뉴잉글랜드뿐만 아니라 다른 곳에 있었던) 추종자들의 경우에는 '일반적 개념이 초감각적 실재의 특성'이라는 생각은 본유론(innatism)과 구별되기가 어려운 것이고, 플라톤에 빚지는 것이었다(ibid., 147, 177).

내가 아는 한, 라무스 자신에게는 '생득적 능력의 개인차'에 대한 암시가 전혀 없으며, 따라서 플라톤의 이론의 이런 측면은 라무스주의로 옮겨간 것이 아니다. 지능 검사자들이 친숙하게 만들었던 그런 생각의 기원을 찾으려면, 라무스주의와 '소명과 연관된 생득적 선물이라는 청교도의 생각'이 결합되는 방향으로 눈을 돌려야 할 것이다.

09 결론

이 장에서는 지능 개척자들의 생각에 대해 더 많은 역사적 조명을 시도해 보았다. 이로써, 그들의 활동은 그들 가족의 조상에게 있었던 사상-세계로 이어진다. 또한 다음과 같은 점이 암시된다. 그들 중 다수의 마음가짐, 즉 i) 추상적, 특히 논리-수학적 사고에 쏠린 성향, ii) 인간 능력의 여러 현상을 간결하게 때로는 이분법적으로 분류하는 경향, iii) 평등주의와는 다른 방향에서 사회적 개선에 헌신함, iv) 여러 경우에 남아있던 종교성, 이 네 가지는 그들이 공유하는 청교도 배경을 참조해야 비로소 최소한이나마 이해될 것이다.

이로써 이 책의 심리학적 부분은, 앞으로 다룰 시험과 검사에 관한 부분(제5장), 그리고 지능에 관한 현대적 연구와 영국 정부의 영재 프로그램에 관한 부분(제6장)을 남기면서, 거의 마무리된 셈이다. 그러나 이제까지가 청교도주의와 그 유산에 관한 전체 이야기는 아니다. 내가 이런 점을 지능과 연결하여 연구하면 할수록 더 알게 된 것은, 청교도주의와 그 유산이 (잉글랜드에서 교육제도로 확립된, 특히 분리된 학문적 교과들로 구성된 폭넓은) 학교 교육과정의 역사에서도 얼마나 중요한 것인가라는 점이었다. 교과 기반 교육과정의 역사를 지능검사의 역사와 따로 떼어놓고 보는 것은 불가능한 일이다. 이 책의 첫머리에서 우리가 보았듯이, 예컨대 학교 교육과정에 대한 모란트의 활약, 그리고 검사와 학교 트랙에 대한 버트의 활약은 서로 긴밀하게 연결된 것이었다. 이렇게 마무리하면서 우리는 제5장의 지능 이야기를 벗어나 교육과정 이야기로 들어갈 것이다.

Chapter 5. 지식과 교육과정

1. 비국교도 아카데미와 전통적인 학문적 교육과정의 뿌리
2. 라무스와 청교도 교육과정
3. 비국교도 아카데미의 역할에 관한 의문점
4. 청교도 교육과정: 스코틀랜드에서
5. 유니버시티 칼리지 런던(UCL)
6. 1988년까지의 이야기
7. 전통적인 학문적 교육과정: 오늘날
8. 시간표
9. 시험
10. 존 듀이와 전통적 교육과정
11. 결론

영국에서 20세기 전반기는 골턴의 지능관의 역사와 학교 교육과정의 역사가 서로 겹처진 시기였다. 이 시기에 정부 정책이 형성되는 과정에서 시릴 버트와 로버트 모란트의 활약이 영역별로 어떤 도움을 주었는가를 이미 제1장에서 살펴보았다. 모란트의 1904년 이후 중등학교는 1944년 이후 문법학교의 선구였는데, 여기서 학생들은 부분적으로 우수한 IQ를 기반으로 삼아 '11+'시험에서 선발되었다. 이런 중등 교육과정은 초등학교의 덜 학문적인 교육과정과 아주 달랐다. 그것은 "영어와 문학, 최소한 영어 이외의 한 가지 언어, 지리, 역사, 수학, 과학, 제도, 수공(남자), 가사(여자), 체련 및 단체게임"(Maclure 1965, 159)으로 구성되었다.

1988년에 국가 교육과정이 도입된 이후로 교육자들의 관심을 특별히 끌었던 것은 모란트의 교육과정이었다. 왜냐면 리처드 올드리치(Richard Aldrich 1988, 22)가 지적했듯이, 1988 국가 교육과정의 새로운 법정 교과는 모란트의 교육과정의 그것과 거의 똑같았기 때문이다. 이것이 오늘날 우리에게 어떤 의미가 있는지를 나는 제6장에서 논할 것이다. 먼저 제5장에서 (지난 한 세기 동안 그토록 끈질긴 것으로 입증된) 학문적, 교과-기반 교육과정의 기원을 돌아볼 것이다.

01 비국교도 아카데미와 전통적인 학문적 교육과정의 뿌리

이 책에서 전통적인 학문적 교육과정의 기원을 탐색하는 데에 관심을 쏟게 된 이유는 '그 기원을 청교도주의와 비국교도에서 찾아야 한다'라는 통상적인 주장 때문이었다. 비국교도 아카데미는, 제4장에서 논리와 성령론의 수업과 연결해서 언급했었는데, 그런 이야기에서 특별히 두드러진 역할을 차지한다.

과연 그런 이야기는 얼마나 믿을만할까? 이것이 이 장의 핵심 주제다.

비국교도 아카데미에 대해서 레이먼드 윌리엄스(Raymond Williams 1961, 133-4)는 『기나긴 혁명(Long Revolution)』에서 다음과 같이 말했다.

> 이런 아카데미들은 질적으로 상당히 다양했으나, 가장 우수한 아카데미는 18세기에, 일반교육(general education)의 내용에 대해 새로운 정의를 내렸고 또 실행에 옮겼다. 여기서 최초로 교육과정은 근대적 형태를 띠기 시작했고 수학, 지리, 근대외국어, 그리고 중요한 것으로 자연과학이 추가되었다.

우리가 비국교도 아카데미의 역사로부터 알고 있는 점은 다음과 같은 것이다: 이런 아카데미에서는 학생들에게 목사가 될 준비를 시켰을 뿐만 아니라 일반적인 고등교육 - 요즈음 용어로는 고등학교/대학 교육 - 을 제공했었는데, 이는 1662년 이후 대학 입학이 법적으로 금지된 비국교도의 아이들을 위해서였다. 남자아이는 보통 15, 16, 혹은 17살에 이런 아카데미에 들어가기 시작했고, 4~5년 동안 교육받았다(McLachlan 1931, 26). 잉글랜드의 많은 비국교도가 18세기에 상업과 산업을 통해 더 부유해졌고, 더욱더 많은 사람이 자기 아들을 그런 식으로 일반교육을 오래 받게 할 정도의 재산이 있었을 것이다. 그런 아이들은 나중에 '신의 세계와 자신의 능력'에 대한 폭넓은 지식을 바탕으로 어떤 '자유로운', 육체노동이 아닌 직업(소명)을 선택할 수 있었다.

우리는 이미 제4장에서 '비국교도 아카데미의 교육과정이 고전을 뛰어넘어 확대되었다'라는 윌리엄스의 주장을 지지할 수 있는 몇몇 증거를 살펴보았다. 초기 아카데미에서는, 옥스퍼드와 케임브리지 출신 교사들에게 의존해야 했기에, 그 대학의 전통적인 고전적 교육과정을 따랐었다. 1729년에 노샘프턴(Northampton)에 필립 도드리지(Philip Doddridge)의 아카데미가 설립되면서 수업 언어는 라틴어에서 영어로 바뀌었다. 그렇지 않았다면, 교육과정에 새로 등장했던 교과들을 가르치기가 훨씬 어려웠을 것이다. 노샘프턴의 4년 과정에서 공부한 과목을 제4장에서는 일부만 보았는데, 그 전체 목록은 다음과 같다.

- 1학년: 논리, 수사, 지리, 형이상학, 기하, 대수
- 2학년: 삼각법, 원뿔곡선, 천체역학, 자연철학 및 실험철학, 신학, 웅변술
- 3학년: 자연사와 시민 역사, 해부학, 유대 풍물론, 신학, 웅변술
- 4학년: 민법, 신화론과 상형문자, 잉글랜드 역사, 비국교도 역사, 신학, 설교와 목회(pastoral care)

게다가 프랑스어는 선택과목이었고, 히브리어, 희랍어, 라틴어는 기도할 때 사용되었지만 저녁 지도 시간에도 가르쳤다. 처음 두 해에는 라틴어와 영어로 논변(술)도 배우도록 했다(McLachlan 1931, 147). 이와 비슷한 형태의 교과들은, 조금씩 수정되면서, 노샘프턴에서 다른 아카데미로 18세기 내내 퍼져나갔다.

영어에 대해서 한마디. 영어는 1729년도 해설 부분에서만 언급되는데 이는 처음 두 해에 걸쳐 배워야 하는 논변과 관련된다. 게다가, 비국교도 아카데미에서는 신학 교과에 설교문장 작성 연습을 표준으로 포함시켰고, 맥라클랜(ibid.,)에 따르면, 이것이 영어 작문의 기원이며, 그 이후 영어 수업의 기본이 되었다. 나중에 일부 아카데미에서 영어가 교과 자체로 자리잡기 시작했고, 18세기 말엽에는 순문학(純文學, belles lettre)이 교과 자체가 되었으며, 여기서 문학작품에 담긴 진리를 공부하게 했다.

비국교도 아카데미에서는 예술, 즉 오늘날의 미학적 의미가 있는 예술이 차지할 자리는 거의 없었고, 지식만 강조했다. 초기 청교도의 '지식은 구원의 요건으로 습득할 필요가 있다'라는 믿음은 아카데미의 시대에도 지속되었다. 제4장에서 보았듯이, 청교도적 사고에서 지식습득과 신앙 사이에는 아무런 긴장이 없었다: 철학, 과학, 수학, 역사, 지리 및 다른 교과는 '신이 창조한 세계의 다양한 특성을 드러내는 것'이므로 신앙의 도구로 간주되었다. 그러나 상상과 정서는 수많은 예술의 원천이었지만, 와츠(Watts)의 『논리(Logic)』에서는, 오류를

유혹하는 것, "틀린 판단의 빈번한 근원"(이 책 180쪽)으로 간주되었다. 진리의 추구만이 모든 것을 포괄하는 목적이었다.

레이먼드 윌리엄스뿐만 아니라 다른 이들도 교육의 '내용'에서 비국교도 아카데미가 차지했던 혁명적 중요성을 지적했고, 또 그렇게 생각했다. 예를 들어, 윌리엄스보다 몇 년 앞서서, 프레드 클라크(Fred Clark)라는 교육자는 다음과 같이 말했다.

> 따라서 비국교도 아카데미는 잉글랜드 교육사에서 근대적 교육과정을 생각해 내고 또 실제에 적용하는 일에서 계속 활발하게 노력했다고 말할 정도로 중요하다. 교양(culture)을 위한 교육이라는 지배적 생각에서 벗어나지 않으면서, 그리고 철저하게 잉글랜드의 기질을 지키면서, 비국교도 아카데미는 당시의 전통이었던 고전의 훈련과 귀족적 성취를 멀리했고, 자신의 현실 세계를 열린 눈으로 보았으며, 그리고 이 세계에서 효과적으로 살도록 준비시키는 교육과정을 만들어냈다. 이 교육과정에서 고전과 인습적 언어 공부는 큰 자리를 차지하지 못하고 그 대신 영어, 역사, 근대외국어, 그리고 많은 분량의 수학과 과학이 들어갔다.
>
> (Clarke 1940, 16)

클라크의 마지막 문장은, 윌리엄스의 설명처럼, 변화의 범위를 과장한 일면도 있지만(예컨대 근대외국어는 선택이어서 그의 말보다 덜 중심이었다), 그가 언급한 '교양을 위한 교육이라는 지배적 생각'에는 정말 상당히 중요한 의미가 들어있다. 비국교도의 교육과정은 전문가 훈련을 제공하려는 것이 아니었다. 여기저기에 '상업'(McLachlan 1931, 331)도 포함되었지만, 그런 교육과정에서 압도적인 관심은 응용지식보다는 순수지식에 있었다. 실천적 합리성보다는 이론적 합리성이 핵심이었다. 물론 우리가 아는 것처럼 비국교도 아카데미의 졸업생들은 자신이 배운 것들을 18세기 후반과 19세기 초반에 잉글랜드의 새로운 산업/상업을 일으키는 데에 계속해서 적용했다. 그리고 만일 역학, 삼각법, 화학, 정수역학 등과 같은 항목이 그 프로그램에 없었다면 그들은 그런 것을 새로운 세계의 창조에 결코 사용할 수 없었다. 그러나 그런 것을 가르쳤던 주된 목표는 산업화의 과정을 돕기 위한 것이 아니었고, 세계를 있는 그대로 진실하게 밝히려는 것이었다. 그래도 더 높은 수준에서 본다면 그 이면에는, 종교적인 구원론적 목적의 형태로서, 실천적 목표가 들어있었다. 어쩌면 이것은 프레드 클라크(Fred Clarke)가 믿었던 것과 비슷한 종교적 목표였을 것이다, 클라크는 자신이 남긴 기록에 다음과 같이 적었다. “어린 존에게 12 이상의 수로 나누는 장제법을 가르치는 궁극적 이유는 그가 불멸의 영혼이기 때문이다”(Clarke 1923, 2).

이처럼, 비국교도 아카데미를 교육과정 혁명의 촉매제로 보려고 하는 구상은 얼마나 정확한 것일까? 이런 그림은 클라크, 윌리엄스, (아카데미에 대한 본격적인 학술적 연구를 출판했던) 파커(Parker, 1914), 그리고 (19세기 초의) 맥라클란(McLachlan, 1931) 등에서 보인다. 그런데 이와 다른 측면에서 해야할 이야기가 남아있다. 한스(Hans, 1951)는 ‘18세기 교육의 새로운 흐름’에 관한 더 총체적인 설명을 제시한다. 그리고 그는 아카데미의 공헌을 부정하지 않지만 ‘그것이 교육과정의 근대화를 이끌었던 몇 가지 유형의 기관 중 하나일 뿐이다’라고 보았다. 이런 기관으로는 옥스퍼드와 케임브리지, 문법학교와 사립 아카데미 등이 있었다. 또한 머서(Mercer, 2001)는 ‘비국교도 아카데미가 진보적 교육을 평민 학생들에게 제공하는 일에서 수행했던 역할을 파커와 맥라클란이 과장했다’라고 말한다. 이런 역할을 워링턴, 맨체스터 칼리지, 헤크니 뉴 칼리지 등과 같은 일부 자유주의적 아카데미에서 맡기도 했었지만, “1750년대 이후로는 거의 모든 아카데미가 국교를 신봉하지 않는 목사의 양성을 위한 소규모 정통 신학교였다”(ibid., 35).

이와 같은 몇몇 의문은 ‘비국교도 아카데미가 오늘날 잉글랜드 학교에서 보는 근대적 교과-기반 교육과정을 창안했다’라는 과감한 명제와 상반되는 것 같다. 최소한 이 명제에는 상당한 단서가 붙어야 할 것이다. 따라서 더 신중한 주장은 그보다 더 포괄적이어야 할 것이다. 즉, 청교도/비국교도의 교육적 사상과 실천은 그 이야기에서 유일한 역할이 아니라 주된 역할을 했다고 주장하는 것이 더 신중할 것이다.

이처럼 더 포괄적인 주장은 우리의 이해 지평을 넓혀줌으로써, 비국교도 아카데미를 뛰어넘어 다른 비국교도 기관들과 다른 사고방식들까지도 포함할 수 있게 열어준다. 여기에 포함시킬 수 있는 것은 잉글랜드에서 18세기 후반부터 비국교도를 위해 설립된 학교, 그리고 스코틀랜드에서 18세기의 문법학교와 대학이다. 또한 이보다 더욱 신중한 주장은, 17세기 말엽에 나타난 최초의 아카데미보다 앞서는 16/17세기의 청교도 교육의 세계로 거슬러 올라가게 될 것이다.

02 라무스와 청교도 교육과정

제4장에서 이미 살펴보았듯이, 16세기 후반에 청교도가 논리에 애착을 갖게 한 데에 일정한 역할을 한 인물은 라무스(Ramus)이다. 라무스는 더 일반적으로 교육과정의 역사에서 중요한 인물이다. 이를 데이비드 해밀턴(David Hamilton)은 그의 『교육과정 역사』에서 강력히 주장했다. 제4장에서 보았듯이, 라무스의 논리는 가장 일반적 범주에서 가장 구체적인 것으로 뻗어가는 이분법의 틀로 이루어져 있다. 이 틀 안에서 신이 창조한 세계의 이질적인 것들이 체계적으로 배열될 수 있다. 플라톤을 따르는 라무스는 이 세계를 "신의 마음에 존재하는 질서 있는 일련의 아이디어의 물질적 대응물"(Morgan 1986, 107에서 재인용)로 이해해야 한다고 주장했다. 해밀턴은 라무스를 인문주의 교육자들이라는 더 넓은 집단과 연관시키고 있는데, 이들은 라무스보다 앞선 시대에 살면서도 어떻게 하면 가르침을 가장 잘 조직화할 수 있을까를 놓고 고민했었다. 해밀턴이 인용하는 그라프틴과 자르딘(Graftin and Jardin 1986, 124)의 말에 따르면,

> '방법'은 1510년대 이후로 인문주의 교육을 증진시키려 했던 사람들의 구호였다. 절차에 대한 이런 실천적 강조는 교수법 혁신가들의 지적 초점이 고전 교육의 이상적 산물(완전한 웅변가 ...)로부터 교실 보조물(교재, 교실 편람, 티칭 드릴)로 옮겨갔음을 알려준다.

라무스는, 해밀턴의 말처럼(1990, 23), "방법의 주창자"였다. 라무스의 논리적 지도는 무엇을, 어떻게 가르칠 것인가에 관한 것이었다(ibid., 26). 논리적 지도를 통해서 가능해졌던 것은 i) 학습 내용을 서로 구분되는 (중복되지 않는) 지식의 분야들로 체계적으로 배열하는 일, ii) 교사가 그런 자료를 다룰 수 있는 - 특히 더 추상적인 것으로부터 덜 추상적인 (경험과 관련된) 요소로 나아가고 또 거꾸로도 가는 - 분명한 길을 제시하는 일이다. 라무스의 '방법'이 16세기 말과 17세기 초에 청교도나 혹은 관련된 교파의 설교자, 교장 및 교재 제작자, 예컨대(Triche and McKnight 2004, 53) 코메니우스(Comenius 1592-1670)에게 매력적이었음을 이해하기가 쉽다. 왜냐면 이들의 관심은, 제4장(177쪽)에서 언급했듯이, 스스로 생각하도록 장려하기보다는 엄청난 양의 인습적 정보를 듣는 이들에게 전수하는 데에 있었기 때문이다. [어떤 교과를 가르치는 하나의 올바른 방법을 찾으면 대중교육이 가능해진다는 점(Comenius 1907, XIII 15; XIX 14-54); 추상적이고 일반적인 것에서부터 구체적이고 세부적인 것으로 나아가면서 가르치는 것(XVI: 38-45; XX: 19); 학습하는 항목들이 백과전서와 같은 전체를 형성하는 점(ibid. XVI 34-5; XIX 6)은 코메니우스(1907)를 참조]. 게다가 (다음 사항에 얼마나 큰 비중을 두어야 할지 모르겠지만) 라무스의 지도에는, 해밀턴에 따르면, 학문적 맥락에서 교육과정(curriculum)이라는 용어를 최초로 사용했던 사례가 보인다. 또 이것은, 해밀턴에 따르면, 칼뱅주의자들이 '이력서(vitae curriculum'에서 그 단어를 사용하던 경향과 연결될 것이며, 이는 인간의 삶을 '구원으로 향하는 장애물 코스'라고 공통으로 제시한 점과 관련될 것이다(Hamilton 1990, 26-8). 확실히 라무스의 학습은 이런 일상적 선입견과 결코 먼 것이 아니었다. 그것은 영적 안전을 제공했다.

불확실성은 청교도 존재의 해악이었고, 이는 개종할까 말까 하는 괴로운 의심이 낳은 흔히 알려진 심적 불안에 있다. 라무스의 방법은 심리적 위안뿐 아니라 이 세계에 부여하고, 이해하고, 또 통제하는 '형식'까지도 제공했다.

(McKinght 2003, 54-5)

[그림 5.1]에 나타난, 라무스의 부분적으로 양분된 지도는 '교육과정'이라는 용어의 사용뿐만 아니라 교육과정 교과들의 분류를 보여준다. 피터 맥(Peter Mack 1998, Vol. 8, 52-3)이 말하듯, "라무스의 방법은 그가 교과 간의 중복을 피할 수밖에 없도록 만들었다 ... 그는 오늘날 우리가 말하는 학문의 경계를 따라서 자료를 선정할 필요가 있음을 강조했다".

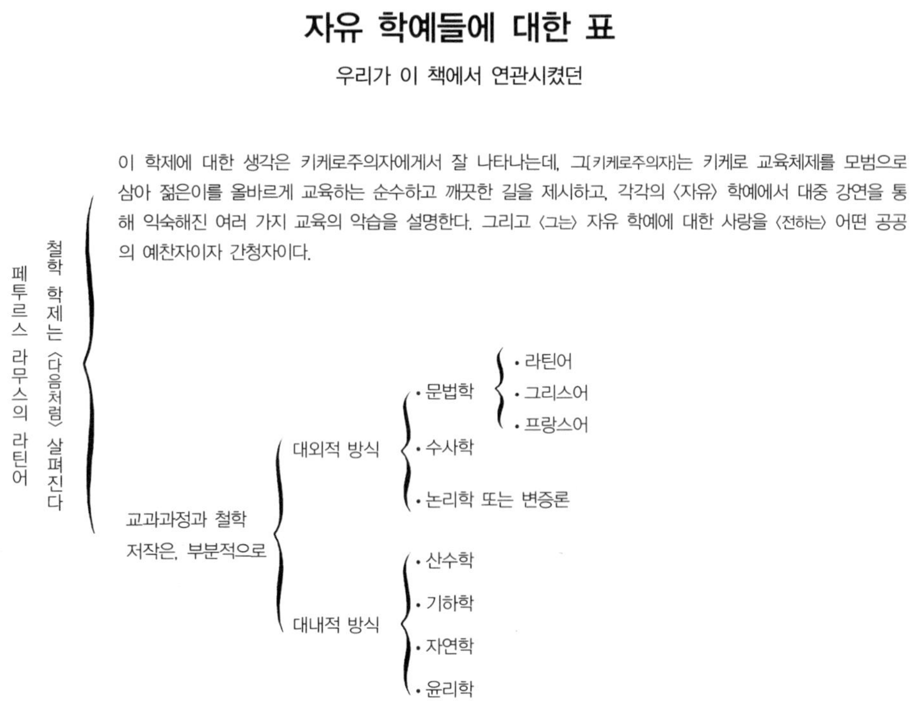

그림 5.1 라무스주의 교육과정 지도

출처: Hamilton(1990, 27)

‘청교도가 라무스의 논리를 사용한 것은 자유로운 사고의 증진을 위해서가 아니라, 이해를 위해 따라가야 할 참된 한 가지 길을 보여주기 위해서였다’라는 이 사실은(Morgan 1986, 111을 참조), ‘17세기 청교도의 교육활동이 베이컨의 아이디어와 연관되어 과학과 인문학에서 일어난 선도적 교육개혁과 같은 선상에 놓여 있었다’라는 해석과 균형을 이룬다(Parker 1914, ch, 1; Greaves 1969). 만일 우리가, 모건(Morgan)이 그랬듯이, 청교도 교육자들의 **의도**에 집중해서 본다면, 이는 새로 등장하기 시작한 계몽 세계를 포용하려는 것이 전혀 아니었다. 청교도 교육자들이 추구했던 것은 “합리적 우주 속에서 인간의 지적 지배가 아니라, 열렬한 신앙의 요구에 대한 인간 이성의 종속”(Morgan 1986, 309)이었다. 그러나 그 **결과**는 다른 이야기가 되고 말았다. 우리가 보았듯이, 라무스의 논리는 세계의 경험에서 추상적이지 않은 한쪽 끝에도 걸쳐 있었다. 이것은 라무스의 논리가 베이컨주의와 접촉할 수 있는 지점을 제공해주었다. 모건(ibid., 111)은 다음과 같이 말한다.

> 논리는 자연과 일치해야 한다는 라무스의 주장은, 청교도 교육자들이 한 시대의 학생들로 하여금 경험적으로 접근된 자연 세계 속에서 ‘진리’를 보도록 만들어주었다는 뜻이었을 것이다. 비록 청교도 자신에게는 학문적 관심을 옮기려거나, 혹은 ‘실재’의 기반을 말(Word)에서 세계로 바꾸려는 의도가 없었을지라도 그런 뜻이었을 것이다.

이 모든 점은, ‘18세기 후반에는 최소한 일부에서나마, 비국교도 아카데미가 진보적 과학을 가르치는 곳, 그리고 산업 진보의 도가니가 되었다’라는 사실의 배경이 된다.

03 비국교도 아카데미의 역할에 관한 의문점

더 넓게 17세기에서 18세기로 넘어가면서 우리는, '근대적 교육과정이 비국교도 아카데미에서 탄생했다'라는 강력한 명제를 의심스럽게 만드는 이유를 살펴보았다. 1750~1850년에 비국교도 아카데미는 평민 교육에 힘쓰지 못하고, 머서(Mercer)의 말처럼, 주로 목사 준비를 위한 신학교였으며; 그리고 문법학교에서 사립 아카데미에 이르는 다른 기관들이 폭넓은 범위의 근대적 교과를 가르치고 있었다.

그러나 이 두 가지 증거는 아직 결정적인 것이 못된다. 머서의 명제는 오직 1750년 이후에 일어났던 일에 관한 것이다. 또한 머서는 "18세기 초엽에 적어도 아카데미의 절반은 목사가 아닌 다른 진로에 뜻을 가진 학생들에게 열려 있었다"(Mercer 2001, 35)라고 말한다. 그런데 평민 학생을 받아들인 아카데미의 비율이 1750년 이후에 $\frac{1}{2}$에서 $\frac{1}{8}$로 떨어진 데에는(ibid., 35-6) 그럴만한 이유가 있었는데 이것을 머서는 빠뜨리고 말았다. 1779년부터 비국교도에게는 교직 진출이 법적으로 가능해졌다[그 이전에 비국교도 학교는 법외로 존재했었다; 한슨(Hans 1951, 58-62)은 이런 몇 가지 사례를 제시한다]. 많은 비국교도가 학생으로서 또 교사로서 아카데미로부터 다른 기관으로 옮겨갔다. 나는 제3장에서 밀 힐 학교(Mill Hill School)를 그 사례로 제시했는데[이 학교의 '당시의 충실한, 다양한 교육과정'의 세부사항은 로우치(Roach 1986, 176-7)를 참조], 이 주제는 나중에 더 일반적으로 다룰 것이다. 위와 같이 생각해본다면, '비국교도 아카데미가 근대적 교육과정에 대해 - 직접적으로 즉 가르침을 통해서 혹은 나중에 다른 곳으로 옮겨가서 가르쳤던 교사를 통해서 - 영향을 미쳤다'라는 근거는 강화된다.

또한 한스(Hans)의 명제에 대해 할 이야기가 더 남아있다. 한스의 명제는 '근대적 교과들이 18세기의 다른 기관에서 광범하게 나타났다'라는 것이다. 비록 한스(Hans 1951, 38-41)는 '이런 근대적 교과들이 선도적이었던 두세 개의 문법학교에서 가르쳐졌다'라는 점을 보여주지만, '대체로 문법학교 교육이 실제로 고전에만 집중하지는 않았다'라는 점을 전혀 밝혀주지 못한다. 사립학교와 아카데미에서 가르쳤다는 근대적 교과에 관한 한스의 증거는 훨씬 더 광범하지만, 그는 "극소수의 학교에서만 세부적인 교육과정의 내용을 공표했었다"(ibid., 63)라는 점을 인정한다. 학생들은 그들이 의도하는 목적(예를 들어 대학, 해군, 육군, 사업과 법률, 일부 기술직)에 따라 집단별로 조직되었고, 이에 따라 그들의 교육과정도 다양했었다. 그러나 모든 학생은 "영어, 수학, 지리, 기하, 역사를 배우고; 대다수 아이는 프랑스어와 제도를 배우고, 그리고 모든 아이는 스포츠에 참여하게 되어 있었다"(ibid., 64-5).

이런 기관들이 갖고 있었던 교육과정의 철학은 비국교도 아카데미에서 평민 학생들이 경험했던 그것과 아주 달랐다. 평민 학생들은 대다수 비국교도 아카데미에서 일반적으로 4년 혹은 5년의 진학 과정 중에서 그 전반부만 배웠다(Mercer 2001, 38). 앞서 언급한 1729년 이후의 노샘프턴 과정에서도 논리, 수학, 자연철학, 신학은 4년 과정 중에서 처음 2년만 뚜렷했다. 1780년에 워링턴 아카데미에서도 5년 과정 중에서 처음 3년만 신학, 윤리, 논리, 수학, 이론적/물리적 자연철학, 지리, 역사, 상업, 언어 이론, 연설법, 작문을 다루었다(ibid., 39-40). 실제로 비국교도 아카데미에서 모든 학생에게 공통된 교육과정은 1, 2학년 혹은 3학년뿐이었다. 그것은 대체로 하나의 통일된 전체로 계획되었고, 이를 짤 때는 종교적 사항을 첫 번째로 고려했었다. 이는, 평민이건 목사건, 신앙인들이 신과 신의 세계의 본성을 이해하는 데에, 다시 말해서 그 큰 그림과 '그 안의 수많은 세부 사항이 어떻게 결부되는가'를 파악하는 데에 도움 될 지식의 형식을 제공하려는 뜻이었다. 머서(Mecer,ibid., 40)에 따르면, '1750년 이후 지도적인 비국교도 사업자/제조업자가 자기 아들을 아카데미에 보낼 때, 일차적으로 공리주의적 동기에 이끌렸다'라고 믿을만한 증거는 별로 없다.

한 가지 중요한 점에서 1904년에 도입되었고 1988년에 강화된 잉글랜드의 중등학교 교육과정은 사립 아카데미의 그것보다는 비국교도의 교육과정에 더 가깝다. 그것은 통일된 것이고, 의도하는 어떤 종착지점에 따라서 구분된 것이 아니었다. 그것은 기초로 여기는 교과에서만 공통인 것이 아니라, 그 전체가 모든 학생에게 공통이었다. 그 모든 것은 주로 비-도구적 이유에서 공부해야만 하는 것이다.

이렇기 때문에 한스(Hans)의 명제는 '비국교도 아카데미가 근대적 교과-기반 교육과정을 만들어내는 데에서 주요 역할을 했다'라는 주장을, 얼핏 보이는 것과 달리, 무너뜨리지 못하고 만다. 또 다른 이유로는 다음과 같은 것도 있다. 한스는 자신의 결론에서, 19세기 중반에는 "18세기의 모든 성취와 개척자적 아이디어가 잊혀졌다"(Hans 1951, 210)라고 말한다. 그에 따르면, 왜 이렇게 되어야 했는지는 '더 깊이 탐구할 가치가 있는 문제'다. 이에 대한 그의 잠정적 생각은 다음과 같다: 18세기 후반의 산업혁명은 고용주와 노동자 사이에 골이 깊어지게 만들었고, 이는 각기 분화된 교육 형태에 반영되었으며, 따라서 새로운 산업적 중간 계급은 하층의 신참자들이 올라오는 길을 막아버렸다(ibid., 211). 이것은 (사회적으로 하층에 속하는 아이들이 한스가 말하는 교육기관에 들어갈 가능성이 더 컸었던) 18세기의 패턴을 침식해 버렸다. 18세기 교육과정에서 부상했었던 과학은, "고용주들과 고용된 노동자들 간의 사회적 단절이 사회적 위세의 분화에, '고전적' 교육과정과 '과학적' 교육과정의 분화에 반영됨"(ibid., 212)에 따라서 그 지위가 떨어지고 말았다.

한스의 명제는 이러하다: 비록 한스가 성공적으로 논의했던 아주 다양한 학교와 기관이 새로운 교과와 새로운 방법을 도입했고, 그럼으로써 "잉글랜드에서 근대적 교육을 출범"(ibid., 209)시켰을지라도, 그 영향의 역사는 지속적인 것이 아니었고, 산업혁명으로 생긴 큰 단절이 그 역사에 고스란히 남아있었다. 한스는 이런 단절이 어떻게 극복되었는지를 말하지 못한다. 또한 한스의 주장, 즉 '과학적' 교육과정이 고용주들보다는 고용된 노동자들과 연관되었다는 그의 주장도 설득력이 없다. 왜냐면 과학은 19세기 내내 노동계급의 교육과정에서, 또 모란트의 1904년 개혁에서도 제외되었고, 이런 패턴은 20세기 후반까지 존속되었기 때문이다.

04 청교도 교육과정: 스코틀랜드에서

청교도적 기원에서 파생된 근대적 교육과정을 가르쳤던 18세기의 교육기관으로는 비국교도 아카데미 이외에 다른 것들이 있었다. 스코틀랜드의 학교와 대학도 스코틀랜드와 잉글랜드의 역사에서 중요한 역할을 했다. 여기서 우리는 고등학교/고등교육을 논하고 있다.

장로교의 스코틀랜드에는 엘리트를 위한 나름의 교육시스템이 있었다. 일찍이 1574-80년에 글래스고 대학의 총장, 앤드류 멜빌(Andrew Melville)은 교육과정을 만들었다. 이는 그 후 두 세기 동안 그 대학 활동의 기반이 되었다. 스미스(Smith 1955, 68)가 지적하듯, 멜빌 총장의 시스템은 많은 비국교도 아카데미의 그것과 비슷했다.

- 1학년: 인문학(희랍어와 라틴어)과 라무스의 변증론
- 2학년: 수학, 우주형상지(Cosmography), 천문학
- 3학년: 도덕 및 정치 과학
- 4학년: 자연철학과 역사

18세기 초까지 스코틀랜드의 4개 대학은, 다양한 면도 있었지만, 15/16세기부터 공통된 패턴을 추구하는 경향이 있었다. 이는 신학, 의학 혹은 문예(the arts)에서 4년 과정을 마친 후에 MA를 부여하는 것이었다. 문예는 주요 교육과정이었고, 철학에 기울어진 점은 다시금 비국교도 아카데미를 떠올린다. 희랍어

는 1학년; 논리와 형이상학은 2학년; 윤리와 "천사, 인간의 영혼, 참된 유일신의 본성과 같은 기이한 질문을 다루는" 영성론(pneumatics)은 3학년; 수학이 일부 포함되기도 하는 자연철학은 4학년에 가르쳤던 경향이 있었다(Konx 1953, 16-17).

이 교육과정은 더 실천적 방향으로 기울어졌다. 이때는, 1761년도 퍼스(Perth)의 사례를 따라서, 고등학교/대학 수준의 과정을 2년에 걸쳐 제공하는 아카데미가 스코틀랜드의 여러 곳에 세워졌다. 퍼스의 사례에서,

> 공부의 틀은 1학년에 자연과학, 수학, 항해, 천문, 영어; 2학년에 자연철학, 실용 기하, 시민 역사, 논리와 종교의 원리를 포함했다. 모든 가르침과 연습은 영어로 했다. 시간이 흐르면서 글쓰기, 제도, 페인팅, 화학이 교육과정에 포함되었다.
>
> (Strong 1909, 161)

18세기 후반에 급속히 늘어났던 스코틀랜드의 '잡동사니' 학교들에 대해서 질서를 더 부여하려는 또 다른 시도가 있었다. 혼란스럽게도 (아카데미보다 더 폭넓은 연령 집단을 가르치는, 즉 중등에 속하는 모든 나이의 아이들을 받아들이는) 새로운 유형의 학교들까지도 '아카데미'라고 불렀었다. 상급반 소년을 위해서 1793년에 최초로 세워진 것으로 인버네스(Inverness) 아카데미가 있었다. 여기서는 1학년에 '영어 문법'; 2학년에 라틴어와 희랍어; 3학년에 글쓰기, 산수, 부기; 4학년에 지리, 항해, 제도, 축성; 5학년에 자연사, 자연철학, 화학, 천문을 가르쳤다(ibid., 1645-5). 19세기의 전반에 스코틀랜드 전 지역에 세워졌던 이런 아카데미들의 교육과정을 일부 문법학교에서 모방하기도 했다. 물론 다른 문법학교에서는 고전적 전통이 강하게 남아있었다(ibid., 168-9).

18세기에 스코틀랜드의 교육기관은 잉글랜드의 비국교도 공동체들과 긴밀한 관계를 갖고있었다. 17세기 말부터 수많은 비국교도 학생들이, 옥스퍼드와 케임브리지에 못 들어가고, 고등교육을 받기 위해서 글래스고와 에딘버러 대

학으로 갔었다. 이들 중 몇 사람은 비국교도 아카데미의 강사가 되었고, 가끔은 일부 스코틀랜드인 졸업생이, 비국교도 아카데미에 다니지 않았어도, 비국교도 아카데미의 강사가 되었다(MaLachlan 1931, 29-30). 비국교도 아카데미에서 수업 언어는 라틴어에서 영어로 바뀌었는데, 이는 스코틀랜드의 영향이 상당히 큰 것이었다(Smith 1955, 70).

05 유니버시티 칼리지 런던(UCL)

유니버시티 칼리지 런던(University College London, UCL)은 1826년에 실제로 스코틀랜드 대학을 본받아 설립되었다(Bellot 1929, 8). 프러시아와 미국의 고등교육도, 프로테스탄트 사상-세계에서 태어난 것으로서, 또 다른 영향을 미쳤다(ibid., 8). UCL은, 잉글랜드 비국교도에게 옥스퍼드/케임브리지 진학이 (1850년대까지) 막혔기 때문에, 처음부터 비국교도 대학으로 구상된 것이었다. 비국교도 아카데미도 고려의 대상에 속했으나, 이 무렵에는 모델로서 적절하지 못했다(ibid., 21). UCL의 교수로는 비국교도와 연관된 사람이 많았다. 예를 들어, '논리학과 인간의 마음'을 담당한(1830-1866) 최초의 철학 교수는 존 호퍼스 경(Rev. John Hoppus)이었다. 그는 독립교회파 목사였는데, 로더햄 독립 칼리지(Rotherham Independent College)에서, 그리고 에딘버러와 글래스고 대학에서 교육을 받았다(ibid., 109). UCL과 비국교도 세계 간의 관계는 19세기에 전반적으로 상당히 지속되었다. 우리가 살펴보았듯이 골턴, 피어슨, 맥두걸은 모두 다 UCL과 연관되었고, 나중에는 버트도 그랬다.

UCL은 의학부와 (문예, 법률, 과학으로 이루어진) 교양학부로 나뉘었다. 처음에 교양학부는 4년제로 계획했었다(ibid., 78-9).

- 1, 2학년: 라틴어, 희랍어, 수학, (수학의 대체 과목으로 2학년의) 자연철학
- 3학년: 논리 및 인간의 마음의 철학, 화학 및 자연철학
- 4학년: 법률, 정치경제, 자연철학, 도덕 및 정치 철학, 프랑스어, 독일어, 영작문. 역사는 선택 교과에 속했다.

이 과정의 패턴은 스코틀랜드의 대학의 그것과 그리고 비국교도 아카데미의 일부와 매우 비슷했지만, 그 자체는 일반적 과정이었고, 더 특수한 과정은 19세기 후반에야 비로서 나타났다. 이런 측면에서 초기 UCL은, 스코틀랜드 대학이나 비국교도 아카데미와 마찬가지로, 앞서 언급한 스코틀랜드 중등학교의 교육과정 패턴에 더 가까웠다. 중등 및 상급 기관에서는 일반교육(general education)의 과정을 제공했었는데 이는 인간 지식의 주요 분야를 대표하는 분화된 교과들에 기반을 두고 있었다.

내가 여기서 덧붙일 20세기 이야기로서 언급해야 할 점은 1949년 킬 대학(Keele University)[4]의 설립을 도왔던 린세이(A. D. Lindsay)의 활동이다. 이 대학은 19세기 말에 시작되었던 대학 과정의 전문화에 대항하려는 의도를 품었던 시도였다. UCL의 초기 일반 과정과 비슷하게, 킬 대학의 기초학년(Foundation Year)은 문예와 과학을 포괄하는 몇 가지 학문을 배우는 일반 과정을 제공해왔다. 린세이는 1879년 글래스고에서 태어나 글래스고 아카데미, 글래스고 대학 및 옥스퍼드 대학에서 교육받았는데, 연합자유교회(United Free Church)의 회장의 아들이었다. 린세이를 가리켜 겔리(Gallie 1960, 145-6)는 말하기를 "그의 칼뱅주의적 조상의 언어로 말한다면, 린세이는 '선택 받은 사람' 중 하나라는 감각을 아마 가장 덜 억압적인 형태로 지녔던 사람이다". 린세이는 1950년에 킬 대학에 대해 다음과 같이 적었다: "몇 가지 점에서 우리의 실험은 19세기 말까지 존재했던 과거 글래스고 MA에 대한 기억에서 촉발된 것이었다"(Mountford 1972, 130). "'전통적인' 스코틀랜드 MA는 ... 일곱 과목을 배웠다: 인문학(라틴어). 희

4) 원래는 유니버시티 칼리지 노스 스태포드셔(University College of North Staffordshire)였음.

랍어, 수학, 형이상학을 포함한 논리, 도덕철학, 자연철학(물리학) 그리고 영어"(ibid.).

06 1988년까지의 이야기

제2장에서 보았듯이, 18세기까지 잉글랜드의 비국교도 공동체들은 '중간 부류' 중에서 떠오르는 부류였지만, 성공회 주류 세력의 삶과 활기로부터는 떨어져 있었으며, 그리고 가난한 하층 사람들과는 구별되었다. 그들의 종교성은 그들에게, 토니(Tawney 1926) 등의 말처럼, 구원의 확신과 세속적 성공을 안겨주었다. 신이 부여한 재능에 맞게 직업을 선택하고, 이에 부지런히 헌신하는 노동은 금전적 성과를 낳았다. 비국교도는 자기들 나름의 사회적 향상 욕구를 가지고 종사했던 상업, 금융업, 제조업 분야에서 성공을 이루어냈고, 18세기 후반에 국가의 산업화에서 주된 역할을 담당했으며, 그중 일부는 거대한 부를 축적했다. 19세기 초에 이르러 비국교도 중산계급은, 다수의 감리교파 및 복음주의적 국교도가 가세하면서, 그 정치 권력과 영향력이 커졌으며, 그리고 중산 계급의 상류층은 귀족과 신사로 형성되어 있었던 구 지주계급에 동화되었다.

교육 영역에서, UCL은 다양한 개별 학문에 기반을 둔 공통 과정을 강조했는데, 이는 비국교도의 아이들에게 제공되는 중등교육에 그대로 반영되었다. 이 과정은 UCL에서 가르쳤던 논리와 마음의 철학이 제외된, 덜 추상적인 것이라고 이해할 수 있다.

앞서 보았듯이, 1779년 이후 비국교도는 학교 교사로의 진출이 법적으로 허용되었다. 그 이후 60년 동안 중산 계급에 속하는 비국교도는 자기 아이들을 새로운 사립학교와 영리 학교(proprietary schools)에서, 그리고 개선된 일부 문법학교에서 교육시켰다. 그들은 문법학교의 협소한 고전적 교육에 반대했고, 아카데미에서처럼 폭넓은 교육과정을 요구했다. 이 과정을 브라이언 사이먼(Brian Simon 1960, 102-25; Roach 1986, 237도 참조)은 잘 설명해준다. 그는, 예를 들어, 맨체스터의 사립학교에 관한 1834년도 보고서를 언급한다. 이런 학교는 대체로 1820년 이후에 설립되었으며,

> 교사는 비국교도의 비율이 높았다. 교육과정의 분석에 따르면 평균적으로 남자아이의 학교는 읽기, 쓰기, 문법, 산수, 지리, 역사, 수학, 언어를 대략 15세까지 가르쳤다. 일부 학교는 자연사와 제도를 가르쳤고, 몇 군데에서는 약간의 도덕과 종교도 가르쳤다.
>
> (Simon 1960, 113)

중산 계급의 부와 정치적 영향력은 19세기를 통해서 계속 커나갔다. 이를 촉진시킨 것은 복음주의의 부활, 그리고 비국교도를 공직 생활에서 축출했던 법률의 폐지였다. 19세기 중반 이후 전국의 학교에서 제각각 제공되었던 교육과정을 다듬으려고, 그리고 그 내용을 세 가지 사회계급에 맞추려고 공식적 조치가 내려졌다. 1850년대 말엽과 1860년대에 클라렌든 위원회(Clarendon Commission)는 주요 사립학교에서 고전적 교육과정을 존속시킬 것을 강권했고, 뉴캐슬 위원회(Newcastle Commission)는 대중을 위한 3'R'-기반 교육을 촉구했고, 1864~8년의 톤턴 위원회(Taunton Commission)는 제2/제3등급의 법인학교와 사립학교(second-and third-grade endowed and private school)를 위해서, 다시 말해서 대체로 중산 계급의 중하위 계층(비국교도는 여기서 두드러진 집단)을 위해서 일반적, 근대적 교육과정을 제안했다. 제2등급(second-grade) 학교에서는 16세에 졸업하는 남자아이에게 라틴어(희랍어 제외), 영문학, 정치경제, 수학, 과학에 기반을 둔 교육과정을 가르치고, 제3등급 학교의 교육과정은, 14세에 끝나는데, "라틴어 혹은 근대 외국어, 영어, 역사, 초급수학, 지리, 과학 등을 포함시켜야 했다"(ibid., 324).

프로이센의 **실과학교**(Realschule)의 근대적 교육과정은 그 위원회의 사고방식에 영향을 주었고, 잉글랜드 중산 계급의 여러 집단에서 요구하는 교육과정에도 영향을 미쳤다. 프로이센이 프로테스탄트 국가(1817년에 루터파와 칼뱅파의 교회가 연합복음주의 교회로 통합되었음)였다는 점, 그리고 **실과학교**의 근대적 교육과정이 상업/산업 집단의 욕구에 부합되었다는 점이 중요하다. 이런 상업/산업 집단은 잉글랜드 중산 계급에서도 중심이었는데, 이들은 여러 해 동안 자기 아이들을 위해 학교 교육이 근대적 방향으로 개선되도록 정부에 압력을 넣었으나 그동안 별로 성공하지 못했었다.

1961~4년 클라렌든 위원회는 주요 사립학교에서 (당시에는 다수의 중상위 계급이 포함된) 상류계급을 위해서 고전 중심의 교육을 지속해야 한다고 결정했던 반면, 대다수의 중산 계급을 위한 계획은 비국교도 전통에서 처음 생겨난 전통적인 폭넓은 교육과정을 계속해서 기반으로 삼았다. 비록 이 톤턴 위원회의 제안이 효력을 낳지 못했지만, 이 교육과정의 매력은 1860년대에 아주 컸었고, 우수한 사립학교로 파고들기 시작했다(Roach 1986, 239). 클라렌든 보고서 자체에 따르면, 고전(역사와 신학 포함)이 교육과정 시간의 절반 이상을 차지해야 하지만 이와 함께 수학, 자연과학, 프랑스어 혹은 독일어, 음악 혹은 제도를 위한 여지도 마련해야 한다고 제안했다(ibid., 240).

19세기 후반에 소위 '전통적인' (즉 비국교도) 중산 계급에는 국교도 혹은 세속적 배경을 가진 신흥 중산 계급 구성원들이 끼어들었는데, 이 두 집단은 비교적 자족적인 사회적 네트워크 안에서 고립된 채 살았으며 1950년대까지도 그랬다(McKibbin 1998, 91). 20세기에 중산 계급의 정치적 영향력은 확고해졌으며, 그 구성원들은 20세기 중반 이후에 더 다양해졌고, 20세기 중반 이후로 갈수록 세속화되었다. 1906년 선거에서 비국교도에 속하는 의회 의원이 185명이나 선출되었고, 그 대다수가 새로운 자유당 정부에 동조적이었지만(Binfield 1977, 207), 제1차 세계대전 이후 자유당이 쇠락하면서 중산계급은 대체로 보수당 쪽으로 기울었다. '구원받을 운명으로 선택받은 사람에 속한다'라는 오래된 청교도적 개념은 이 무렵에 그 동력을 거의 상실했다. 그러나 그 흔적은 선발 메커니즘을 통해서 확인되는 '학문적 엘리트'라는 개념에 남아 있는 것같다.

1904년에 모란트(Morant)는 새 지역교육청의 중등학교와 초등학교 간에 격차를 넓혔다. 중등학교는, 톤턴 제안에 따라서, 광범한 교과-기반 교육과정을 따르도록 했는데 1904년에 그것은 다음과 같이 구성되었다.

> 영어와 영문학, 최소한 한 가지 외국어, 지리, 역사, 수학, 과학, 제도, 수공(남), 가사(여), 신체 단련, 단체 게임.

여기서 여학생 교육에 대해 언급해야 하겠다. 1904년도의 틀에서 승인된 공식 견해에 따르면, 중등 수준에서 여학생은 실제적 교과를 제외하고는 남학생과 동일한 교육과정을 따라야 했다. 이와 달리, 19세기 후반에 중산 계급 여학생의 교육은 전반적으로 전혀 달랐다. 그것은 학업 지향적이기보다 '장식적, 정숙한, 결혼할 수 있는 존재'가 되는 것에 치우쳤고, 거의 가정에서 행해졌다(Dyhouse 1981, 41-3). 1904년 이후로 1909년에 규정이 바뀌고, 15세 이상의 여학생은 과학과 (산수가 아닌) 수학을 가사로 대체하도록 허용하였다(ibid., 165).

초등학교는, 전체 아이들의 약 75%를 가르쳤는데, 지적으로 미흡한 교육과정을 따르도록 의무화했다. 과목은 빠지고 자연 공부만 있었으며, 외국어도 없었고, (성별로 구분된) 수공을 매우 강조했다(Board of Education 1929). '모든 학교에서 더 많은 가정 과학을 여학생에게 가르쳐야 한다'라는 점에 대한 모란트(Morant)의 민감한 세부 사항은 다이하우스(Dyhouse 1981, 93-4, 98-9)를 참조하면 된다. 이에 따라, 중산 계급의 핵심 집단은 자기들을 하층계급과 더 적절하게 차별화할 수 있었다. 하층계급에서 우수한 아이들을 위한 장학금은 계층상승을 위해서 겨우 허름한 사다리만을 제공했다.

전통적인 교육과정의 교과 목록을 토대로 삼아 비슷하게 만들어진 학문적 교육과정은, 20세기를 거치면서 활발하게 살아남았다. 처음에는 학생들을 선발하는 중등학교에서, 그리고 1960년대부터는 이런 학교를 거의 대체했던 중등 종합학교 시스템의 대부분에서 그랬다. 20세기 중반 이후 평등주의를 외쳤던 수많은 교육사상가는, 엘리트에게 유리했던 교육과정을 노동계급도 똑같이 배우게 되기를 원했다. 몇몇 경우에는 나 자신도 그랬었지만, 장학금이라는 '사다리'를 통해 엘리트 학교 교육을 받고 나서 사회적 상승 이동을 개인적으로 경험하게 되면서 그런 욕구가 강화되었다. 또한 종합학교는 온통 교과에만 기반을 둔 교육과정에서 벗어나, 다수 아이들에게 호소력도 더 크고 관련성도 더 많은 새로운 교육과정의 형태로 나아가려고 했던 온갖 시도의 터전이었다.

모든 혁신은 1988년도 새로운 국가 교육과정 이후에 멈추고 말았다. 새 교육과정에 담긴 10개의 필수 교과는 1904년도 모란트의 그것과 거의 똑같았다. 유일한 차이라면 1904년에는 수공/가사가 있었으나 1988년에는 기술과 음악이 들어간 것뿐이다(Aldrich 1988, 22). 이처럼 과거로 돌아갈 기반을 마련한 것은 1960년대 후반과 1970년대에 (시릴 버트와 한스 아이젱크가 저자로 참여한) 『흑서』를 중심으로 '전통적 교육과정 옹호 캠페인'이 지속되었기 때문이다.

1904년과 다른 점은, 폭넓은 필수 교육과정이 극소수 엘리트만을 위한 것이 아니라 모든 아이를 위한 것이 되고 말았다는 것이다. 또 교과-기반 교육과정이 중등학교에서만 아니라 초등학교에서도 가르치게 되었다는 것이다. 18세기에 그것은 대학/고등학교 수준의 교육과정으로 시작했었던 것인데, 1988년에는 유아 학교에까지 스며들었다는 것이다. ("늦추지 말고, 할 수 있을 때부터 가르치기 시작하고, 무언가를 이해할 때부터 일찍 시작하라"(Morgan 1944, 53); 이 책의 97쪽을 참조). 1988년도의 이런 변화는 제6장에서 다시 살펴볼 것이다.

20세기는, 과거에는 '근대적', 지금은 '전통적'이라고 부르는 교육과정이 그동안 주된 경쟁자였던 사립학교의 고전-기반 교육과정에 대항해서 마침내 승리를 거둔 세기다. 두 교육과정 간의 구분은, 이미 보았듯이, 18세기에 나타났다. 당시의 비국교도를 위한 학교 교육은 지주계급을 위한 학교 교육보다 더 분할된 형태였다. 교육과정에 대한 두 접근 간의 갈등은 19세기에 더 표면화되었다. 이와 달리 19세기에 대중에게 제공되었던 교육과정에서는 근대적인 것과 기초적인 것 간의 대립이라는 것이 있을 수 없었다. 왜냐면 서로 경쟁하는 지주/금융/산업 엘리트 내부에서도 일치를 보았던 점은 '노동계급은 제 처지에서 벗어나지 못하게 만드는 교육을 받아야 한다'라는 것이었다.

20세기 초에, 지주계급, 런던과 남동부의 금융/상업 엘리트, 그리고 북부의 산업가들 간에 이익의 분열이 사라짐에 따라서, 과거의 엘리트들 간의 통합이 이루어졌다(Rubinstein, 1998). 이런 통합의 정치적 구현이 곧 보수당이었다. 보수당은 대략 전국적으로 지역 권력의 $\frac{2}{3}$를 장악했고, 앞서 보았듯이, 중산 계급의 다수로부터 지지를 받았다. 교육적 측면에서 보면, 엘리트의 통합은 (심지어 사립학교에서도) 고전적 교육과정에 대한 근대적 교육과정의 승리에도 반영되었다. 물론 고전적 교육과정의 흔적은 (20세기 중반에 나도 다녔었던) 소수의 사립학교에 남아있었는데, 여기서 '고전적' 교과는 '과학'보다 우월한 위세였고, 그다음에 '근대적' 교과, 그 밑에 '일반적' 교과가 깔려있었다.

20세기의 또 다른 특징은 새로운 엘리트에 대항하는 '노동계급과 노동운동'의 위협이었다. 이것도 교육과정에 영향을 미쳤다. 1904년 모란트의 개혁은 계급 노선을 따라 교육과정을 분리했던 19세기 정책의 정점이었고, 이는 20세기 중반까지 지속되었다. 그러다가 새로운 종합학교에서 계급 차별이 없는, 공통된 교육과정을 가르칠 것을 요구하는 좌파 세력의 압력이 거세어졌다. '노동계급 아이들이 전통적인 교과 기반 교육과정의 과학, 언어 및 다른 것에서 **배제**를 당했다'라고 좌파들이 지각했기 때문에 오히려 교과 기반 교육과정의 지배력은 확산되고 말았다. 이 교육과정의 승리에 도장을 찍어준 것이 곧 1988년 국가 교육과정의 도입이었다. 사회계급과 관계없이, 다시 말해서 공동주택 단지에서 오밀조밀 사는 서민들로부터 거대한 전원에 세워진 큰 저택에 사는 부유층까지, 국공립 학교는 이제 법적으로 같은 범위의 교과를 가르친다. 만일 하층계급의 열망이 상층 엘리트를 성가시게 만든다면, '교육과정의 분리'가 아닌 다른 방법에서 대처 방안을 찾을 수 밖에 없는 상황이 되었다.

18세기에 구(舊) 비국교도의 소수 공동체가 믿었던 종교에 적합했던 교육과정으로 성장하기 시작한 것이, 3백 년이 흐르면서 여러 가지 변형을 겪다가, 마침내 전 국민에게 당연한 것이 되어버렸다. 그것은 언제나 중산 계급 혹은 '중간 부류'와의 연관성을 어떤 형태론가 유지해왔던 교육과정이었다. 이미 16세기 말엽부터 청교도는 자신들이 선택, 구원, 예정, 소명, 가정생활이라는 개념을 기반으로 자신만의 세계관을 지닌 독특한 사회집단이라고 인식했다. 이 공동체는 자신보다 상위에 있는 봉건 귀족 그리고 자신보다 하위에 있는 조잡한 잔챙이들과 대조되는 사회집단으로 인식하기 시작했다(George and George 1961, 170). 1662년 통일령의 공표로 비국교도가 잉글랜드의 공직 생활에서 축출된 사건은 그들의 고립을 더 굳어지게 만들고 말았다. 즉 상위에는 국교도 지배층, 그리고 하위에는 다수의 노동자, 실직자, 범죄자로부터 단절되어 있을지라도 자신들이 존경받을, 올곧은 사회적 세계에 속해있다는 의식은 더 굳건해졌다. 이들 비국교도 중에서 18세기 말과 19세기 초의 산업화를 통해 더 부유해진 사람들이 생겨나게 되었고, 이에 따라 (구 비국교도, 감리교파, 복음주의적 성공회가 많은 부분을 차지하는) '중간 부류'와 상층의 신사 집단 간의 계급적 구별은 상당히 희미해졌다. 이와 동시에 19세기를 거치면서 중산 계급 자체도 새로운 전문 집단(학교 교사, 엔지니어, 측량사 등)의 성장과 더불어 그 범위가 확대되었다. 20세기 초에도 비국교도와 여타 중산 계급 간의 사회적 구분은 여전히 남아 있었지만, 20세기가 진행되면서 '중산 계급'은 거대한, 마구 뻗어간, 흔히 세속적인, 경계가 불분명한 집단이 되기 시작했다. 중산 계급의 범위는 확고한 부를 소유한 사람으로부터 온갖 부류의 직장인/자영업자로 이루어진 중하층계급으로까지 넓혀졌다(Gunn and Bell 2002). 근대적/전통적 교육과정의 발전은, 배제에서 수용으로, 그리고 마침내 주도권(hegemony)으로 나아가면서, 중산 계급의 발전을 그대로 반영하였다.

07 전통적인 학문적 교육과정: 오늘날

오늘날 많은 사람이 전통적인 학교 교육과정을, 그리고 지난 3세기 동안 그것과 연관되었던 교수법, 시간표, 평가와 관련된 생각을 마치 당연한 것처럼 받아들이는 경향이 있다. 이 교육과정은 마음과 몸을 확연히 구분하는 것이고, 여기서 체육교육은 주변으로 밀려난다. 또 그것은 주로 **지적**(intellectual) 교육과정으로서 수학, 과학, 역사, 지리와 같이 지식을 추구하는 교과를 앞세운다. 예술 교과에 속하는 문학/미술/음악은 주로 19세기에, 핵심이었던 지적 교과에 추가되었고, 지식을 추구하는 교과를 보조하는 역할에 머물렀다. 우리가 구(舊)비국교도처럼 상상과 정서를 '그릇된 판단의 원천'으로 여기지는 않을지라도, 그런 것보다 지식 습득을 더 우선시한다는 점에서는 똑같다. 물론 예술 관련 교과 중에서 문학은 미술이나 음악보다 더 진지하게 받아들여지는 경향이 있다. 이 경향은 문학이 지식 추구 교과에 더 쉽게 동화될 수 있기 때문일 것이다(청교도 전통에서 이런 점의 역사적 원천에 대해서는 204쪽을 참조). 중등학교에서 드라마, 소설, 시에 대한 학생들의 '미적 반응의 강렬함과 섬세함'은 '증거에 기반한 비판적 평가 능력'보다 오히려 저평가되는 경우가 많다.

18세기 비국교도의 교육과정에서처럼, 우리의 교육과정도 비-도구적 목표가 지배하는 것이다. 물론 예를 들어 과학을 외재적 목적에서 공부하는 경우가 많음을 부정하지 못한다. 고등학교 학생은 '대학에서 물리학을 전공하기'를 혹은 '앞으로 약사가 되기'를 마음에 지닐 수 있다. 이와 비슷한 의도가 '다른 사정이 똑같다면' 워링턴 아카데미의 일부 평민 학생에게도 사실이었을 것이다. 그러나 비국교도들에게 과학 교육의 **의도된** 목표는, 다시 말해서 개별 학생이 아닌 제도가 의도한 목표는, 신의 창조물의 다면적 영광을 밝혀내는 일이었다. 오늘날에도 전통적 교육과정을 옹호하는 사람들은 비-공리적 목적에 똑같이 애착을 보이는 경우가 많다. 그들은 '과학, 역사, 수학이 그 자체로서 인류 문화의 중요한 업적이다'라고 주장한다. 그들에게 학교의 일차적 목표는 학습에 대한 사랑을 불러일으키는 것이지 진로 개발, 시민성, 혹은 자아 탐색의 수단이 되는 것은 아니다. (때때로 '교육'이라는 용어 자체가 내재적 선에 의해 정의되고, 여기에 들어가지 않는 도구적 목적은 '훈련'에 집어넣기도 한다.) 이런 비-도구적 사고방식의 사례는 교육철학에서 쉽게 찾을 수 있다. 리차드 피터스(Richard Peters 1966), 폴 허스트(Paul Hirst, 1965, Hirst and Peters), 마이클 오크쇼트(Michael Oakeshott 1971) 그리고 엔서니 오히어(Anthony O'Hear 1991, 43-5) 등의 교육철학에서 볼 수 있다. 물론 오크쇼트와 오히어는 피터스와 허스트보다 오히려 더 전통주의적 철학자다. 피터스와 허스트는 폭넓은, 학문 중심적 교육과정의 기반을 '기존 것에 대한 존중'보다는 '합리적 원칙'에 둔다고 하였다. 1960년대의 이런 교육과정의 철학이 비국교도의 전통에 빚지고 있는 것임을 나는 다른 곳(White 2005)에서 이미 밝혀냈다.

피터스와 허스트의 이런 입장은, 어떤 면에서 보면, 비국교도보다 더 순수하게 비-도구적이다. 비국교도 입장의 이면에는 결국 일종의 외재적 고려사항이 들어있었고, 이 점은 굉장히 중요했었다. 신의 세계에 대한 지식은, 비국교도의 마음속에서, 개인의 구원과 연결되었다. 그 지식이 구원에 필수 조건이라고 비국교도는 믿었다. 그렇다고 해서 개인의 구원을 반드시 교육의 인정된 **목적**으로 삼지는 않았다. 정말 그렇게 했다면 신에 대한 오만이었을 것이다. 왜냐면 구원은 신의 선물일 뿐이었기 때문이다. 그런데 더 최근의 입장에서는 이처럼 학습을 뛰어넘는 목표/고려사항에 대한 애매한 관계가 없다. 학습은 순전히 비-도구적인 일이 되었다.

그러나 이 점은 더 최근의 입장을, 어떤 면에서, 비국교도의 입장보다 더 곤란한 처지에 놓이게 만든다. 즉 정당화(justification)의 난관에 부닥친다는 뜻이다. **왜** 과학이나 역사를 비-도구적 방향으로 가르쳐야 하는가? 명확한 답이 없다. 비국교도는, 드러내놓고 도구적인 방식은 아니었으나 어떤 식으로인가 구원에

호소할 수 있었지만, 현대의 교육철학자에게는 믿을 데가 없다. '학습 자체의 가치는 직관적으로 참이다'라고 보는 사람도 있고(Downie et al. 1974, ch. 3), 또 칸트식으로 '그것은 합리적 삶에 논리적으로 전제된 것이다'라고 정당화하는 사람도 있다(Peters 1966, ch. 5). 이는 그럴듯하게 보일지 모른다. 왜냐면 인간이 합리적 존재라고 한다면, 그가 가치 있게 여기는 어떤 목적도 없이 그 목적의 수단이 되는 것만을 무한정 추구할 수는 없기 때문이다. 여기서 '어떤 목적'은 다른 어떤 것의 수단이 아니라 그냥 그 자체로서 추구되는 것이다. 그러나 이런 논변이 당면하고 마는 한 가지 문제가 있다: '친밀한 사적 관계에 몰두하기, 자신을 이해하기, 자연을 사랑하기 등도 내재적 가치가 있는 활동인데, 어째서 이런 활동은 제외해버리고 그저 내재적 가치가 있는 학문적 목표에만 특권을 주는가 하는 점에 대해 타당한 이유를 내놓아야 한다. 이처럼 정당화를 위한 여러 주장과 반대 주장이 여러 가지로 얽혀 있지만 아무튼 내재적 입장의 주요 난점은 여기서 충분히 밝혀졌을 것이다.

근대적 교과-기반 교육과정과 비국교도의 교육과정 사이에는 두 가지의 공통점이 더 있다. 첫째, 수학/과학처럼 더 추상적 교과가 더 큰 명성을 갖는다. 논리는 과거의 교육과정에서도 도드라진 것이었는데 최근에 '사고 기능'이 학교 교육과정의 공식적인 일부로서 강조되었다. 둘째, 분리된 교과들을 중심으로 교육과정이 조직된다. 이와 달리 생각할 수는 없다고 일부 사람들은 보는 것 같은데, 교육과정이 꼭 그런 식으로 조직될 이유는 없다. 비국교도 교육과정의 교과-기반은 (지식 영역을 정연하게, 시각적으로 제시할 수 있게 나누고 또 나누는) 라무스의 프로젝트로까지 거슬러 올라가는 것으로 보인다. 20세기 후반에 지식 영역 간의 상호관계를 높이고, 상호 분리성을 줄이려는 시도가 있었으나 별로 진척되지 못했고, 1988년에 영국에서 철저하게 교과에 기반을 둔 국가 교육과정이 입법화됨으로써 실패하고 말았다. 이때 정부가 도입했었던 다섯 가지의 '통합교육과정 주제들'도 이윽고 관심 밖으로 사라지고 말았다.

시간	월요일	화요일	수요일	목요일	금요일	토요일	일요일
7	기도	기도	기도	기도	기도	기도	기도
8	수학, 부기 아침식사	수학, 부기 아침식사	수학, 부기 아침식사	수학, 부기 아침식사	수학, 부기 아침식사	고대 기하학 아침식사	-- 아침식사
9	대수	삼각법	대수	삼각법	대수	공개강의	--
10	희랍어 성서	논리, 윤리 등	신학	논리, 윤리 등	신학	scheme 강의	--
11	기하 1. 2. 3.	영어 -- 원뿔곡선	기하 1. 2. 3.	원뿔곡선 -- 영어	기하 1. 2. 3.	지리	예배식
12	글쓰기	그리기	글쓰기	그리기	글쓰기	신학회	--
1	점심	점심	점심	점심	점심	점심	점심
2	고전	고전	고전	고전	고전	--	--
3	프랑스어	프랑스어	프랑스어	프랑스어	프랑스어	--	--
4	Do.	Do.	Do.	Do.	Do.	--	--
5	해부학 혹은 화학	--	--	해부학 혹은 화학	히브리어	--	--
6	-	--	--	--	--	--	--
7	작문 써클	스피킹 클럽	책 클럽	고전 클럽	신학 클럽	--	--
8	저녁식사	저녁식사	저녁식사	저녁식사	저녁식사	저녁식사	저녁식사
9	기도	기도	기도	기도	기도	기도	기도

N.B. 저녁 기도는 현재 7시에. 저녁 식사 후 몇몇 모임이 있음.
윌슨의 *Memorials*, II, p. 39, New College, Hampstead.

그림 5.2 워링턴 아카데미의 시간표

출처: Mc Machlan(1931, 227)

08 시간표

그와 같은 공식적 교육과정만이 구 비국교도와 연결된 학교생활의 유일한 특성은 아니었다. 나는 비국교도 아카데미에 관한 맥라클란의 책(1931)을 읽다가, 1778년 무렵 워링턴 아카데미의 시간표가 들어있는 [그림 5-2]를 보자마자 깜짝 놀랐다.

오늘날 중등학교 시간표와 비슷한 점이 눈에 띈다. 날마다 공부에 쫓기는 시간은 더 길었겠지만, 짧은 시간에 폭발적인 지식의 주입이 벌어지는 것이나, 시간마다 전혀 다른 교과로 바뀌는 것이나 똑같다. (또한 Comenius 1907 XXIV, 17 참조.) 구 비국교도가 그런 데에는 나름의 이유가 있었다. 시간 낭비를 줄이려고 했을 것이고(청교도의 시간-평가에 대해서는 톰슨(Thompson 1982)을 참조), 또 지식을 분류하고 또 이를 배우기 쉬운 분량으로 나누는 라무스의 전통이 반영되었을 것이다.

> 라무스의 독창성보다는 제시와 조직의 천재성이 그를 교과서 시장에서 최고 인물로, 복잡한 정보를 초보자에게 가장 대중적인 방식으로 전달하는 달인으로 만들었다. 변증법에 관한 그의 책은 그런 방식이 모든 학습 영역에 적용 가능함을 보여주었고, 그의 다른 책은 이 아이디어를 구체적 교과, 특히 수학으로 확대했는데, 여기서 그의 테크닉의 영향력은 막강했다. 그것은 무엇보다도 이분법적 표(tables)였고 ... 이를 자신의 특징으로 삼았으며, 새로운 수준의 대중성으로 끌어올렸다 ... 학업 도서, 특히 교실에서 사용하기 편하게 만든 책은 일관성 있게, 일상적인 글을 블록으로 엮고, 몇 페이지마다 요약과 표로 연결하고, 자료의 골자를 간단하고 외우기 쉽게 제시했다. 그 핵심은 학생의 혼란을 줄이고, 공부를 편하게 만든 것이었다.
>
> (Copenhaver and Schmitt 1992, 238)

오늘날 이런 종류의 시간표에는 과연 어떤 합리적 이유가 있을까? 이것은 우리가 당연시하는 제도의 한 단면이지만, 우리가 (비국교도 교사들과 대조적으로) 이론상으로 학생의 동기유발에 더 관심을 쏟는다고 말하는 것과는 어긋난다. 주제에 대한 흥미가, 일단 유발되면, 그저 45분 혹은 50분 동안만 지속될 수 있는 것은 결코 아니다. 용감한 학교는 그 대안을 찾으려고 하겠지만 보통의 학교는 기존 방식에 그저 따르고 만다.

09 시험

교수법에 대한 라무스의 접근방식에는 '교육과정 내용은 업무처럼 시험을 볼 수 있다'라는 의미도 들어있다. 시험(examination)이라는 개념은 처음부터 급진적 프로테스탄트의 사고에서 핵심이었다. 제3장에서 우리는 코메니우스(Comenius 1907, XXIV, section 9, pp. 219-20)가, 아래와 같은 글에서, '참된 기독교인이 되는 데에 본질'은 명상, 기도, 시험이라는 루터의 믿음을 어떻게 끌어들였는가를 보았다.

> 시험은 우리의 경건성의 진보를 끊임없이 검사(test)하는 일이며, 이는 우리 자신이나 혹은 타인으로부터 받을 수 있다. 시험을 받는 것은 인간적, 악마적, 신적 유혹이다. 왜냐면 인간은 자신에게 신심이 있는지 그리고 신의 뜻을 따르는지를 보려면 자신을 시험해야 하며; 그리고 우리는 다른 사람에 의해, 우리의 친구에 의해, 그리고 우리의 적들에 의해 검사받아야 할 필요가 있기 때문이다.

청교도가 구원의 한 가지 조건으로서 지식에 부여했던 비중으로 볼 때 지적, 도덕적 진보의 상태가 개인의 자기 시험(self-examination)을 통해서 정기적으로 점검되었을 것이라고 짐작된다. 자기 시험은, 코메니우스의 말처럼, 타인에 의한 시험과 단절되면 안 된다. 청교도는 개인이었지만, 원자론적 의미의 개인이 아니었다. 개인은 비슷한 마음을 가진 개인들로 구성된 공동체의 한 부분이었으므로, 집단으로 일하면서 각자의 구원을 촉진하려고 했었다.

초기 청교도 공동체에서 부모/목사/교장이 아이들의 지적 검사에서 수행했던 역할을 알아내려면 이 책보다 더 충실한 연구가 필요할 것이다. 그러나 16세기에서 17세기 말까지 살펴보면 비국교도 아카데미의 역사에는 '최소한 상급 학생을 위해서 근대적 의미와 비슷한 학업 시험(scholastic examination)이라는 개념이 있었다'라는 증거가 나온다.

맥라클란(McLachlan 1931, 41)은 말하기를,

> 검사와 시험에서 아카데미는 대학보다 훨씬 더 높은 수준을 유지했다.

그는 계속해서, 18세기 초 케임브리지 학부생이 BA 학위를 얻기 위해 답해야 할 - 혹은 답하지 못할 - 것으로 기대하는 놀랍도록 쉬운 질문의 문헌적 증거를 제시해준다.

> 그중 한 학생은 Anno Domini(그리스도의 해)를 영어로는 무엇이라고 하는가라는 질문을 받았으나 그 멍청이는 답할 수 없었다. 다른 학생은 구세주가 태어난 지 얼마나 되었느냐는 질문에 백 년쯤이라고 말했다 ...
>
> (ibid.)

초기 아카데미에서는 강사들이 검사와 시험을 자주 시행했고, 후기 아카데미에서는 "학년 중에 글로 제출한 것을 해마다 특별히 임명된 시험관이 공식적으로 검토했다"(ibid., 42). 일찍이 1696년에 연합형제단(the United Brethren)은 톤턴 아카데미에서 5개년 과정을 마칠 수 있는 장학금을 후원했는데, 논리학과 다른 과목을 배울 장학금을 받으려면 그 전에 '라틴어와 희랍어의 기능을

숙달할' 것을 요구했다. 그리고 또 다른 요구도 있었다.

> 장학금의 혜택을 받고 싶은 철학 및 신학의 학생은 일 년에 한 번씩 사람들이 모인 자리에서 시험에 통과할 것, 혹은 학습에 능통했음을 입증해야 할 것.
>
> (ibid.,)

모든 아카데미를 조사했던 맥라클란의 판단에 따르면, 정기 시험이 가장 널리 시행되었던 곳은 독립교회파(회중교회파) 학교다. 이런 사항은 카마던(ibid., 56, 59), 킵워스(ibid., 139), 노샘프턴(ibid., 148), 다벤트리(ibid., 159), 로더햄(ibid., 204-5), 혹스턴(ibid., 239-40), 블랙번(ibid., 272-4)의 아카데미에 관한 맥라클란의 설명에서도 나타난다. 이는 분명히 다음과 같은 사실에서 알 수 있다: 회중교회파 전국재단은 "재단이 지원해준 학생들이 인간에 대해 배운 것 그리고 신에 대해 아는 것에 관한"(ibid., 3) 시험을 해마다 시행했다. 시릴 버트의 경력뿐만 아니라 그의 가족에게서 나타났던 시험에 대한 애착은 그의 회중교회파 배경의 이런 측면과 어떤 관계가 있는 것은 아닐까(이 책 121쪽 참조)?

후기 아카데미에서는 외부 평가자가 해마다 여러 영역에 걸쳐서 보통 이틀간 시험을 시행했다. 예컨대, 1817년 로더햄 아카데미에서 시험관의 보고에 따르면, 히브리어 세 반, 고전학 몇 개 반, 그리고 (버트의 아버지가 그에게 읽어주었던 로마의 역사가인(이 책 120쪽을 참조)) 코넬리우스 네포스(Cornelius Nepos)를 공부하는 한 반에서 시험을 치렀다. 게다가

> 네 명의 학생이 시리아어 공부를 몇 명은 불어 공부를 시작했다. 다른 공부 과목으로는 신학, 논리, 교회사, 성서 비평, 그리고 신성한 책, 설교 및 발성법에 관한 강의 - 수학은 어느 정도, 약간의 화학, 그리고 자연철학의 분야.
>
> (ibid., 205)

영어(ibid., 205), 지리와 (고대 희랍과 근대 희랍의) 역사도 일부 아카데미에서 시

험을 치렀던 과목이다.

다시 말하건대 이 책보다 더욱 폭넓은 연구를 통해서 살펴볼 만한 흥미로운 문제는 다음과 같다: 19세기 초에 공식적인 학업 시험의 실제는 초기 프로테스탄트의 (신앙의 절차로서 자기-시험을 비롯한) 시험에 관한 생각으로부터 얼마나 멀어졌을까? 또 구 비국교도의 시험에 대한 애착을 (특히 사회적 최상층에서 비국교도와 주류 세력 간의 구별이 흐려졌던 점을 고려하면) 다른 집단들이 얼마나 공유했을까? 이를 알게 된다면 도움이 될 것이다.

그런데 논란의 여지가 없는 것으로 보이는 점은, '19세기에 (흔히 비국교도의) 중산 계급은 직접적으로는 직업에서, 또 일반교육에서 시험의 시행이 점차 확대된 덕택으로 성장했던 측면도 있었다'라는 것이다.

직업상으로 중상층 계급의 전문직이 가장 먼저 영향을 받았다. 19세기 초, 목사(영국 국교도)와 의사는 학위를 가진 소수의 대학 졸업생이었다. 법학회는 1836년에 변호사 시험을 도입했고, 고위직 공무원과 인도지역 공무원을 위한 최초의 시험은 1850년대에 생겼다(Gunn and Bell 2002, 131). 새로운 (1836년 이후의) 런던 대학은, 그 자체가 거의 시험기구로서 학위 취득이 실제로 확산되는 데에 도움을 주었고; 1900년까지 대다수 옥스퍼드/케임브리지 학생은 "각자의 학위를 취득하려고 했을 것이다"(ibid.).

'도제'가 아닌 '시험'에 기반을 둔 전문화는 하위 부르주아에서, 예컨대 회계사, 측량사, 엔지니어 분야에서도 나타났다.

> 그런 사람들이 각자의 미래가 어디에 놓여있는지를 깨닫기 시작하면서, 그들은 자기 아들에게 더 나은 교육과 전문직 훈련을 제공하기를 열망했다. 끊임없이 정교해지는 전문직에 숙달하려면 그들은 끈기와 자기-단련을 계발하고, 치열한 학문적/전문적 시험에 통과해야만 했다; 앞으로 나아갈 다른 통로도 없었기에 그들은 그렇게 해야 한다고 각오하고 있었다.
>
> (Checkland 1964, 303)

회계사를 위한 이론 중심의 필기시험이 1880년에 도입되었다(Dore 1997, 18). 공학자는 1818년에 도시공학 왕립 기구가 설립되면서 전문화되었고, 그리고 물론 공학적 훈련은 도제와 자기-공부를 통해서 계속되었지만, 공학이 1840년대부터 대학에서 정식과목이 된 후에는 "중산 계급의 구성원들을 위해서는 역량으로 통하는 지름길"(ibid., 18-19)이 생겼다.

19세기에 시험에 대한 중산 계급의 관심에는 직업적 동기가 들어있었다. 우리가 보았듯이, 이런 시험에는 대학 학위 취득을 위한 시험도 포함되었다. 대학 입시에 대한 압박이 높아지면서 학교도 영향을 받게 되었다. 19세기 말과 20세기 초에 대학에 진학할 학생들이 치렀던 가장 대중적 시험은 옥스퍼드 지역시험 대표단(Oxford Local Examinations Delegacy)과 케임브리지 신디케이트(Cambridge Syndicate)에서 실시한 것이었다(Montgomery 1965, 56). 게다가 런던대입학시험(London University Matriculation)은 런던대에 들어가지 않을 사람조차도 일반적인 학교-졸업 시험으로 여기게 되었다.

1860년대 후반은 골턴의 활동이 나타나고 영향을 미치기 시작했었을 때였는데, 직업-대학-학교 네트워크에서 시험의 역할은 문화를 뒤흔들어 놓기 시작한 것에서 그치지 않았다. 골턴은 이 책(112쪽)에서 언급했듯이, 평생을 시험에 사로잡혀 살았던 사람이다. 아마도 케임브리지 최종 우등학위시험에 불합격했던 경험 때문이었을 것이다(Fancher 1984). 시험에 대한 골턴의 관심은 1865년도 그의 유토피아에 대한 설명에서도 나타난다.

> 거기서는 남성이나 여성을 위한 경쟁시험 제도가 매우 발달하고, 심신의 중요한 자질이 모두 거기에 포함되어 있었다. 거기서는 해마다 상당히 많은 금액이, 국가의 훌륭한 봉사자로 성장할 아이를 낳을 수 있는 결혼의 기부금으로 할당되었다.
>
> (Galton 1865, 165-6)

골턴의 발언에서 분명한 점이 또 있다. 이는 앞서 이 책에서 이미 언급했다.

> 나는 사회적 전문적 삶을 중단없는 시험으로 본다. 누구나 타인의 좋은 여론을 얻으려는, 그리고 각자의 전문직에서 성공을 얻으려는 후보자다.
>
> (Galton 1978, 6)

이것은, 수많은 중산 계급 사람들에게, 세월이 흐를수록 진실이 되었고, 공식적인 시험은 더 거대한 이야기에서 중심 역할을 차지하게 되었다. 1860년대 말엽 잉글랜드는 더 구조화된 사회로 급변했다. 즉 더욱 한정되고 덜 임의적인 통로들이 마련됨으로써 젊은이와 그의 가족은 각자의 진로를 계획하고, 직업적 성공을 목표로 삼게 되었다. 시릴 버트가 1890년대 자신의 아동기를 자서전적으로 설명했던 것은 그런 과정을 여실히 보여준다. 열 살 때 그는 워릭에 있는 학교에 진학했다. 제3장에서 그 구절의 일부가 인용되었는데, 그는 다음과 같이 말한다.

> 시험이 가까워지면 나의 어머니는 내 아버지가 어떻게 했기에 차로 실어나를 정도로 많은 상을 성 사비에르 문법학교에서 받았는지를 습관적으로 말했으므로, 나는 최소한 한 개의 상도 못 받아 간다면 체면이 말이 아닐 것이라고 느꼈다. 아주 확실한 길을 찾고자 했던 나는 아무도 욕심내지 않는 것으로 보이는 성서 상이나 타야겠다는 일반적인 목표를 세웠다.
>
> (Burt 1952, 56)

11살이 되던 해, 버트는 크라이스트 병원학교에 진학할 장학금을 얻었고, 거기서 지저스 칼리지(Jesus College, Oxford)에 진학할 장학금을 받았는데, 이때 케임브리지에 갈 수 있는 식료품 회사의 장학금은 거절했다. 이 책의 제3장에서 일부 인용했던 또 다른 구절에서 그는 다음과 같이 적었다.

> 어머니는 아홉 살 때부터 내 교육은 한 푼도 아버지에게 의지하면 안 된다고 주장했다. 따라서 장학금은 내 인생에 없으면 안 될 부분이 되었고, 그 결과 나의 주된 관심 중 하나는 장학금 시스템 그리고 이와 관련된 시험과 선발의 방법을 넓히는 것, 그리고 가능하면 이를 개선하는 것이었다.
>
> (ibid., 57, fn 2)

지능검사 및 학교/대학 시험에서 드러난 지능 수준에 따라 계층화되는 사회라는 골턴의 비전은 버트와 다른 우생학자들에 의해 계승되었는데, 골턴의 이런 비전이 세상에 나타났을 때는 중산 계급이 잉글랜드의 지배 세력이 되기 시작했었던 그 시기였다. 검사/시험이라는 제도는 역사적으로 보면 **중산 계급**의 제도였고, 그들의 승리에서 핵심이었다. 이런 제도를 위해서 이론적, 정치적, 심지어 우주적 근거를 제공해준 것이 골턴의 사상이었다.

20세기 초에 골턴식 혁명의 더 간단한 형태가 잉글랜드의 국가교육 시스템에 스며들었고, 아주 당연한 것처럼 여겨지고 말았다. 이미 언급했듯이 버트는 초등학교의 세분화 혹은 3등분할을 옹호했고, 그리고 그의 지능이론은 1944년 이후 중등학교 선발을 위한 11+ 시험을 옹호하는 이유를 제공해 주었다. 이전에 즉 1904년에 모란트는 중등교육과 초등교육 간의 분리를 직접 설계했는데, 이에 필요한 이론적 정당성을 버트의 이론이 제공해주었다. 1907년에는 나중에 11+ 시험으로 넘어가는 과도기적 단계로. '빈 자리(free places)'가 중등학교에 도입되었는데, 이것은 국가장학금을 통해 초등학교에서 중등학교로 진학할 수 있게 비워둔 것이었다. 1950년에는 학생선발, 지능검사, 공적 시험, 기회의 사다리 등과 같은 아이디어가 잉글랜드 교육의 특징으로 받아들여졌다.

1960년 이후에 종합학교 형태의 중등교육이 도입되었고, 학생선발은 (11+가 유지된 지역을 제외하고) 중등학교 유형 **간**에 행해진 것이 아니었고, 종합학교 자체 **내**에서 행해졌다. 여기서 하나의 트랙은 (제6학년 과정(sixth-form)과 대학 공부로 나아가는 통로인) GCE 시험으로 가는 길이고, 또 하나의 트랙은 (CSE 1등급과 GCE 합격 간의 동격 단계를 제외하고는 그 자체로 최종인) CSE 시험으로 가는 길이었다. 1988

년에 대처 정부는 국가 교육과정과 평가시스템을 도입했다. 이 평가시스템은 대처의 또 다른 혁신 방안, 즉 '학교 성적표 공개'와 병행된 것이었다. 대체로 두 가지는 국가 교육과정의 평가, 그리고 GCSE(Generl Certificate of Secondary Education)와 상급(A-Level) 시험의 결과에 기반을 둔 것이므로, 학부모는 해당 지역의 어느 학교가 다른 학교와 비교해서 '더 좋은' 편인가를 단번에 파악하고 이에 따라 선택할 수 있었다. 비록 2006년에 모든 국공립 학교가 통일된 법정 교육과정을 따르게 했었지만, 여전히 널리 시행 중이었던 대처(Thatcher)의 변화가 의미하는 것처럼, 학교는 학문적/전문적 진로로 나아가는 학교와 그렇지 못하는 학교로 - 외적 선발의 시기에 그랬던 것처럼 - 크게 나누어져 있다.

오늘날 영국에서 작동하는 '시험과 검사'라는 아이디어, 그리고 (내세를 위한 검사 근거로서의 자기-시험, 그리고 죽음에 이르는 삶이라는) 종교적 아이디어 간의 연결은 우리들 대다수에게 결코 명확한 것이 아니다. 우리가 살아가는 근대적, 세속적 세계는 과거의 종교적 세계를 이미 버렸다. 그러나 우리의 종교적 유산은 미미한 정도나마 우리의 교육 사상과 실천 방식에 여전히 영향을 미치고 있다. 종교적 유산이 유일한 영향이라는 의미는 결코 아니다. 전통적인 교과-기반의 학교 교육과정 및 그 시간표와 마찬가지로, 학교의 검사와 시험의 한 뿌리는 구 비국교도의 세계로까지 뻗어 있는 것이다.

10 존 듀이와 전통적 교육과정

잉글랜드에서 분할된 교과들로 구성되었던 전통적 교육과정이 우위를 점하게 된 것은 20세기에서였다. 이는 점진적으로 나타난 현상이었다. 따라서 이 교육과정이 이미 정착된 것으로 당연하게 여겼던 20세기 초에는 그에 대한 비판을 찾기가 쉽지 않을 것이다. 그러나 미국의 사정은 다르다. 존 듀이가 1897년에 쓴 『나의 교육적 신조(Dewey 1972)』는 그가 1916년에 출판한 『민주주의와 교육』이라는 고전의 원천이다. 『나의 교육적 신조』에서 듀이는 다음과 같이 말한다.

> 나는 믿는다: 아동의 사회생활은 그의 모든 훈련 혹은 성장에서 집중 및 상호관계의 기반이다. 사회생활은 아동의 모든 노력과 모든 성취를 위해서 무의식적 통일성과 배경을 제공해준다.
>
> 나는 믿는다: 학교 교육과정의 교과는 사회생활의 본원적, 무의식적 통일성의 점진적 분화에 주목해야 한다.
>
> 나는 믿는다: 우리는, 아동이 이런 사회생활과의 관계를 떠나서 너무 성급하게 수많은 특수한 공부, 읽기, 쓰기, 지리 등에 입문하게 만듦으로써, 아동의 본성을 침해하고, 또 최선의 윤리적 성과를 어렵게 만든다.
>
> 그러므로 나는, 학교 교육과정에서 상호관계의 참된 중심은 과학도 아니고, 문학도 아니고, 역사도 아니고, 지리도 아니고, 아동 자신의 사회적 활동이라고 믿는다.
>
> (Dewey 1972, 89)

듀이가 살았던 미국의 청교도 전통은 그 뿌리가 잉글랜드보다 더 깊다. 교육에 관한 듀이의 수많은 생각은 그 사상-세계에 대한 (늘, 꼭 의식적인 것은 아닌) 반응으로 볼 수 있다. 제3장에서 보았듯이 듀이는 뉴잉글랜드 회중교회파 가정에서 성장했다. 나중에 듀이는 종교에서 멀어졌다. 물론 1897년도 『나의 교육적 신조』의 끝부분에서 그가 다음 글을 쓸 때까지는 그렇지 않았다. "나는, 이런 식으로 교사가 늘 참된 신의 예언자요, 참된 신의 왕국의 안내자라고 믿는다"(Dewey 1972, 95). 이와 달리 『민주주의와 교육』은 아주 세속적인 느낌을 준다. 그런데 이보다 앞선 저술에도, 이미 지적한 것처럼, 그 이후의 저술에서 나타나는 전통적 학교 교육에 대한 다혈질적 비판의 토대가 깔려있었다. 듀이의 세계에서 '전통적'이란 청교도주의에서 파생된 '학습에 대한 문화적 태도'와 긴밀히 연관된 것이었다.

『민주주의와 교육』에서 듀이 사상의 핵심은 그가 전통적 가르침에서 파생된 '교과'와 '방법'의 구별을 거부했다는 점이다.

> 마음 그리고 사물/인간의 세계가 두 개의 분할된 독립적 영역이라고 보는 생각에는 - 철학에서 이원론이라고 일컫는 이론에는 - 수업의 방법과 교과가 별개라는 결론이 들어있다. 그렇다면 교과는 자연/인간 세계의 사실 및 원리가 이미 체계화된 분류가 되어버린다. 그렇다면 방법은 이처럼 선행하는 교과를 마음에 가장 잘 제시해주고 새겨주는 방식들을 고찰하는 영역을 갖는다.
>
> (Dewey 1916, 193)

이어서 듀이는 교과를 가리켜 "다양한 공부 분야로 배분된 정보이며, 각각의 공부는 총량을 연속물로 나누어서 제공하는 수업으로 다시 구분된다"(ibid., 220)라고 말한다. 17세기에는 공부의 총량이 아직 적은 편이어서 완전한 숙달을 이상으로 삼을 수 있었지만, 그 총량이 지금은 엄청나게 커졌어도 "그런 교육적 이상은 큰 영향을 받지 못했을 것이다"(ibid.).

이것을 교육과정에 대한 청교도의 훨씬 더 오랜 생각과 비교해보면 놀랍다. 라무스주의의 유산은 세계와 마음을 구분하는 이분법적 (듀이의 용어로 '이원론적') 사고에 남아있다. 이에 따르면, 온갖 복잡한 교과를 먼저 다루고, 그다음에 그것을 어떻게 가르칠 것인가로 넘어간다. 우리가 보기에, 지식의 분야들과 하위 분야들을 분류/세분하는 일에 대한 선입견은 라무스의 그것과 똑같다.

라무스의 틀에서 그랬었듯이, '방법'은 추상적인 것에서 구체적인 것으로 나아가는 교과의 논리적 분류를 반영한다. 제4장에서 설명했듯이, 라무스주의의 사고에서 그랬었던 것은 '신은 구체적 지식에 앞서서 더 추상적 지식을 습득하도록 인간의 마음을 구성해 놓았다'라는 점 때문이었다. 『민주주의와 교육』에서 듀이는, 당시에 유행했던 '추상적인 것에서 구체적인 것으로 진행하는 학습 방법이 왜 심리학적으로 의미 있는 것으로 생각되었는가'에 대해 별로 말하지 않는다. 그렇지만 그 방법에 대한 그의 논의는 흥미롭다. 당시의 과학 수업에 대해 그는 다음과 같이 말했다.

> 교과를 그것의 완성된 형태로 제시하는 것이야말로 학습의 왕도를 제공하는 길이라고 가정하고 싶은 유혹이 강하게 남아있다. 유능한 탐구자들이 쌓아놓은 그 자리에서 출발한다면 미성숙한 인간들은 시간과 에너지를 절약할 수 있고, 그리고 불필요한 오류를 피할 수 있다는 가정처럼 자연스러운 일이 어디 있을까? 그 결과는 교육사에 많이 기록되고 있다. 아이들은 전문가들의 순서에 따라 교과의 주제를 조직해놓은 교재로 과학 공부를 시작한다. 처음부터 전문적 개념이 정의와 함께 소개된다. 법칙은 아주 이른 단계에 소개되고, 그 법칙에 도달하는 길은 기껏 몇 가지만 보여준다 ... 우수한 학생들의 방법이 대학 수업을 지배한다; 대학의 접근 방식은 고등학교로 내려가고, 계속해서 더 내려가면서, 교과를 더 쉽게 만들 수 있는 것들은 생략되어버린다.
>
> (ibid., 257)

그는 몇 쪽 뒤에 덧붙인다.

> 과학을 일련의 형식적, 기술적 연습으로 가르칠 것이라는 점은 너무나 사실이다. 이런 일은 세계에 관한 정보가 목적 그 자체로 바뀔 때마다 생긴다.
>
> (ibid., 267)

마지막 문장은 듀이가, 학문적 교과를 가르치는 이유가 내재적이라는 아이디어에 반대한다는 점을 보여준다. 이는 이 책, 225~7쪽 논의로 되돌아간다. 거기서 다음과 같이 제안했었다: 전통적 교육과정(과 같은 것)을 내재적 관점에서 옹호하는 근대적 경향에는 구 비국교도 세계의 더 오랜 옹호론이 아직 남아있다. 이는 다음과 같은 의문을 불러일으킨다: 회중교회파의 뿌리가 깊었던 듀이는 이런 유사점을, 그리고 이 절에서 언급한 다른 유사점을 얼마나 **인식**했을까? 듀이는 그의 이원론과 청교도의 이분법을, 그리고 '내용과 방법의 분리에 대한 그의 언급'과 '라무스의 논리와 교수법에 아마 들어있는 역사적 선례'를 의식적으로 연결지었을까? 이런 역사를 듀이는 얼마나 많이 알고 있었을까?

『민주주의와 교육』에는 청교도적 사고를 비판하는 것으로 볼만한 구절이 또 있다.

- 예컨대 듀이가 다음과 같이 말하는 경우:

  ... 구체적인 것보다는 이상적 상징을 다루는 정도에 따라 지식이 그만큼 더 높고, 가치 있는 것이라는 느낌; 보편적인 것에서 연역적으로 도출되지 못하는, 특수적인 것을 조롱하는 것; 신체에 대한 무관심; 지적 도구로서 예술이나 수공을 경시하는 것

  (ibid., 310)

- '실천적인' 것보다 '지적인' 것을 끊임없이 선호하는 것"에 대한 그의 공격 (ibid., 311)
- "교과(세계의 대응물)와 방법(마음의 대응물) 사이에 존재한다고 가정하는 대립"에 관한 그의 진술 (ibid., 340)
- "기존의 교과를 배열하고 비판하는 데에 아무리 중요할지라도, 논리만으로는 그 자체로부터 새로운 교과를 만들어낼 수 없다"라는 그의 논평 (ibid., 349)
- "지적인 것은 순수한 빛이고; 정서는 혼란을 일으키는 열기"라는 견해에 대한 그의 비판적 언급 (ibid., 391)

마지막 구절도 흥미롭다.

> 현 상황에서 학업 방식은, 대다수 사람에게는, 구분하기, 정의하기, 분리하기, 분류하기를 다만 그 자체를 위해서 ... 경험 내의 목표가 없이 ... 포함시키는 앎의 형식을 뜻한다 ... 교육계의 형식적 단련이라는 교설은 그런 공부 방법의 자연적 등가물이다.
>
> (ibid., 399)

듀이는, 공부 방법에 대한 그런 언급에도 불구하고, 라무스의 유산이 담긴 청교도의 핏줄에 들어있는 유형의 스콜라주의를 그의 『민주주의와 교육』에서 전혀 언급하지 않는다. 듀이는, 암시한 것처럼, 이런 분야를 몰랐을지도 모른다. 이런 문제와는 별도로, 듀이의 저서는 전통적인 교과-기반 학교 교육에 대한 강력한 비판으로 남아있으며, 영국에는, 이 절의 처음 부분에서 제시했던 이유로, 그것에 견줄만한 것이 별로 없다. 따라서 듀이의 대안적 비전의 실현 가능성을 여기서 검토하기는 어색하다. 그러나 그런 비판은 제6장에서 1988년 국가 교육과정을 논할 때 다시 나올 것이다.

11 결론

요약해보자. 1988년도 잉글랜드의 국가 교육과정에서 우리는, 일련의 분할된, 주로 학문적 교과로 구성된 학교 교육과정을 보았는데, 그 뿌리는 청교도/비국교도의 아이디어로까지 뻗어 있다. 그런 교육과정의 기원을 비국교도 아카데미에서 찾는다면 이는 문제가 있겠으나, '그 기원이 청교도 세계에 있다'라는 더 넓은 명제에는 옹호할 점이 더 많다. 라무스의 논리와 이에 따른 교수법은, 나이 많은 학생들을 위해서, 분할된 인식론적 범주들을 중심으로 삼아, 더 추상적인 것을 우위에 놓는 교육과정을 만드는 데 도움을 주었다. 물론 18세기 잉글랜드의 사립 아카데미에서 교과를 가르쳤음을 찾아볼 수가 있지만, 오직 비국교도 아카데미, 그리고 장로교파 스코틀랜드의 학교와 아카데미에서만 통일된 일반적인, 교과-기반의 과정이 제공되었던 것으로 보인다. 그 이유는 근본적으로 종교적이었다: 구원은 신이 창조한 세계의 다양한 특성을 철저히 아는가에 달려있다고 생각했다. 이런 생각에서 과학, 수학 및 다른 교과에 기반을 둔 '근대적' 교육과정이 생겨났지만, 이는 시간이 흐를수록 그것의 공리성 때문에 가치 있는 것이 되었다. 19세기에 이런 교육과정은 (비국교도가 주류였던) 중산 계급의 교육과 밀접하게 연관되었고, 이는 잉글랜드의 기존 세력의 고전-기반 교육과 대립하였다. 이런 근대적 교육과정은 20세기에 와서 표준이 되었는데, 처음에는 1904년 이후에 설립된 새로운 국공립 중등 (문법) 학교에서, 그리고 1988년에는 모든 국공립 학교의 학생에게 표준이 되었다. 또한 시간표/시험과 같은 현대의 교육 실제에도 비국교도 전통의 영향이 남아 있다. 존 듀이의 저술에는 전통적인 교과-기반 교육과정에 대한 초기 비판이 들어있다.

Chapter 6. 현대적 관점

1. 비국교도와 정치
2. 지능과 교육
3. 영재
4. 오늘날의 학교 교육과정
5. 인생의 성공
6. 인간적 충족
7. 맺음말

21세기 초반이다. 요즈음 상황은 어떠한가? 영국과 미국에서 지능과 교육과정에 대한 전통적 사고방식은 여전히 살아있다. 물론 갈수록 도전받는 것도 사실이다. 청교도/비국교도 사상-세계와 어떤 연관성이 아직 남아있을까? 20세기에 정치, 심리, 교육에서 점점 더 뚜렷이 나타났던 세속화로 인하여 이런 유산의 흔적은 모두 지워졌을까?

01 비국교도와 정치

오늘날 영국에서 청교도주의의 비국교도 계승자는 주요 사회세력에 끼지 못한다. 백 년 전과는 다른 모습이다(제5장 참조). 그 추종자는 과거와 달리 더욱 그 수가 줄었다: 비국교도 공동체는 국교도와 마찬가지로 20세기 중반에 예상 밖으로 그 수가 늘다가 1965~2000에 현저하게 줄었다(Brown 2001, 188).

그러나 문화적으로 볼 때, 빅토리아 시대의 중산 계급에 속했던 비국교도의 전통적 가치는 특히 1980년대 이후에도 아직 끈질긴 것처럼 보인다. 이런 전통적 가치에 대한 소란스러운 방어가 나타났었는데 이는, 전통적 가치를 에워싸고 있는 제도와 실천이 (종교 제도, (성적 도덕을 포함한) 도덕적 의무, 개인의 책임, 전통 가정, 선발 교육, 근면 노동, 절약, 삶의 '성공'에 대한 인습적 견해, '승자'와 '패자'의 범주 등이) 점점 더 위협을 받았기 때문이었을까 하는 점은 더 고민해 볼 문제다. 직접적인 정치적 영향도 한몫을 했었던 것처럼 보인다. 미국에서 2004년 대통령 선거 결과는, 조지 부시가 남부/중서부의 전통적 프로테스탄트 공동체로부터 지지받은 선거였음을 확인해주었다. 여기서 핵심 공헌은, 2000년도 선거처럼, 스콧-아일랜드인들인 것으로 보인다. 이런 인구는 3천만 명으로 추산되며, 1700년대에 미국으로 대거 이주했던 북아일랜드(얼스터) 장로교파의 후손이다(Webb 2004).

영국의 정치 평론가들이 주목했었던 점은 보수적 비국교도들이 1979~1990에 대처 정부에 미쳤던 영향이다. 이는 흔히 말하는 전통적 중산 계급의 가치를 선호하는 정책들에서 나타났다. 교육 영역에서는 선발, 그리고 전통적 교과-기반 교육과정에 대한 지지 등이 포함되었다.

마거릿 대처(Margaret Thatcher)가 비국교도 빅토리아 중산 계급의 이상에 애착이 많았음은 놀랍지도 않다. 그녀의 아버지는 링컨셔, 그랜섬에서 채소가게 주인이었다. 그는 "근면, 높은 표준, 성실"(Campbell 2000, 15)을 자부했던 감리교파 평민 설교자였다.

> 그는 감리교파였을 뿐만 아니라 특히 웨슬리교파에 속했다: 이는 중대한 차이점이다. 19세기 중반에 감리교파는 양분되었다. 감리교파 자유교회는 권위를 거부하고 정치적으로 진보적이었고, 중앙 기구에서 탈퇴했다. 이와 달리 웨슬리교파는 그들의 주장처럼 - 잉글랜드의 교회를 결코 전적으로 포기하지 않았던 - 존 웨슬리(John Wesley)의 전통을 지켜왔고, 신학적으로 또 사회적으로 점점 더 보수쪽으로 기울었다 ... 알프레드 로버츠의 감리교는 개인 구원의 종교였다. 그의 설교는, 모든 면에서 근본주의적이고, 성서-기반이며, 자신의 행동에 있어서 신에 대한 개인의 책임에 관심을 쏟았다. 그것은 사회적 복음이라기보다는 비타협적, 개인주의적 도덕 규범이었고, 정치와 상업에 대한 개인주의적 접근을 강조했다. 인간의 의무는 자신의 영혼을 깨끗이 지키고, 자신의 사업에 신경을 쓰며, 자신의 가정을 돌보는 것이었다.
>
> (ibid., 15-6)

대처 시대의 가장 중요한 교육혁신은 1988년 국가 교육과정의 도입이었다. 이것이 어떻게 생겨났는가에 관해서는 흥미로운 이야기가 있다. 이 이야기는 스코틀랜드의 청교도/비국교도 전통과도 연결된 것이다. 이 연관성은 얼마나 강하다고 주장해야 하는가 하는 점은 또 다른 문제이며, 그리고 우연이 원인보다 더 큰 역할을 했을지도 모른다. 이 이야기를 자세히 살펴보자.

1977년 이후에 집권했던 노동당 정부에서도 과연 위에서 말한 전통의 흔적이 남아있었는가 하는 점도 또 다른 문제다. 당연히 지나친 확대해석은 금물이겠지만, 노동당의 전임 당수 존 스미스(John Smith)는 스코틀랜드 장로교파 배경을 갖고 있고; 재무장관 고든 브라운(Gordon Brown)의 아버지는 스코틀랜드 장로교파 교회의 목회자였으며; 토니 블레어(Tony Blair)의 어머니 헤이즐 코스캐든(Hazel Corscadden)은 도네갈의 프로테스탄트 가정 출신이며; 내무부 장관이 되기 전에 교육부 장관을 지냈던 데이빗 블런켓(David Blunkett)은 대처와 똑같은 감리교파의 배경이 있었고, 젊은 시절에 감리교파 평민 설교자로서 훈련받고 실천하기도 했다. 다른 한편으로 지난 8년간 분명해진 점은 '대처 정책과의 연속성이, 교육에서만은 아닌데, 차별성만큼이나 뚜렷하게 나타났다'라는 점이다. 그 중에서 이 책의 주제와 특히 연관된 한 가지 사례는 블런켓이 노동당 정부의 초기에 도입했고, 아직도 활발히 운영되고 있는 영재 육성 사업(Gifted and Talented Initiative)이다, 이를 나중에 더 논할 것이다.

그전에, 지능에 관한 아이디어에서 최근에 나타난 발전을 잠깐 살펴보자. 왜냐면 그것은 학교와 교사의 활동에 특별한 영향을 주는 것이기 때문이다.

02 지능과 교육

지능에 관한 사고에서 골턴의 전통은 1970년대에 치명적 타격을 당연히 받았었다고 생각할 것이다. 왜냐면 시릴 버트는, 분리 양육된 일란성 쌍둥이들의 IQ 간의 상관관계에 관해서, 유전론자에게 유리한 방향으로 증거를 조작했다는 주장(Kamin 1977; Hearnshaw 1979)이 나왔기 때문이다. 그러나 20세기가 지나도록 지능과 IQ 간의 오랜 연관성은 어디서나 여전히 영향을 미쳤다.

1994년에 리차드 헌스타인과 찰스 머레이가 『벨 커브』를 출간했다. 이것은 전통적인 골턴의 지능관을 가지고 쓴 책으로, 아서 옌센(Arthur Jensen, 1969)이 처음 내세웠던 주장을 반복한 것으로 악명이 높다. 옌센의 주장은 백인 유럽계 미국인의 평균 IQ와 아프리카계 미국인의 평균 IQ 간의 차이가 15점이며, 이는 주로 생득적 요인 때문이라는 것이었다.

더 일반적으로 분자 유전학의 진보는, 부분적으로는 미국의 인간게놈 프로젝트(1990-2003)를 통해서, 인간의 DNA에서 2만~2만 5천 유전자를 확인하려고 했던 것으로서, '지능의 유전적 기반이 발견될지 모른다'는 희망을 불러일으켰었다. 이 연구의 주요 인물, 로버트 플로민(Robert Plomin)은 신문 기고문에서 최초의 'IQ 유전자'(Richardson 1998, 174)가 곧 발견될 것이라고 했다. 분자 유전학의 연구도, **벨 커브** 연구와 마찬가지로, IQ를 지능의 척도로 간주했으며, 따라서 전통적인 지능 개념을 신봉한 것이었다. 그러나 리차드슨(Richardson 1999, 77)에 따르면, "내가 걱정하는 한 가지 이유는 ... 누구도 정의할 수 없는 성격을 가진 유전자를 확인하려고 하는 그 생각 때문이다". 계속해서 그는, "(최소한 진화된 성격과 관련된) 유전자가 고립된, 독립된, 첨가되는 어떤 것으로 확인될 수 있고 ... 복합적 성격 속에서 유전자의 역할이 게놈 및 환경의 맥락에 따라 달라질 것이다"(ibid.)라는 생각을 비판한다.

지능에 관한 최근의 다른 연구는 전통적 모형을 포기하고 더 종합적 설명을 선호하였다. 교육계에서 이런 대안 중에서 가장 큰 영향력은 하워드 가드너의 '다중 지능(MI) 이론'임은 확실하다(Gardner 1983). 이 이론은 8~9개 유형의 지능을 확인한다: 논리-수학적, 언어적인 것뿐만 아니라 음악적, 공간적, 신체-운동적, 내면적, 대인적인 것이 IQ에 의해 측정되었으며, 21세기에 자연주의적 지능과 실존적 지능도 추가되었다(Gardner 1999). 개인마다 이런저런 능력에서 강점이 다른데, 그 일부는 각자의 뇌 구조의 생득적 차이에 따른 것이고, 다른 일부는 서로 다른 지능 안에서 서로 다른 발달의 역사에 따른 것이다.

'아이들은 온갖 종류의 능력을 다양한 수준에서 타고난다'라는 아이디어는 수많은 학교 교사에게 아주 매력적인 것으로 밝혀졌다. 이는 교사들이 학생의 지적 강점 및 학습 스타일에 따라 학급을 편성하고, 또 이에 맞추어 교수법 혹은 교육과정 내용을 다양화하도록 장려했다.

나는 MI 이론의 진리 여부에 대해 근본적으로 의문을 품고 있다. 이를 나는 다른 곳에서 상세하게 밝혔다(White 1998, 2006). 기본 문제는 아마 놀랄 일인데 '가드너는 그의 **지능** 선정을 뒷받침해줄 타당한 이유를 제시하지 못했다'라는 점이다. 그런 지능들의 공통점은 '개인들 및 각 개인의 능력에 대한 면밀한 관찰'보다는 '중요한 종류의 지적(예술적인 것이 포함되는) 활동을 분류하는 (수많은 방법 중에서 하나인) 가드너의 방식'과 더 관계있는 것으로 보인다. MI 이론의 뿌리는 경험적 심리학이 아니라 윤리적 판단에 뻗어있다.

그러나 가드너의 MI 이론은, '지능은 IQ로 파악되는 논리적, 수학적, 언어적 능력하고만 특별한 관계가 있는 것이 아니라 인간의 삶에서 아주 폭넓게 적용되는 것이다'라는 중요한 진리를 옹호한다. '지능에는 수많은 형태가 있다'라는 평범한 생각은 환영할 진리다. 그러나 그것은 뉴스거리가 아니다. 왜냐면 '지능이 인간의 목표를 추구하는 유연성과 깊은 관계에 있다'라는 상식에 동의했던 철학자와 심리학자가 그 이전에도 많았기 때문이다. 예컨대 세탁기를 사려고 하면 그냥 사지 않고 여기저기 점검한다; 테니스 게임을 하면, 상대방에 따라 자기 전략을 조절한다; 내 아이가 학교에서 조롱을 당하면, 어떻게 해야 최선일까를 놓고 고민한다. 이렇게 지능이 발휘될 형태는 수없이 많다. 이런 말을 하는 데에 새 이론이 필요한 것은 아니다. 오래 전에 철학자 길버트 라일(Gilbert Ryle 1949, 48)은 다음과 같이 말했다. "권투 선수, 외과 의사, 시인, 판매원"은 각자 지적 활동에 몰두하고, 자신의 특수한 기준을 자신의 특수한 과제 수행에 적용한다. 이런 점을 요즈음에는 누구나 널리 받아들인다.

이말의 의미는, 인간의 목표에 있어서 종류가 많은 만큼 지능의 종류도 많다는 뜻이다. 가드너는 이렇게 엄청 다양한 것들을 몇 가지 범주에 집어넣으려고 했다. 그러면서 그는, 더 실천적 활동을 희생시키면서 지적, 예술적 활동에 무게를 두었다. 그의 이론이 교육계에서 그런 환대를 받았던 것은 놀랍지도 않은데 그 이유는, 그의 지능의 범주가 교과-기반 학교 교육과정의 전통적 범주와 비슷하기 때문이다. 이와 동시에 '아이들이 타고나는 지능의 뒤섞임에 생득적 차이가 있다'라는 생각을 수용했던 수많은 교사의 열정은 그들이 학생들을 생득적 잠재력에 따라서, 골턴 전통의 분류보다 더 다원적이긴 하지만 속박할 위험도 있는 방식으로, 분류하도록 이끌어 간다.

MI 이론은, 지능의 본성에 관한 이런 전통적 견해에서 해방되었다고 자부하지만, 여전히 그 핵심 특성을 공유하고 있다. '지능의 생득적 기반', 그리고 '지능의 지적 지향에 대한 믿음'으로 볼 때, MI 이론은 버트가 정의한 지능, 즉 '생득적 일반적 인지적 능력'(Burt 1955, 265)에 들어있는 두 가지 특성과 부합된다. 다중 능력을 옹호하느라 일반적 능력을 거부했던 점만 다를 뿐이다.

현대의 지능 연구는 다른 방향으로, 즉 앞서 말한 두 가지, 즉 'IQ에 기반을 둔 설명' 그리고 'MI 이론'이 아닌 다른 방향으로 움직인다. 예컨대 로버트 스텐버그(Robert Stenberg)의 연구는 인간의 삶에서 실천적 지능의 중요성을 감안하고 나서 당연한 관심을 실천적 지능에 쏟았다(Sternberg 1996 참조). 이 절에서 방금 언급한 최신 연구의 여러 사례 중에서 청교도/비국교도 세계와 연결되는 인물은 나는 찾지 못했다. 그러나 이런 종교적 전통으로 추적될 수 있는 지능 개척자들의 시대적 아이디어가 일부 현대적 저술에서 작동하고 있지 않다는 뜻은 아니다.

03 영재

여기서 지능에 관한 논의를 멈추고 학교 교육과정으로 넘어가기 전에, 잠깐 영국 정부의 <영재 육성 프로그램(Gift and Talented Program, G & T)>을 언급하려고 한다.

1999년에 데이비드 블런킷은 교육부 장관으로서 '영재교육 국가전략'을 선도했다. 이는 잉글랜드 영재교육의 범위와 질을 향상하기 위한 것이었다. 그런 아동을 위한 특별 프로그램을 비롯하여 여러 가지가 포함되었다. 이를 위해 워릭 대학(University of Warrick)에 전국 아동 중 가장 유능한 5%를 위한 국립 영재 청소년 아카데미(National Academy for Gifted and Talented Youth, NAGTY)를 설립했다.

노동당 정부의 영재 프로그램은 골턴의 『유전적 천재』가 영특한 개인들에 관해 시행했던 연구의 직통 계열에 속한다. 골턴, 버트, 터만 등과 마찬가지로, 정부는 지적으로 가장 능력 있는 사람으로 지각된 아이들에게 특별히 주목했다. 그러나 동기는 달랐다. 최선의 종족 개선을 통해서 국가 혹은 인류를 구하겠다는 막연한 욕구였었던 과거의 동기는 더 실제적인 어떤 것으로 달라졌다. 교육 관련 부서의 발표에 따르면, 그 목적 중 하나는 "도심지 공립 중등학교로 학부모를 끌어들이는 일을 도와주는"(DfES 2002, 1) 것이다. 그러나 정부는 '일부 중산 계급 학부모가 자기 자녀를 영재로 본다'라고 가정하는 정책으로 그들을 설득할 수 있다고 생각한다. 바로 이 사실은 '그 문화 속에 어떤 마음 자세가 남아있다'라는 점을 보여준다. 이런 마음 자세는 다음 두 가지 믿음을 가리킨다. i) 자기 아이는 보통 사람들의 아이와 다르다. ii) 자기 아이는 성공의 길로 운명지어진 혹은 이렇게 될 선물을 받고 태어났으며, 이를 확인하여 적절히 길러주면 된다. 이런 마음 자세에 들어있는 것은 '선택받은 자에 속함', '실패의 삶에서 구제받음'이라는 오래된 생각이다. '영재(gifted and talented)'라는 용어 자체에는, 제2장에서 본 것처럼, 종교적 함의가 들어있고 이는 '개인의 구원은 신이 부여한 선물에 맞게 신이 부여한 소명을 발견했는가에 따라 부분적으로 좌우된다'라는 과거의 사상-세계에 속한다. 오늘날 영재 아이의 학부모는 대체로 그런 종교적 연관성에서 멀어져 있는 것이 확실하며, 이를 대체하여 가끔 등장하는 '과학적' 이유는 앞서 거론한 '다중 지능' 이론에 의존하기도 한다. 이 이론은 '다양한 영역에서 나타나는 특수한 재능들이 있다'라는 믿음에 특별한 도움을 주는 것이다. 이 이론은 교육 관련 부서의 문서에서도 직접 언급된다. 국가전략은 "'다중 지능' 접근과 같은 다차원적 능력 모델에 적응할 수 있을 정도로 유연한 것"(DfES 2002, 2)이다.

영국 정부에 따르면 '영재' 학생은 어떻게 식별하는가? 영재교육국가전략의 초점은(ibid.),

> 성적 혹은 성취가 아닌 능력에 분명히 둠으로써 성취도가 낮은 아동이 우선시 된다. 넓게 보면, '영특한(gifted)' 아이는 교육과정의 한두 과목에서 능력 있고, '재능있는(talented)' 아이는 스포츠, 창조적 예술에서 능력 있는 아이라고 정의 한다.

이 국가전략은 그런 범주에 들어가는 각 학교의 5~10% 아이들, 그리고 전국의 5~10% 아이들에 집중한다. 이 집단을 관리하는 기구는, 앞서 보았듯이, 국립 영재 청소년 아카데미다.

정의에 들어있는 '영특한'과 '재능있는'은 왜 구분할까? 두 가지 범주는 동등한 지위를 갖는 것처럼 보일까? '영특한 아이'와 '영특아 교육(gifted education)'이라는 용어가 자주 사용되는 것으로 판단해보면, 학업 능력에 더 비중을 두는 것처럼 보인다. 이는, 지식기반 교과를 늘 크게 선망했고 아직도 하고 있기에 이미 예상했었던 점이다. (제5장과 다음 절의 학교 교육과정에 대한 논의를 참조. 또 흥미롭게도 방금 인용한 교육 관련 부서가 정의한 '교육과정 교과'는 체육, 음악, 미술을 제외하는 뜻으로 사용된다) 데보라 에이어(Deborah Eyre) 교수는 국립 영재 청소년 아카데미의 책임자인데, '영특한 아이의 교육: 잉글랜드 모형'이라는 글에서 다음과 같이 말한다. "오늘날 영특한 아이는 미래의 사회적, 지적, 경제적, 문화적 지도자이며, 그들의 발달을 우연에 맡길 수 없다"(Eyre 2004). 이어서 말한다. "영재 아동에 중점을 두고 헌신적 교육을 시행하는 주된 이유는 그들이 성인으로 살아갈 때 그들이 수행할 지도적 역할의 잠재력에 있다. 만일 잉글랜드가 지구화된 세계에서 성공하려면 최고의 국가들과 경쟁할 지도자 육성이 필요할 것이다". <영재 육성 프로그램>에 대한 이런 이유는 다시금 골턴의 프로젝트를 연상시킨다. 이 둘은 똑같은 믿음을 공유한다: 미래 지도자는 일찍이 식별해야 하고, 그들을 특별 대우할 필요가 있다. 이런 점은 모란트의 프로젝트를 연상시키기도 한다.

2004년 말에 이르러, 지도자로 나아가는 길은 국립 영재 청소년 아카데미에 속하는 학생들에게 더 유리해졌다. 대학에 응시할 학생(sixth-formers)에게는 그런 소속 여부를 밝히라고 요구했기 때문이다. "아카데미는 이것이 가장 능력 있는 아이들을 대학이 더 잘 식별하게 만들 것이라고 희망한다"(TES, 3 December 2004). 이런 점으로 볼 때, 이 아카데미에 등록한 학생 수가 지금까지 3만 7천인 것은 놀랍지도 않다. 또한 국립 영재 청소년 아카데미(NAGTY) 소속 학생에 관한 데보라 에이어 교수의 다음 이야기도 놀랍지 않다. 그들은,

> 각자의 '소속' 학교에서 그리고 또 NAGTY를 통해서 교육받는다고 스스로 생각한다. "내 학교 친구들과 내 NAGTY 친구들." 두 번째 집단은 잉글랜드 전체에서 모이는, 배경이 다양한 친구들이다. NAGTY 학생들의 교육은 학교 기반적일 뿐만 아니라 지역적/국가적/국제적이기도 하며, 그리고 개별 학생들은 특별히 제공해주는 것을 더 기민하게 추구함으로써 자신의 잠재력을 발휘할 수 있을 것이다.

이처럼 '의도적인 엘리트 육성'으로 보이는 것을 어떻게 정당화할까?

만일 영재를 식별하는 어떤 공정하고, 신뢰성 있는 방법이 있다면, 다시 말해서 '영재에게는 우리가 찾는 지도자적 자질의 특성이 있고 다른 아이에게는 없을 것이다'라는 점을 합당하게 밝혀낼 방법이 있다면, 그 정책은 옹호받을 수 있을 것으로 보인다. 이런 방법이 과연 있을까?

앞에서 정부가 정의한 용어는 현실적 성취를 넘어서 잠재적 성취를 포함한다. 이를 '능력(ability)'이라고 쓴다. 이 말을 쓰는 이유는 '성취도는 낮아도 능력이 있는 아이'를 찾아내는 일을 새로운 정책에서 우선시하기 때문이다.

'현실적 성취'라는 기준은 '잠재적 성취'라는 기준보다 비교적 문제가 적은 것처럼 보이지만 그 기준은 여전히 '그것은 자녀의 성적 향상을 도와줄 특별 대책을 마련해줄 부모가 있는 등, 교육 정도가 높은 부모의 아이를 선호할 가능성이 있다'라는 문제에 직면한다. 이것은 11+ 시험을 둘러싸고 나타났던 것과 똑같은 문제점이다.

'잠재적' 성취라는 기준이 (특권적 배경도 없는 가정 출신의, 능력은 높으나 성취 수준이 낮은 아이들을 식별하는 데 적극적인) 현재의 노동당 정부에게 중요했던 이유는 그런 점 때문이다. 그러나 어떤 아이가 무엇을 성취하게 **될** 것을 어떻게 확인할 수 있을까? 무슨 증거에 의존할 수 있는 것일까?

두 가지, 즉 행동적 증거와 비-행동적 증거만 있을 뿐이다. 첫째, 행동적 증거는 아동이 하고 있거나 이미 한 것의 증거다. 이것의 문제는 '잠재적인 것'보다 '현실적 성취'로 되돌아가고 만다는 점이다. 이 문제의 심각성은 QCA가 제시한 (성취자/하위성취자에 속하는) 영재 아이의 특성 목록에서 볼 수 있다 (www.nc.uk.net/gt/general/01_characteristics.htm). 이 목록은 긴 편인데, 신중히 사용할 것을 권장한다. 처음 네 항목은 전형적인 것인데, 영재 아이와 청년은

- 빠르고 정확하게 생각할 것이다;
- 체계적으로 일할 것이다;
- 창의적인 작업 해결책을 만들 것이다;
- 유연하게 일할 것이다. 즉 낯선 정보를 처리하고, 그리고 지식, 경험, 통찰을 낯선 상황에 적용할 것이다.

이런 특성을 활용하는 교사, 혹은 인지적 능력 검사를 활용하는 교사는 여전히 '현실적 성취'를 가지고 영재 아동을 식별하게 되며, 그렇다면 더 교육받은 가정의 아이에게 특혜가 주어진다는 문제를 피하지 못한다. 피할 길은 다음 뿐이다. 즉 QCA의 범주를 해석할 여지를 폭넓게 허용함으로써 교사의 주

관적 판단이 끼어들게 하여, 그 프로그램의 '비-특권 아동에 관한 관심'에 감명받은 교사가 영재 아동을 식별할 때 그런 쪽으로, 아마 무의식적으로 기울어지게 허용할 수 있다.

다른 부류의 증거는 비-행동적인 것뿐이다. 여기서는 아동의 외부를 살피지 않는다. 아동이 어떤 행동/활동에 몰두하는가를 살피지 않고, 뇌의 특성과 같은 혹은 (마음이 뇌와 다르다면) 마음의 특성과 같은 내면적 특징에 초점을 둔다. 이 책에서 이런 접근 사례를 많이 보았다. 그것은 골턴이, 그리고 (지능의 유전적 기반을 찾았던 현대의 추종자들을 포함한) 그의 추종자들이 택했었던 접근이다. 그것은 (틀에 박힌 지능들을 암시하는) MI 이론이 새로운 합리적 근거를 제공해주는 접근이다,

능력이 뛰어난 아이를 식별하려는 비-행동적 방식의 암초는 '필요한 증거가 아직 없다'라는 점이다. '일반적 지능에서 혹은 MI 지능(의 어느 것)에서 나타나는 차이의 유전적 기반'이란 신뢰할만한 증거도 없는 것이다. 그러므로 현장 교사는 행동적인 쪽을 사용하게 되는데, 여기에는 증거가 있기 때문이다(앞서 보았듯이 이것도 문제가 없는 것은 아님).

영재 아동을 식별하는 데에는 그런 문제들 이외에 또 있다. 어떤 집단의 아이를 특별한 존재로 구별하고, 그리고 다른 집단의 아이는 못 받는 특권을 부여한다는데 이것이 과연 지혜로운 일일까? 영재 집단은 그 범위가 분명한 범주이며, 이에 들어가는 아이는 모두 영특하며, 그 밖의 아이는 전혀 영특하지 못하다고 가정하고 있는데, 이것이 도대체 가능한 일일까? 만일 가능하다면, 어떻게 가능한지를 보여줄 또 다른 증거가 제시되어야 한다. 그렇지 않고, 만일 영특함이 정도의 문제라고 본다면, 그 전략이 추진하는 학생 인구의 비율을 각 학교의 5~10%로, 또 전국적으로 5~10%로 고정하는 데에는 무슨 이유가 있을까? 왜 10~20%에 속하는 '거의 영특한' 아이들, 혹은 20~30%에 속하는 조금 덜 영특한 아이들은 배제되어야 할까?

경계선을 이렇게 긋는 것은 행정적, 정치적 이유 때문일 것이다. 이런 일이

과거에도 있었음은 확실하다. 5~10%라는 수치는 모란트의 중등학교에서 학생을 선발했던 비율 그리고 1944년에 문법학교 교육을 위해 선발했던 비율의 중간에 속한다. 이유가 무엇이건 간에, 노동당 정부가 소규모 집단의 아이들에게 특별 명칭을 부여함으로써 야기될 광범한 사회적 파장을 고려하지 못했었다는 것은 놀라운 일이다. 특별 명칭에는 온갖 호의적 느낌뿐만 아니라 현실적 특권이 수반되는 것인데도 말이다. 5~10%에서 멀지도 않은 자신을 '영특하지 않다'라고 보게 될 아이들이 수천 명이나 생기고 만다. 그들은 이를 어떻게 이해하게 될까? 그들은 경쟁에서 운이 없었다고 스스로 생각할까? 상황이 달랐다면 자신도 승자 편에 속했을 것으로 생각할까? 아니면 자신에게는 본성적으로 귀중한 어떤 요소가 결핍된 것으로 생각할까?

<영재 육성 프로그램>은 골턴 프로젝트의 최신판으로 볼 수 있다. 이것을 터만, 버트 등 많은 사람들이 이어받아서 지적 엘리트를 식별했었고, 이들에게 특별 교육을 제공했었다. 만일 이 책의 가설이 맞는 것이라면, 그런 프로그램의 더 깊은 뿌리는 급진적 프로테스탄티즘의 사상-세계로까지 거슬러 올라갈 것이다.

04 오늘날의 학교 교육과정

지능과 영재는 그만두고, 잉글랜드 학교 교육과정이 최근에 어떻게 변화했는지를 살펴보자. 1988년에 '학교 교육은 광범한 학문적 교과로 입문시켜야 한다'라는 아이디어가 널리 퍼졌다. 19세기에 그 아이디어는 '엘리트의 학교 교육은 고전에 기반을 두어야 한다'라는 견해와 충돌했었다. 20세기 전반에 엘리트 중등교육에 대한 모란트의 개혁에 따라서, 그 아이디어는 고전 기반 교육과정과의 싸움에서 승리했다. 20세기 후반에 그 아이디어는 중등교육에, 엘리트이건 아니건 간에, 대부분 스며들었다. 1988년 이후에 그 아이디어는 모든 국공립 중등학교뿐만 아니라 모든 초등학교에서 법적으로 의무화되었다. 그 아이디어의 승리는 완료되었다.

그것이 불가피한 일은 아니었다. 교육과정을 조직하는 또 다른, 더 옹호받을 수 있는 방식이 오히려 성공할 수도 있었다. 그런데 1988년 교육과정에는 국가 평가시스템이 뒤따랐다. 이는 초등학교에서 시작하여 16세와 18세의 공적 시험에서 끝나는 것이다. 이와 연결된 것은 전국학교 순위표(national league tables)였다. 이를 통해서 사람들은 검사/시험의 결과를 학교별로 비교할 수 있었다. 이런 모든 혁신은 의도적이건 결과적이건 중산계급에 유리했다. 중산계급의 자녀는 (역사적으로 볼 때 그 집단의 일부에게 친숙한 종류의) 학문적 교육과정을 가지고 경쟁하는 일에서 다른 집단의 아이보다 더 잘하는 경우가 많았으며, 그리고 이런 아이의 부모는 전국학교 순위표의 증거를 더 잘 활용하는 경우가 많아서, 설득의 기회를 더 잘 활용할 수 있었거나, 심지어 필요하면 자녀를 더 좋은 학교로 전학시킬 수 있었다. 과거에는 지능에 따라 여러 학교 유형으로 배치했었던 제도가 이제는 훨씬 더 복잡하기만 하고 효과는 마찬가지인 장치로 바뀌고 말았다. 이와 관련된 것으로, 중산계급과 노동계급 아이의 대학 입학 비율이 1994/5년과 2001/2년 사이에 거의 두 배의 격차를 보였다는 점이다(Galindo-Rueda et al. 2004). 그리고 학문적 성격이 강한 학교교육을 그저 낯설게만 느끼는 수많은 청소년이 일찍부터 형식적 교육을 떠나려는 상황은 예전과 다름이 없다. 17세 무렵에도 교육/훈련을 계속 받으려고 하는 청소년의 인원수를 살펴보면 29개 발전국가 중에서 잉글랜드가 밑바닥에 가깝다.

잉글랜드 1988 교육과정은 실제로 목적-없이 생겨났다. 케니스 베이커(Kenneth Baker)는 전통적인 주요 10개 교과로 5~16세를 위한 국가 교육과정을 만들게 하였고, 그것으로 끝이었다. 아무런 정당화도 제시하지 않았다. 보수적 집단 내에서도 전통적인 교육을 다시 도입하는 것에 대해 불평/비평의 소리가 20

년 동안 끊이지 않았지만, 아무 효과가 없었다. 전통적 교육과정은 그저 좋은 것이라고 간주해버렸다.

1988 교육법은 실제로 국가 교육과정이 무엇을 위한 것인가를 밝히고 있어서, 사람들은 '왜 11년 동안의 필수 수학, 11년 동안의 지리 등을 그처럼 바람직한 것으로 간주하는가?'에 대해서 마치 합리적 근거가 있는 것처럼 생각할런지 모른다. 그 목적을 보면,

- 학교 학생들과 사회의 영적, 도덕적, 문화적, 지적, 신체적 발달을 증진하기
- 그런 아이들에게 성인 생활의 기회, 책임, 경험을 준비시키기.

(DES 1989: para.16)

냉정한 비평가들은 이런 목적이 상당히 얄팍한 것이라고 반대하였다. 온갖 학문적 교과에 숙달하는 일에 여러 해를 견디어내도록 아이들을 강제하는 일은 윤리적으로 중대한 조치이므로, 이를 옹호해줄 타당한 논변이 필요했었다. 그러나 결과적으로 우리에게 주어진 것은 10개의 '기초' 교과뿐이었다. 이들은 중요도의 순서에 따라 배열되었다. 그중 3개, 즉 영어, 수학, 과학이 핵심이었다. 공식 문서에는 다른 7개 교과의 명확한 서열이 제시되었다. 알파벳 순서도 공식적으로 사용되지 않았다. 1988년도 목록 전체는 다음과 같다.

영어, 수학, 과학, 테크놀로지, 역사, 지리, 외국어(11세부터), 미술, 음악, 체육.

이렇게 제시하는 순서는 오랜 사고방식이 여전히 남아있음을 말해준다. 구비국교도 전통이 아직도 여전함을 보여준다.

마음이 첫째고 신체는 꼴찌다. 왜 그럴까? 이런 질문은 삼백 년 전에는 던질 만한 가치가 전혀 없었을 것이다. 교육의 목표는 구원의 준비였고, 구원은 영혼의 일이었고, 동물적 부속물의 일이 아니었다. 그러나 요즈음 시대에 신체

와 관련된 것이 왜 꼴찌로 밀리는가? 많은 아이가 뚱뚱하고, 운동도 싫어하고, 잘못된 음식을 먹고 있는데도, 그들의 마음만 조심스럽게 단련시킬 수 있다면 신경을 꺼도 될 일은 결코 아닐 것이다. 우리는 신체에 제대로 관심을 쏟아야 한다. 삶의 모든 면에서 신체 건강이 근본적으로 중요하다고 본다면, 체육을 꼴찌에서 첫째로 옮겨야 할 이유는 충분하다.

마음에 대해, 그리고 다른 9개 교과에 대해 이야기해보자. 9번째 교과는 음악이고 8번째는 미술이다. 미적 교과는 신체보다 앞에, 그러나 지식 전수의 뒤에 놓여있다. 왜 그럴까? 삼백 년 전에 이 질문은 불필요했을 것이다. 음악과 미술은 시간표 위에 아예 없었을 것이다. 교육은 구원을 위한 것이었고, 구원은 신의 세계에 대한 이해, 그리고 '이런 이해를 신의 목표 증진에 잘 사용함'에 달린 문제였다. 미술은 쓸데없는 일, 삶의 진정한 의미에서 멀어지게 하는 감각적 희열로 유혹하는 것이었다. 그 이후 몇 세기에 걸쳐서 우리의 교육과정에서 음악과 미술이 차지하는 위치는 학교 교육의 역사를 간략하게 보여준다. 크게 보면, 18세기 후반과 19세기 초반의 낭만주의 운동이 당시의 문화에 끌어들이기 시작했던 변화가 인정을 받게 되었다(Taylor 1989, ch. 21, 23). 이 변화가 가리키는 것은, 신앙을 상실한 시대의 인간들이 영적 가치를 혹은 삶을 고양하는 가치를 놓치지 않도록 도와주는 것이 예술, 그리고 자연에 대한 미적 인식이라는 생각이었다. 이런 생각이 20세기 이전에도 학교의 미술과 음악에 여하튼 반영되었다는 뜻은 아니다. 19세기에 초등 교육과정에서 음악이 자리를 차지하게 되었던 것은 교회 사람들이 교회 합창의 질을 걱정했기 때문이며(Plummeridge and Swanwick 2004, 128-9); 대중교육의 교과로서 미술은 원래, '위대한 거장들에 대한 이해'보다는 '산업적으로 응용할 수 있는 기능과 연관된 손-눈의 조절 훈련'과 훨씬 더 깊은 관련이 있었다(Steers 2004, 33).

첫 번째로 나오는 영어도 부분적으로 미적 과목이므로 여기서 지식이 예술보다 높은 위계에 있는지는 불확실하다. 그러나 여기서도 문학을 또 다른 형식의 지식으로 다루는 실제는 (제5장에서 일부 비국교도 아카데미에서도 그랬는데) 그 이후 영문학을 제시하는 방식에 오늘날까지 깊이 스며들어있다. 오늘날에도 '비판적 분석을 잘하는 것'이 '소설/시를 그 자체로 즐기는 것'보다 우선순위를 차지하는 경우가 많다.

1988 교과 중에서 가장 선호되는 것은 지식 전수를 위한 것이고, 그리고 이것도 대개는 명제적 지식(propositional knowledge)이다. 근대 외국어와 테크놀로지는 여기서 주된 예외에 속한다. 이와 별도로 수학, 과학, 역사, 지리 중에서 수학과 과학은 두 번째, 세 번째이고 역사와 지리는 다섯 번째, 여섯 번째에 있다. 1988 교육과정의 핵심을 차지하는 것은 18세기 잉글랜드와 스코틀랜드에서 비국교도 교육과정에서 핵심이었던 것, 즉 세계에 관한 지식의 습득이다. 그리고 비국교도의 교육과정과 마찬가지로, 지식의 공리성과 응용 가능성은 인정하지만 이것이 첫째 고려사항은 아니다. 누구나 기본 산수를 인생의 후반기까지도 어느 정도 사용하겠지만, 수학이 긴요한 전문직에 진출하지 않는 사람은 기하/대수를 거의 활용하지 않는다. 과학도 마찬가지다. 이것이 역사/지리와 함께 학교 과목에 들어간 것은, 18세기에서 그랬듯이, 일차적으로 세계의 본성을 밝혀주는 것이기 때문이다. 이런 이유로 배운 지식이 자신의 구원 가능성에 도움을 준다는 옛날의 상정은 오래전부터 없어졌다. (물론 "긴 나눗셈을 어린 존에게 가르치는 궁극적 이유는 그가 불멸의 영혼이기 때문이다"(Fred Clarke 1923, 2)라는 프레드 클라크의 발언에는 아직 들어있었다).

오랜 패턴의 존속은 여기에만 있는 것이 아니다. 왜 수학과 과학은 두세 번째, 역사와 지리는 다섯, 여섯 번째에 있을까? 그 순서를 거꾸로 하면 안 될까? 교육과정에 대한 비국교도의 사고에서, 라무스주의로 되돌아가면, 추상적 형태의 지식이 구체적 형태의 그것보다 앞섰다.

나는 '국가 교육과정의 기원을 더 파고들겠다'라는 약속에 충실해야 한다. 당시의 신문 보도에 따르면, 이 역사적 사건을 위한 영감은, 런던 남부의 초등학교에 다니는 딸 아이의 성적을 걱정했던 대처 수상의 미용사에게서 생겨난 것이었다. 우리가 들은 바에 따르면, 이때 대처 수상은 거의 형태가 잡혀가던

10개의 국가 교육과정보다는 오히려 기본적이고 핵심인 영어, 수학, 과학에 재정을 더 투자하려고 했다. 당시에 교육부 장관이었던 케니스 베이커에 따르면, 이런 천박한 생각으로부터 국가를 구한 사람은 중등 교사인 그의 아내뿐이었다. 베이커는 나중에 데일리 텔레그라프(Dailey Telegraph June 1 1996)에 기고한 글에서 그의 아내 이야기를 다음과 같이 했다. "모임(대처와의 만남)이 끝나고 벌겋게 상기된 채 머리를 숙이고 집에 올 때마다 아내는 말했다. '안 돼요! 당신은 폭넓은 기반의 교육과정을 끝까지 주장해야지요.' 이 이야기를 내가 처음 입 밖에 내놓은 것으로 생각된다. 나는 이 점에서 내 아내의 역할을 훨씬 더 인정해야 한다."

베이커의 아내는 무슨 역할을 했을까? 왜 그의 아내는 폭넓은 교육과정을 끝까지 주장하는 쪽을 선호했을까? 케니스 베이커의 자서전(Baker 1993, 20)을 보면, 그의 아내인 메리는 스코틀랜드 사람으로 "아이들이 모두 스코틀랜드 대학에서 교육을 받고, 스코틀랜드 조상을 이해하고, 자랑스럽게 여기도록 애썼다". 나는 베이커에게 보낸 편지에서 '폭넓은 교과 기반 교육과정의 기원'에 관한 나의 역사적 관점을 이야기했다. 그리고 스코틀랜드인을 포함한 비국교도의 전통이 19세기의 발전과 1904년의 변화를 거쳐 1988년에도 역할을 했었다는 점을 덧붙였다. 베이커는 이런 점과 '그의 아내에 관한 그의 발언' 사이에 어떤 연관성이 있다고 생각했을까?

그는 친절하게도 꽤 긴 답장을 보내주었다. 마거릿 대처와의 견해 차이, 그리고 폭넓은 기반의 교육과정을 주장하겠다는 자신의 결의를 확인시켜주는 글이었다. 결국 베이커는 그의 내각 동료들을 '거의 탈진하게 만듦'으로써 폭넓은 기반의 교육과정을 관철했다. 그들은 이런 문제를 토론할 때 "각자의 학교 경험을 회상하곤 했으나 특별히 연결되지 못한 경우가 많았다." 아이들은 "가능한 한 폭넓은 범위의 문화적 경험을 받아들여야 한다"라는 베이커의 믿음은 "스코틀랜드 전통 속에서 성장한" 그의 아내에 의해 매우 강화되었다. 그의 아내는 "잉글랜드에서 학교를 졸업하고, 그 다음 단계의 교육은 스코틀랜드에서 받고, 세인트 앤드루 대학에 들어갔다. 나는 각료들과 엄청나게 싸웠던 과정에서 아내의 응원을 줄기차게 받았다."

1988 국가 교육과정은 10개의, 주로 전통적인 교과를 중심으로 만들어졌다. 이를 위해 합리적 근거가 될만한 폭넓은 목적은 없었다. 과거의 나와 많은 사람이 그랬었듯이 '전통적 패턴과 비슷한 것이 제일 좋다'라고 단순히 생각했었던 것처럼 보인다. 이와 같은 무분별한 상정에는 (비국교도의 교육과정이라는 전통과 연관된) 그 문화 속에 스며들어 있는 더 깊은 선입견이 얼마나 반영되어 있었을까?

잉글랜드 국가 교육과정의 역사에서 중요한 진보가 이루어졌던 해가 2000년이다. 새로 출간된 『교사 편람』에서는 (국가 교육과정의 교과뿐 아니라 종교교육을 포함하여) 학교 교육과정을 위한 '가치, 목적, 목표'가 폭넓게 밝혀져 있다. 이는 '국가 교육과정이 무엇을 위한 것인가'에 관해서 더 분명하게 파악하고 싶어 하는 수많은 교사들의 소망이 반영된 결과였다. 그것은 새로운 목적들을 다각적으로 제시하는 가운데, 우리 사회의 구성원들이 개인으로서, 노동자로서, 시민으로서 만족스럽고 충실한 삶을 살아가는 데에 필요한 이해가 어떤 종류이고, 그와 관련된 인성 특성이 무엇인지를 밝히고 있다. 그런 항목 중에서 약 6할은 인성 특성을, 3할은 다양한 종류의 지식을, 그리고 1할은 기능을 가리키고 있다. 비록 이런 목적이 최소한의 설명만 붙어서 제시되고 있었지만, 그리고 이상적으로는 그 근거가 될 충실한 이유와 철저한 비판적 분석이 더 필요했었지만, 아무튼 그것은 현대 자유민주 사회에 참여하는 시민에게 적합한 목적을 정리한 최초의 좋은 시도였다.

그런 목적들이 부딪쳤던 문제점은, 처음 4년 동안 그것이 교육과정 자체에 아무 영향도 미치지 못했었다는 것이다. 만일 정부가 학교 교육의 목적들을 전례 없이 폭넓게 밝혀냈다면, 그런 목적들을 앞으로 진지하게 다룰 것이라고 우리는 기대했을 것이다. 또 그런 목적들이 교육과정 속에 확실히 스며들도록 정부가 확인해 줄 것이라고 우리는 예상했을 것이다. 그 당시의 정부는 교육과정의 기존 교과들을 검토하고, 그리고 이 교과들이 광범한 목적들과 얼마나 부합하는지를 확인할 기회를 마련할 수도 있었다. 또한 교육의 목적들을 더 제대로 실현할 수 있으려면, 정부는 교과뿐만 아니라 교육과정을 조직하는 다른 방식도 더욱 광범위하게 찾아볼 것으로 우리는 기대했었을 것이다.

그러나 그런 일은 2004년 말까지 전혀 없었다. 내가 동료들과 함께 수행한 연구는(White 2004), '새로운 포괄적인 목적들'과 '대다수 교과의 공식적인 내부 목적 및 교육과정 상의 구체적 사항' 간에 일치하지 않는 점이 엄청 많다는 점을 밝혀냈다. 다만 인성보건교육(personal, social, and health education, PSHE)과 시민정신이라는 새로운 교과에서, 그리고 새롭게 정비된 디자인, 테크놀로지, ICT에서는 양자 간의 일치가 잘 이루어지고 있었다. 이런 점에 비추어보면, 대다수의 전통적 교과는 각자의 오래된 '작동방식(modi operandi)'에 젖어있었다. 그 내부적 목적은 여러 가지 면에서 비판적인 검토를 견디어낼 수 없음에도 여전히 강력했으며, 대다수 내용은 늘 거기에 있었다는 점만으로도 교과에서 살아남았다. 이것은 2000년 이후의 기준에 따르면, 전혀 옹호받을 수 없는 일이었다.

만일 정부가 학교 교육과정을 위해서 스스로 설정한 목적을 진지하게 여겼었다면, 교육과정을 계획하기 시작할 때부터 그런 목적을 중심으로 삼았어야 한다고 우리는 기대할 것이다. 그런 목적은 교육과정의 계획이 시작되어야 할 출발점이다. 그렇지 않고 다른 데에서, 예컨대 교과에서 출발한다면, 의문은 늘 생겨난다. 이런 틀은 무엇을 **위한** 것일까? 이런 틀은 '학교 교육이 관심을 쏟아야 할 것'과 어떻게 연결될까? 그렇다면 더 좋은 길은, 곧바로 교육목적으로 들어가서, 그런 목적을 가능한 한 분명히 밝히고, 그다음에 **정말** 그다음에 그 목적들을 실현하는 최적의 수단이 무엇일까를 생각하는 것이다. 전통적인 교과가, 혹은 어떤 교과가 그것의 최적 수단이라고 **선험적으로** 생각해야 할 이유는 전혀 없다. 수단에 관한 온갖 문제는 철저히 파고들 필요가 있다. 여기서 전통적 교과들이 일정한 부분을, 어쩌면 상당히 큰 부분을 차지하리라는 점에는 의심할 여지가 없다. 만일 학생들이 물리적 세계의 구조, 혹은 자기 사회의 역사를 전혀 안 배운다면 이는 이상한 교육일 것이다. 그러나 과학, 역사 혹은 다른 교과의 어떤 부분이 과연 걸러내는 과정에서 살아남을 것인가; 그런 부분을 다른 지식 영역과 통합하지 않고, 교과의 오래된 틀 안에서 계속 가르쳐야 할 타당한 근거가 있는가; 몇 년에 걸쳐서 개별 교과를 모든 학생에게 의무적으로 가르칠 필요가 있는가 등의 문제는 간단한 해답이 불가능하다. 모든 선택지를 부지런히 탐색해보기 전에는 확실한 해답을 내놓을 수 없다.

북아일랜드는 이제까지 영국에서 목적-기반 교육과정을 시도했던 유일한 지역이다. 이것은, 만일 시행된다면, 모든 교과가 '교과 내부의 목적' 그리고 '포괄적인 교육목적(개인 발달, 취업 교육, 시민교육)'을 서로 일치시키도록 의무화할 것이다. 이보다 더 급진적인 조치는, 국가 교육과정을 위해서 먼저 교과-기반을 가정하는 일을 전적으로 배제하면서, 교육목적에 가장 적합한 온갖 종류의 수단을 찾아내는 일이 될 것이다.

잉글랜드에서 21세기 전반에 이런 일이 일어날 수 있을까하고 누구나 궁금할 것이다. 그 일을 가로막는 힘은 변화에 저항하는 세력, 즉 전통적인 학교 교과들의 제도화된 권력뿐이다. 19세기 후반부터 '근대적' 교육과정이 중산계급의 중등교육이 팽창하는 세계 속에서 확립되고 나면서, 학문별로 교과 협의회/학회가 성장하기 시작했다. 이는 똑같은 교과를 담당하는 학교 교사들을 결속시켰을 뿐만 아니라, 전공 영역의 대학교수들과 같은 조직 속에서 연대하도록 만들었다. 중등학교들은 대학에서 지리, 수학 및 다른 과목을 전공할 똑똑한 입시준비생을 공급하는 대학생 공급 기지가 되었다. 20세기는 타 영역뿐만 아니라 교육 영역에서도 중산계급이 지배했던 시기였고, '교과 권력의 공고화'를 교육계의 여기저기서 당연한 부분으로 간주하였다. 1988년 이후로 그 정점에 도달했는데, 이때 10개의 기초 교과는 모든 국공립학교의 교육과정에서 일정한 자리를 보장받았다. 그전에는 그렇게 보장해줄 아무런 법적 권리가 없었다. 원래는 비국교도의 교육과정이었던 것이, 18세기에는 고등학교/대학

학부 수준에서 국가로부터 배척받았던 일부 집단을 위해서, 그리고 주로 이 집단의 목사 양성을 위해서 있었던 것이, 그 이후로 여러 세기를 거치면서 그 대상 학생의 나이는 갈수록 내려가고, 또 팽창을 계속하는 중산계급을 통해 이 집단의 외부로 퍼져감으로써, 그 교육과정의 제도적 권력은 어디에서나 확고해졌다. 1988년에 그 교육과정의 지배력은 갑자기 커졌고, 중등교육에서 유아/초등교육까지 확대되어 마침내 전국으로 확산되었다.

세계에 관한 지식은 중요하다. 그러나 지식은, 한 가지 교육 목표로서, 다른 중요한 것들과 함께 제자리를 차지해야 한다. 우리가 성인이 되어서도 미적분학, 혹은 생명의 탐구 혹은 르네상스의 역사 탐구에 모두가 빠짐없이 관심을 쏟는 경우는 거의 없다. 사실상 학문적인 심성이라는 것은 모든 사람에게 공통된 것도 아니며, 그렇게 되어야 할 이유도 없다. 인간의 삶에는 그 밖에도 가치 있는 추구/활동이 수없이 많으므로, 소수의 사람만 지식 추구의 길로 들어가는 것도 전혀 놀랄 일이 아니다. 그런데도 왜 학교는 특수한 삶의 이상만을 선호하는 쪽으로 크게 기울어져야만 할까? 이런 편향성을 정당화하기는 어렵지만, 그것을 설명하기는 오히려 더 쉽다. 이런 설명에 이 책의 논의가 도움이 되었기를 나는 희망한다.

비록 나는, 노동당 정부가 교육의 포괄적 목적에 따른 후속 조치를 2000~2004년에 제대로 하지 못했다고 비판하지만, 내가 이 글을 쓰고 있는 2005년 초에는 변화의 조짐이 나타나는 것 같다. QCA는 <미래 프로그램>을 이제 막 출범시켰고, 이로써 학교 교육과정의 미래에 관한 폭넓은 토론이 열릴 것이다. 이 토론에서는 특히 다음 질문에 초점을 둘 것이다. i) 교육의 포괄적 목적, 목표 및 가치를 위해서 각 교과는 얼마나 효과적으로 공헌하는가? ii) 우리는 교육과정의 목적, 목표 및 가치를 제공하는 국가의 권한을 어떻게 조직화할 것인가? iii) 우리는 미래 학습자의 필요를, 교과의 경계선을 뛰어넘어, 어떻게 적절하게 정의할 수 있는가? 또한 QCA는 주로 교과 전문가들을 위한 연속세미나도 준비했는데 그 중심 주제는 다음과 같다. 다양한 교과들은 국가 교육과정의 목적, 목표, 가치에 어떻게 공헌하는가?

우리는 기다리면서, 'QCA의 프로그램이 정부의 미래 정책에도 반향을 일으킬 것인가'를 지켜보아야 한다. 2005년 2월 현 정부는, 14~19세 교육 및 훈련에 관한 톰린슨 조사(Tomlinson Enquiry)의 중점 제안(DfES 2004)을, 즉 '자격 시스템을 통해 분리되는 학문적/직업적 통로를 포괄적 졸업증으로 통합해야 한다'라는 제안을 거부한다고 공표했다. 이원적 분리 시스템을 유지하게 되는 이런 결정은 학문적 교과-기반 교육과정을 존속시키고, 그리고 다른 대안들보다 우월하다는 전통적인 명성을 고수하는 일이다. 이것은 청교도주의에서 시작된 그런 교육과정의 이야기에서 마지막 장에 속한다고 해석할 수 있다.

05 인생의 성공

학교 교육과정은 그 자체로만 존재하는 것이 아니다. 그것은 더 큰 목적을 실현하기 위한 수단이다. 그 목적은 무엇이어야 하는가 - 학교는 무엇을 위해 있는 것인가 하고 물을 때, 우리는 원하는 사회가 어떤 종류의 것이고, 개인에게 최선의 삶이란 어떤 종류의 것인지에 관한 근본적인 물음으로 곧바로 다가가게 된다. 학교 교육과정은 청소년이 만족스러운 개인의 삶을 살 뿐만 아니라 타인들 즉 친구, 부모, 노동자, 시민도 각자 충족된 삶을 살도록 도와주는 수단이다.

이 말에 반대할 사람은 별로 없다. 그런데 여기서 문제는 만족스러운 삶을 산다는 것이 '무엇인지'에 대해 모든 사람의 생각이 일치하지 않는다는 데에 있다. 여기서도 청교도/비국교도의 사상-세계의 흔적이 아직도 깊이 남아있다.

성공이라는 개념을 살펴보자. 제2장에서 보았듯이, 17세기에 뉴잉글랜드의 부모는 자기 자녀가 그들의 말처럼 '잘되기(to do well)'를 원했고, 우리도 우리 자녀를 위해 똑같은 야망을 갖는다. 그 당시에 '잘되기'는 종교적 개념이었다. 그것은 신을 공경하는 삶을 사는 일이었다. 그것은 자신의 소명을 따르고, 자신의 최선의 능력을 행하라는 신의 소명을 따르는 일이었다. 우리도 마찬가지로 인생에서 잘하는 것을 직업상의 성공과 연결시키고 있는데, 여기서 종교적 함의는 거의 사라진 셈이다. 청교도처럼 우리도 삶과 직업을 학교/대학의 교육과 연관시킨다. 우리의 경우에, 그것은 시험 제도를 통해 '진학하고', '좋은 직장'에 들어가도록 도와준다. 청교도 전통에서 교육은 (가정과 아카데미에서 그리고 도제를 통해서) '선택받는 데에 필요한' 신의 세계에 관한 지식을 전수해주었으며, 여기에는 목사, 농부, 혹은 약종상이라는 자신의 소명에 필요한 지식이 들어있었다.

마거릿 대처의 친구인 아처 경(Lord Archer)은 다음과 같이 말했다. "그녀는 매일 19시간을 일만 했다. 그녀의 삶에는 일밖에 없다. 그녀는 쉴 줄 모르고, 어떻게 해야 쉬는 것인지도 모른다. 그녀는 새벽 6시에 일어나고, 사람들은 밤에 그녀를 침대로 끌고 가야 했다"(Paul Vallely in *The Independendent* 27 May 1995). 마거릿 대처의 경우처럼 쉴 틈 없이 부지런한 일이 청교도 생활의 중심이었다. 여전히 우리들 중 많은 사람도 마찬가지다. 일단 우리의 교육이 끝나면, 우리는 (일자리를 찾을 수 있게 되면) 임금 노동으로 들어갈 것이며 은퇴할 때까지 대부분의 삶은 그것으로 채워지리라는 점을 우리는 자연스럽게 받아들인다. 이렇게 볼 때, 지난 반세기에 걸친 여성 해방의 성공은 아무 차이도 일으키지 못했다. 이때까지 여성의 쉴 틈 없는 힘든 노동은 대부분 가정에서 행해졌는데 이는 청교도 문화가 '애정에 기반을 둔 가정'이라는 근대적 개념을 형성하기 시작했을 때 그런 것과 똑같다. 그 이후로 여성은 변함없이 근면하게 일하는 경향이 있는데, 오늘날에도 가정 안팎에서 그렇게 하고 있다.

노동에 대한 더 오래된 태도의 흔적을 우리는 어디까지 환영/거부해야 할까? 프로테스탄트 윤리의 전성시대는 지나갔을까? 나의 젊은 친구인 크리스

(Chris)에게는 정말 놀라운 서핑 실력이 있어서 먼다카(Mundakka) 혹은 하와이 해변의 거센 파도를 겁도 없이 멋지게 탈 사람인데, 틀림없이 그런 시대가 끝났다고 말할 것이다. 그러나 그의 말이 맞을까?

끊임없이 부지런이 일을 해야 하는 구원론자의 이유는 오늘날 우리 뒤로 사라졌다. 그 자리를 무엇이 차지하고 있을까? 퇴직한 옛 동료를 만나면, 그는 늘 예전처럼 글을 많이 쓴다고 말한다. '어젠 괜찮았어. 아무튼 3,500단어를 썼으니까!' 그는 열성 인간, 일 중독자다. 그가 자신의 심판의 날을 전혀 생각하지 않는다는 것은 확실하다. 그는 힘들어도 일을 즐길 뿐이다. 이것이 그가 원하는 삶의 방식이고, 그가 선호하는 것이다.

근면 노동은 이것이 좋아서 자율적으로 선택한 사람에게는 가치가 있을 것이다. 이런 정당화는 사람마다 각자 개인적 만족을 찾으면서 살아가는 다양한 방식으로 우리를 이끌어준다. 모든 사람이 일 중독자에 빠지는 것도 아니고, 또한 그래야 할 이유도 없다. 각자의 삶에서 무엇인가를 성취하는 것, 즉 내 옛 동료처럼 끊임없는 글쓰기, 텃밭 가꾸기, 사람을 가르치기 등은 만족스러운 삶의 한 요소이지만 그것이 전부는 아니다. 다른 것도 많다. 친구와 함께 즐겁게 지내기, 미적 혹은 다른 추구에서 자신의 감각을 활용하기, 신체를 단련하기 등이 그런 것이다. 대다수 사람은 이 모든 것에 어느 정도는 이끌리면서 살아가는데, 이를 얼마나 중시할 것인가는 각자 나름대로 정하고 살아간다. 어떤 이는 한 가지 일에 몰두하고, 그 일의 처리에만 집중하고 살아간다. 나의 동료도 그런 사람이다. 그러나 '다른 사람도 그렇게 되어야 한다'라고 윤리적 압력을 넣을 일은 전혀 아니다.

쉴 틈 없이 부지런한 삶에는 어떤 정당성이 **있을 수** 있겠지만, 이는 청교도의 정당성과 전혀 다르다. 그것은 전혀 다른 윤리적 관점에서 나온다. 이는 개인적으로 각각 만족스러운 것에서 출발하는 관점이지, 도덕적 의무에서 출발하는 관점이 아니다. 그러나 '개인적 만족은 청교도 관점의 뿌리에도 들어있었다'라고 말할 사람도 없지는 않다: 사후의 생에서 구원과 지복을 얻으려고 하지 않았다면 왜 자신의 도덕적 의무와 일을 행했겠는가? 이것은 현대적 정당화와 다른 점이다. 현대적 정당화는 이 세상의 삶을 유일한 것으로 가정한다. 이렇게 제한된 시간 틀 속에서, 우리 중 어떤 사람은 자율적인 인간으로서, 자신의 최고 만족을 근면성에서 찾기도 한다.

두 가지 정당화가 서로 다른 데에는 또 다른 차이점이 있다. 현대적 정당화 혹은 자유주의적 정당화는 **모든** 혹은 거의 모든 사람이 근면한 노동으로 살아가야 한다고 주장하지 않는다. 청교도에게 그것은 누구에게나 부여되는 종교적 의무였다. 따라서 오늘날 우리에게 가장 중요한 한 가지 구분이 거기에는 아예 없거나 희미할 뿐이다. 그것은 자율적으로 선택된 일과 그렇지 못한 일의 구분이다. 자유주의적 정당화는 오직 자율적인 일에만 적용된다. 쉴 틈 없이 근면한 삶은 그것을 선택한 사람에게만 좋은 것이다. 선택하지 않은 사람에게 그것을 부과할 이유는 전혀 없다. 현세의 윤리를 '개인의 잘-삶'보다는 '도덕적 의무'라는 측면에서 보았던 신앙은 전혀 달랐다. 또한 '신이 부여한 삶의 처지'에 대한 믿음에서 본다면, 자신의 노동이 '교육 개선을 향한 자신의 열정으로 살아감'에서 행해지는가, 혹은 '탄광의 갱도를 따라 석탄 캐는 일'에서 행해지는가는 아무런 차이가 없다.

우리들 중 많은 사람에게 그것은 굉장한 차이가 된다. 내가 이상적으로는 하고 싶지 않은 일, 즉 비-자율적 일은 좋은 삶을 가로막는 장애물이며, 이 장애물을 이겨낼 수 있는 것은 금전과 같은 어떤 절박한 것뿐이다. 나는 이에 대해, 최소한 영국에서 어쩌면 미국에서 더 분명해질 필요가 있다고 느낀다. 두 곳의 문화는 아직도 일이, 그것도 거의 비-자율적인 일이 지배한다. 우리는 여기저기서 아직도 그런 일을, 제아무리 지루하거나 불쾌할지라도, '영혼을 위해 좋은' 것으로 생각한다. 프랑스는 주 35시간 노동을 도입했는데, 영국의 노동 시간은 유럽에서 가장 긴 편이다. 우리는 비-자율적 일/노동에 대한 물신 숭배에서 벗어나서, 즉, 그런 노동을 집단적으로 그리고 개인적으로 필수적인 수준으로만 줄임으로써 행복한 삶을 추구할 필요가 있다(White 1997).

자율적 일과는 별도로, 사람들은 돈만 아니라 지위를 얻으려고 일한다. 어디서나 이런 일이 벌어진다. 그러나 영국에서 그 이야기의 일부는 청교도/비국교도 공동체의 경험으로 거슬러 올라간다. 이들의 종교가 진작시켰던 근면한 노동은 부의 증대를 낳았으며, 이로써 자기들이 또 다른 부류의 인간에 속한다는 느낌을 강화시킴으로써 그들과 그들 아래의 가난한 사람들과의 간격은 깊어졌다. 근면한 노동, 즉 '그들이 하는' 종류의 일은, 가난한 사람의 고된 일과 달리, 우월한 사회적 지위와 연결되었다. 이것은 그들에게 부의 상징, 즉 안락한 저택, 마차. 우수한 자녀교육을 가져다주었다.

위와 같은 이야기 속에는 외국인들이 영국인과 연결지어 보는 계급의식, 속물근성의 일부 뿌리가 남아있다. 비국교도 중산계급은 - 골턴 가족처럼 더 높은 지위이건, 버트처럼 더 낮은 지위이건 - 19세기의 국민 생활에 편입되면서, 위와 같은 '차이의 징표'를 유지할 필요성이 더욱 절실해졌다. (제2장에서 살펴보았던 골턴의 '명성(reputation)'에 대한 집착은 그 한 가지 사례일 것이다.) 따라서 20세기 초에 더욱 두드러진 중산계급은, 지능검사 그리고 엘리트/대중적 교육과정의 구분을 포함해서 개인 및 사회집단 간의 차이를 드러내는 방식을 수용하게 되었다.

성공한, 충족된 삶이란, 오늘날 일부 사람의 눈에는, 무엇보다도 다른 사람이 누릴 수 없다고 알려진 혜택을 - 다른 사람은 누릴 수 없다는 점을 알고 있기 **때문에** - 누리는 삶일 것이다. 예를 들면 피레네 산맥과 지중해 사이의 별장, 1인분 가격이 엄청난 만찬, 사교육, 로열 오페라 하우스의 최고급 좌석 등이 그런 것이다. 이런 상품과 그 배타성을 일부 사람들이 연결지어 생각할 때 광고업자들은 그런 의미의 성공을 활용한다. 성공한 삶에 대한 그런 생각은 타당한 것일까? 이런 위치재(positional goods)는 **참된** 충족을 위한 재화일까?

06 인간적 충족

여기서 우리는 인간의 잘-삶(well-being)의 본성에 관한 핵심 이슈로 들어가게 된다. 충족된 삶(fulfilled life)에는 두 가지 요건이 있다. 첫째는 '인프라'이다. 어떤 필요들은 충족되어야 한다: 적절한 음식, 깨끗한 공기, 건강, 소득, 안전 등이 그것이다. 둘째는 그런 필요가 충족되고 나서 '추구하는 목표'다. 이 목표는 복잡한 부분이다. 개인이 이런 목표의 달성에 성공하는 만큼 그의 삶은 더 만족스럽다고 말하는 경향이 있다. 그러나 하고 싶은 일이 흥청대는 술판이라고 하자; 그런데 이런 점을 좋아하는 자신을 싫어한다고 하자; 그것이 어리석은 짓임을 깨닫고, 이 습관을 없애버리고 싶지만, 유혹에서 못 벗어난다고 하자. 이 이야기가 보여주듯이, 각자가 원하는 욕구의 수준은 각기 다르며, 더 높은 차원에서 보면 차라리 갖고 싶지 않은 욕구도 있다.

그렇다면 충족된 삶은 자신의 욕구를 만족시키는 일일까? 다시 말해서, 오래된 욕구면 아무거나 좋은 것이 아니라, 자기 자신과 동일시할 수 있는, 자신의 삶에서 자기에게 정말 중요한 욕구를 만족시키는 일이 아닐까? 여기서 '위치재'가 주목받는다. 일부 사람들에게는, 그저 자신과 다른 사람을 구별해주는 것, 다른 사람들은 가질 수 없다고 그들이 아는 것을 소유하거나 즐기는 일이 중요한 관심사다. 이런 야망을 늘 만족시킬 수는 없다. 그러나 이렇게 된다면, 이것은 충족된 삶에 보탬이 되는 것일까? 만일 자신의 가장 중요한 욕구를 만족시키는 것이 충족의 징표라면, 당연히 그렇겠다.

이것은 달갑지 못한 생각일 것이다. 각자가 인생을 살아가는데, 자신의 가장 간절한 열망을 성취할 수만 있으면 **아무 인생**이나 꽃피는 삶(flourishing life)이 될 수 있는 것일까? 만일 어떤 사람이 온갖 것을 고려한 후에도 될수록 많은 시간을 도박 기계 앞에서 놀거나, 카지노의 노름판에 붙어있기를 원한다면, 어떨까? 혹은 타인이 고통받고 있다는 점을 아는 일에서 최고의 쾌감을 얻는 인간이라면, 어떨까?

이런 사례들은, '인간적 충족은 자신이 선호하는 욕구를 만족시키는 일이다'라는 주장에 도전을 가한다. 그렇다면 다른 인생이 있을 수 있을까? 한 가지 대안에서는 충족된 삶을 객관적인 일로, 다시 말해서 개인적 선호와 같은 주관적 요인에만 전적으로 의존하지 않는 일로 이해한다. 이 대안에 따르면, 어떤 선 혹은 재화(goods)는 - 그리고 오직 그런 것만이- 인간적 충족의 요소가 된다. 개인의 선호는 이런 선/재화가 사람에 따라서 부여받는 비중이 달라질 수 있는 지점에서 나타난다. 개인의 선호는 **처음부터**, 즉 충족의 큰 윤곽이 그려질 때부터 끼어드는 것이 아니다.

이런 선/재화에는 어떤 것이 있을까? 객관적 설명으로 나아가는 철학자들은 흔히 다음과 같은 것을 제시한다(그 목록은 다양하다). i) 친밀한 인간관계를 맺기, ii) 자신과 자신이 살아가는 세계에 대해 이해하기, iii) 아름다움을 즐기기, iv) 자신의 인생에서 어떤 것을 성취하기, v) 자율적으로 행동하기, vi) 다른 사람에게 이로운 일을 베풀기, vii) 신체 운동, viii) 음식/음주/섹스와 같은 육체적 쾌락.

여기서 충족의 철학으로 깊이 들어갈 수는 없겠다. 나는 다른 글에서 이런 주제를 탐구했다(White 2002b). 여기서 내가 덧붙일 점은, 객관적 이론에도 그 나름의 문제가, 특히 그 목록에 들어있는 항목을 정당화해야 할 문제가 있다는 것이다. 직관적으로 보면 그런 항목은 충분히 받아들일 만한 것처럼 보인다. 그러나 왜 꼭 그런 항목일까? 그런 항목은 인간의 공통된 본성으로부터 끌어낼 수 있는 것일까? 모든 인간사회가 '친밀한 인간관계' 혹은 '개인의 자율적 삶'을 귀중히 여긴다고 우리는 알지만 정말 그럴까? 그 항목 중에서 최소한 어떤 것은, 즉 앞서 말한 두 가지는 문화에 따라서 민감한 것일 수 있지 않을까? 그렇다면 인간적 충족은 최소한 부분적으로는 문화에 따라 달라지는, 문화-상대적인 일이 아닐까? 혹은 이런 결론을 피할 수 있을까(Raz 1986, ch.12; 2003, 15-36)?

인간적 충족 혹은 인간적 '잘-삶'의 철학은 아직은 유아기 수준이다. 이런 철학은 얼핏 낯설게 느껴질 것이다. 영미 철학자들이 그것을 집중적으로 탐구하기 시작했던 것은 지난 20여 년이었다. 어떤 면에서 보면 이는, 지난 4세기 동안 **도덕적**(moral) 이슈가 윤리학을 거의 지배했었기 때문이다. 이는 '그동안 기독교가 지속적 영향을 미쳤고, 저승과 구분되는 이승에서의 인간적 잘-삶에 관한 관심이 비교적 드물었다'라는 뜻이다.

다음 수십 년 동안 우리의 희망은, 인간적 충족은 주관적인가 객관적인가, 문화에 따라 달라지는가 혹은 인류에게 항구적인가에 관한 철학적 논란이 최소한 일부나마 줄어드는 것이다. 현재 우리에게 최소한 확실한 점은, 인간적 충족은 일반적으로는 정치에서, 그리고 특수하게는 교육정책에서 중심 주제가 되어야 한다는 것이다. 우리는, 사람들이 행복하게 살 수 있는 여건이 더 좋아지는 사회를 원한다. 그리고, 학교 교육과정의 정당화를 거론할 때 살펴보았듯이, 우리가 옹호할 수 있는 교육목적은 아이들이 좋은 삶을 살아갈 수 있고 또 다른 사람들도 그런 삶을 살도록 도와줄 수 있는 일과 깊은 관계에 있다.

이런 철학적 이야기를 마치기 전에 지적해 둘 사항으로 세 가지가 있다. 첫째, '인간으로서 꽃피는 삶을 산다'라는 것은 '그런 삶을 자신의 **목적**으로 갖는다'라는 뜻이 아니다. (이 말의 의미는 다음과 같다.) 꽃피는 삶이란 (친밀한 인간관계에서, 가치 있고 몰입하는 활동에서, 가정생활에서, 자기 이해에서, 미적 향유에서, 그리고 그 밖의 일에서의) 성공에 의존하는데, 그러나 이런 성공은 '처음부터 성공에 눈을 두고 살았었는가'와는 관계없다. 그런 일에 마음을 쏟아 몰입한 **결과로서** 생길 수 있고, 또 생기지 못할 경우도 많다. 이는 '우리가 청소년의 교육을 어떻게 생각하는가'에 대해서 중대한 시사점을 주는 점이다. 중요한 것은 '청소년이 어린 나이에서부터 인생 목표를 마음에 두고, 이에 도달하려고 애쓴다'라는 점이 아니고, 앞서 언급했던 여러 가지 '가치 있는 활동에 그들이 어떻게든 참여하고, 몰입한다'라는 점이다.

둘째 사항도 교육적으로 중요하다. 만일 우리가 교육목적으로 '인간적 충족'

을 옹호한다면, 우리는 '청소년이 이기적이거나 자기중심적으로 되기를, 일등을 위해 살기'를 원한다는 비난을 받을 수 있다. 그러나 이런 뜻이 아니다. 앞서 보았듯이, 학교 교육의 체계적 목적으로서 '인간적 충족'을 옹호하는 것은, 청소년이 자신의 충족을 **자신만의 목적으로** 삼도록 하자는 뜻이 아니다. 그것은 '청소년이 가치 있는 활동과 관계에 몰두하게 만들자'라는 뜻이다. 이렇게 몰두하면 자신에게 이득이 될 것이 확실하지만 그렇다고 해서 그저 **자신에게만** 이득이 되는 것도 아니다. 예컨대 가르치기, 농사짓기, 부모가 되기, 가구를 만들기, 우정을 쌓기 등에 몰두한다면, 이는 많은 사람의 잘-삶에 공헌하는 협동적 활동에 참여하는 일이 된다. 더욱 세속화된 시대를 여전히 이끌고 있는 종교적 전통들 속에서는, 도덕성의 요구 사항들이 '현세의 행복이나 즐거움'이라는 형태의 자기-이익(self-interest)에 대한 언급으로부터 완전히 차단되기도 한다. 교육은 전통적으로 그와 같은 도덕성의 요구, 즉 도덕적 목적을 지향해왔으며, 프로테스탄트 집단에서는 지식의 습득조차도 기독교도 자녀에게 주된 도덕적 의무였다. 그러나 이와 같은 차단에는 타당한 이유가 없다. '인간적 충족'은 '타인을 위한 관심'에 적대적인 것이 아니다. 제대로 생각해보면 양자는 분리될 수 없다.

셋째, 충족된 삶은 거창한 것을 필요로 하지 않는다. 충족의 정도는 있겠다. 남들이 사는 만큼 아주 꽃피는 삶은 아닐지라도 자기 나름대로 꽃피는 삶이 가능하다. '진실한 만족은 최적의 것이어야 한다'라고 생각하게 만드는 유혹도 있을 것이지만 꼭 그런 식으로 생각해야 할 이유는 없다. 예컨대 교육자들은 때때로, 학교 교육의 목적은 '개인의 잠재력들이 최대한 충족되도록 발달시키는 데에' 있다고 말한다. (여기서 생득적 능력 혹은 생물학적 '펼쳐짐(unfolding)'에 관한 암묵적 상정은 그냥 넘어간다)[5] 왜 '최대한 충족'일까? 더 일반적으로 말해서, 왜 이상적 삶은 가치 있는 활동과 관계의 경험이 '가능한 한 풍부한, 완전한' 삶이 되어야 하는 것일까? 그런 경험이 더 나아질 수도 있겠으나 웬만큼만 좋으면

5) 이지헌 저(2022) 마음과 교육 제4장을 참조

될 수도 있을 터인데 어째서 '최대한으로 풍부한, 완전한' 삶일까? 대체로 우리는 웬만큼 대단한 행복이면 기꺼이 받아들일 터인데, 어째서 꼭 공리주의자들처럼 최대 다수의 최대행복을 목적으로 삼아야 하는 것일까(최근의 설명으로 Layard 2005, ch. 8을 참조)? 이런 완전주의(perfectionism)의 한 갈래는 구원론자의 사고로까지 거슬러 올라간다. '거의' 구원됨은 결코 충분히 좋은 것이 될 수 없고, 성공 아니면 실패처럼 절대적 범주다. 구원론자의 세계가 아닌 우리의 세계, 즉 대다수가 한 번의 인생을 누리고 사는 이 세상에서, 완전주의는 한 가지 장애물이다.

07 맺음말

바로 앞 구절에서 언급했듯이, 충족된 인간의 삶이란 거의 모든 사람이 도달할 수 있는 범위 내에 있다. 불운이 가끔 그것을 방해할 수도 있다. 불운을 완전히 제거할 수는 없겠으나, 그것을 줄이기 위해 많은 일도 할 수 있다. 만일 우리가 원하기만 한다면, 거의 모든 사람이 합당하게 꽃피는 삶을 누릴 수 있는 사회를 만들어갈 수 있다. 이런 평등주의 관점은 부와 소득의 완전한 평등으로까지 치달을 필요는 없다. 물론 부와 소득의 현격한 격차는 위와 같은 목표를 무너뜨릴 것이다. 나의 평등주의 관점은, 이 책에서 거론했듯이, 사람들을 어릴 때부터 (i) 당대의 종교적/사회적 인습에서 생각하는 성공적인 삶으로 나아갈 부류와 (ii) 무시당할 수 있는 나머지 부류, 혹은 '민주주의의 밑바닥'으로 양분하려는 시도에 반대한다.

영국/미국과 같은 나라는 모든, 거의 모든 사람의 인간적 충족을 현실정치의 목표로 삼을 만큼 부유한 편에 속한다. 기본적 필요(음식, 집, 적절한 소득 등)는 만족시킬 수 있다. '하고 싶지 않은 일'의 부담을 줄일 수 있는 방법은, (i) 일부는 불필요한 소비에 대한 태도를 억제함으로써, (ii) 일부는 고되고 위험한 일에 대해 더 많은 소득/자유 시간을 보상해줌으로써, (iii) 일부는 그래도 남게 되는 부담은 더 균등하게 전체 인구가 나누어 가짐으로써 가능할 것이다. 시간이 더 자유로워진다면, 사람들은 자기가 선택하는 가치 있는 활동과 관계에 몰두할 수 있다. 학교는 이런 삶을 위해서 청소년들을 준비시키는 일을 목표로 삼을 수 있다.

경제적으로, 이 모든 일이 우리에게 불가능한 것은 아니다. 그러나 우리는 아직도 과거 시대의 사고에 갇혀있다. 이것은 아직도 분리와 분류를 요구한다. 과거 시대의 사고는 '좋은 삶은 모든 사람에게 합당한 것이 아니다'라는 점을 당연시했고, '자원과 에너지는 일부 사람들만을 위해서 좋은 삶의 조건을 제공하는 데에 투입되어야 한다'라고 요구했다. 그렇게 함으로써 과거 시대의 사고는 인간의 '잘-삶'의 본성을 왜곡시켰고, '잘-삶'의 요구 사항보다는 거대한 부, 안락, 권력, 명성으로 치우치게 했다. 과거 시대의 사고는 지능의 생득성 그리고 신성한 전통적 교육과정과 부분적으로 연관되고 있는 이데올로기를 만듦으로써, 특권층의 권력을 강화시켰다. 역사적으로 볼 때, 우리는 과거 시대의 사고의 이면에서 구원이라는 사상-세계를 찾아볼 수 있다. 우리는 인습적 관점에 박혀있는 이런 뿌리를 깨달음으로써, 적절한 경우에, 그런 것들로부터 우리 자신을 자유롭게 만들 수 있다.

결론

이 책에서 이제까지 밝혀낸 바는 이것이다. 지능 심리학 그리고 교과-기반 교육과정의 뿌리는 청교도주의와 그 후예의 세계에 뻗어 있다. 이런 뿌리가 '전부다'라는 뜻은 아니다. 역사적 설명에는 복잡한 이야기가 그 앞에 깔려있으며, 이 책은 인과적 요인들의 전부를 종합적으로 설명한 것이 아니다. 이보다 더 제한된 주장일 뿐이다. 이런 주장을 지지해주는 증거는 다른 사람들이 도전하거나 긍정할 수 있도록 앞서 제시했다.

이 책의 앞부분은 지능의 본성에 관한 것이었다. '골턴-버트의 생득적, 일반적, 지적 능력이라는 지능관이 과연 적절한 것인가'라는 철학적 의문은 '그처럼 아주 특이한 지능관이 애당초 어떻게 생겨났는가'라는 질문을 불러일으킨다. 우생학이 이 이야기의 일부임은 확실한데, 그 일부는 1865년에 골턴이 잡지에 기고한 글보다 더 올라가지 못한다. 그보다 앞선 영향이었을 것으로 보는 단서는 다음 (i)과 (ii) 사이의 유사성이다. (i) 지능에 대한 골턴과 버트의 접근. (ii) 예정, 구원/저주, 선물, 일과 소명, 가족, 교육에 관한 청교도 혈통과 연관되는 아이디어.

'이런 유사점은 우연의 일치 이상으로 거의 확실하다'라는 점은 골턴의 전통에 속하는 초기의 지능 심리학자들의 가족 배경을 검토함으로써 암시된다. 미국과 영국에서 이 패러다임에 속하는 지도적 인물들은 거의 모두 청교도 혈통이었다. 상세한 점들은 제3장에서 밝혔다. 거기서 다음과 같은 반대-사례도 검토했다. 골턴의 전통에 속하나 찰스 스피어만처럼 급진적 프로테스탄트의 배경이 있었는지를 알 수 없는 사람들, 그리고 왓슨이나 듀이처럼 그런 배경이 있었어도 심적 능력에 대한 그런 접근방식을 **거부했던** 학자들도 있었다. '지능 심리학의 거의 모든 개척자가 비슷한 종교적 배경에 의해 연결된다'라는 사실은 내가 알고 있는 한 이제까지 아무도 주목하지 못했었던 점이다. 그 이유의 일부는 아마도 다음과 같은 것이다: 그들의 대부분은 심리학이라는 새로운 학문을 객관적 기반 위에 세우려는 욕심에서, 자기들 연구의 과학적 성격을 끊임없이 반복했기 때문이다. 이런 점을 뒤따라서 심리학 서적들도 심리학자들을 묘사하기를, 인간 과학의 새 분야의 초기 개척자에 속하는 사람들, 그리고 심리학을 '선험적' 기반이 아닌 경험적 기반 위에 놓음으로써 철학으로부터의 분리를 도와준 사람들이라고 설명했다. 심리학의 역사에 관한 최근 연구(Fancher 2001; Richard 2002)는 심리학 개척자들의 자기평가를 중시하기보다는, 그들의 연구와 그들의 종교적 세계 간의 연속성에 비중을 더 두고 있음에도, 대다수 심리학자는, 헌신적 퀘이커 교도로 변함없이 살았던 고다드를 제외하면, 그런 연속성을 도외시했거나 혹은 그로부터 자신은 벗어나 있다고 스스로 여겼다. 이와 같은 연구를 바탕으로 내가 제3장에서 밝혀낸 것은 (우생학을 새로운 종교라고 반복적으로 내세웠던) 골턴을 추종하는 우생학적 프로젝트에 깔린 종교성; 버트의 마음관에 깔려있는 신학적 기반; 이런 초기 개척자들의 성취에서 드러나는 (그들의 특수한 종교적 유산을 통해서 가장 잘 설명될 것으로 보이는) 성격 특성 등이다. 이런 사항을 밝혀내려면 훨씬 더 파고들어야 할 것들이 많음을 나는 알고 있다.

지능 심리학은 추상적 사고가 그 중심이 될 필요가 없다. '골턴의 접근이 그런 쪽이었다'라는 사실을 더 제대로 이해하려면 청교도 사상에서 '논리의 역할'을 인식해야 한다. 이는 청교도주의의 초기인 16세기로 거슬러 올라간다. 프랑스의 논리학자였던 라무스는, 전문가들 외에는 별로 아는 이가 없는데, 신의 세계에 관한 지식을 조직/전수하는 쉬운 방법을 통하여 금욕적 프로테스탄티즘의 세계에서 큰 영향력을 미쳤다. 그의 방법은 가장 추상적, 일반적 범주에서 출발하고, 그다음에 일련의 이분법을 거쳐서 구체적, 특수한 것으로 나아가는 것이었다. 라무스의 논리는 프로테스탄트 교육자들이 이어받았는데, 유럽 대륙에서는 코메니우스, 잉글랜드와 뉴잉글랜드에서는 청교도 교사들이 그랬다. 라무스의 논리는 청교도와 포스트-청교도 교육의 특수한 성격이 형성되는 데에 일조했다. 그 교육의 특성은 지식을 배우기 쉬운 부분으로 나누기, 분류하기, 시간/돈을 아끼는 효율성, 학습한 바에 대한 검사 등에 관한 관심이었다. 라무스의 논리는 신이 창조한 세계를 바라보는 일반적 창이었고, 그리고 (라무스의 노선을 따라서 미리 프로그램화되어 있다고 주장했던) 인간 사고의 본성에 도달하는 지침이었다. 후자의 측면에서 논리는 성령론과 밀접하게 연관되었다. 영혼론은 청교도/비국교도 교육과정에서 인간과 신의 마음의 본성을 다루는 교과였다. 논리와 영혼론이라는 두 개의 교과는 그들의 교육과정의 일부로서, 19세기에 이르기까지, 영국 그리고 특히 미국에 남아있었다. '초기의 학문적 심리학은 이처럼 오래된 종교적 전통 속에서 성장한 것이다'라는 증거는 미국에서 분명하다. 영국에서는, '개인별 능력 차이에 관한 골턴의 초기 견해는 스코틀랜드 장로교 계통이었고 골상학자였던 조지 콤베에 의존했을 것이다'라고 믿을 만한 어떤 이유가 있다. 영국과 미국에서 '인간의 지적 능력의 유형별 분류'에 대한 관심이 생겨난 것은, '창조된 현상을 분류'하는 일에 대한 청교도/비국교도의 더 일반적인 강력한 성향이 구체화된 것으로 보인다.

이 책의 후반부는 (광범한 범위에 걸친, 서로 분리된 교과들에 기반을 둔) 학교 교육과정의 청교도적 기원에 관해서 더 많이 이야기한다. 라무스의 유산은 지식의 영역을 나누고, 또다시 나누어서 어중간한 영역이 남지 않게 하였는데, 가르치고 배워야 할 개별 항목은 제각기 상위의 범주 아래 명확하게 배치되었다. 추상적인 교과들이 우위를 차지했다. 여기에 포함된 것이 논리와 수학이며, 시간이 흐르면서 자연철학, 과학이 추가되었다. 학습은 될수록 효율적으로 수행되었으며, 치밀한 시간표에 따라서 지식의 분량이 할당되어 있어서 낭비되는 시간이 없었다. 이 모든 사항에는 종교적 이유가 분명히 있었다. 즉 신이 창조한 세계에 대한 종합적 이해는 개인의 구원을 위한 필수 조건으로 간주되었기 때문이다. 이런 개인 해방의 프로젝트를 위해서 18세기에 미국의 종교적 칼리지, 잉글랜드의 비국교도 아카데미, 그리고 장로교파 스코틀랜드에서는 아카데미라는 기관이 제각기 나름의 역할을 했다. 잉글랜드에서 우리는 한 가지 흐름을 추적할 수가 있다. 이는, 잉글랜드의 비국교도 아카데미로부터, 19세기의 중산계급 교육을 거쳐서, 20세기의 중등학교, 그리고 그 이후 모든 국공립학교의 전형적인 교과-기반 교육과정으로 이어지는 흐름이다.

20세기에서도 교육과정 이야기와 지능 이야기는 서로 얽혀진다. 로버트 모란트, 그리고 시릴 버트는 회중교회파 가정에서 자라난 사람들이고, 함께 일한 적은 없었지만, 잉글랜드에서 교육과정 이야기와 지능 이야기가 서로 얽히는 데 영향을 주었다. 원래부터 우생학적 기반 위에서, IQ 검사는 아이들을 서로 다른 지적 계층으로 분류시켰고, 이에 따라 학교도 배정했다. 지적 능력이 가장 뛰어난 아이들에게 주어진 상은 앞서 언급했듯이 지적으로 어려운 교과-기반 학교 교육이었다. IQ에 대한 확신이 시들어지면서, 20세기 후반에는 이런 전통적 교육과정이 더 많은 아이에게, 마침내 1988년에는 모든 아이에게 확대되었다.

이 이야기는 우리가 사는 시대로 이어진다. 교육과정과 지능은 오늘날 잉글랜드 및 다른 곳에서 여전히 서로 연결되어 있다. 이는 부분적으로는 교사들, 정책결정자들 사이에 널리 유행하고 있는 다중지능 이론 때문이다. '학업에 무관심한 아이들이 전통적 교육과정의 핵심에 들어있는 추상적 교과에 흥미를 갖도록 동기를 유발하는 데에는 온갖 어려움이 많다'라는 증거가 쌓이면서, '수학을 잘하는 것이나 운동, 연극, (기타) 연주, 수공 활동을 잘하는 것이나 마찬가지다'라고 주장하는 MI 이론이 확산되었고, 이것이 교수법의 생명줄이 되었다. 또한 MI 이론은, 잉글랜드의 학교에서 정부의 영재육성 프로그램을 운영하는 사람들에게 유용한 선정 도구가 되었다. MI 이론은, 1860년대부터 1930년대까지, 지적으로 가장 우수하게 태어난 사람을 식별/공급하려는 우생학적 시도의 직통 계열에 속하는 것이며, 그 차이점은 과거에 내세웠던 우생학적 근거 대신에 이해할만한 새로운 이유가 붙여졌다는 점이다. 청교도의 유산이 영국의 최근 정치에 희미하나 어느 정도로 직접적 영향을 미쳤는지는 불분명하다. 물론 조지 W. 부시의 미국 공화당 집단에 그런 영향이 상당히 많이 남아있음은 분명하다.

영국 전역에 걸쳐서, 2006년 현재, 전통적 교육과정이라는 빙원(氷源)이 무너지기 시작할 조짐이 나타나고 있다. 최초로 북아일랜드에서, 그다음은 스코틀랜드에서 그리고 잉글랜드에서 교육과정을 담당하는 당국이 '목적기반(aims-based)' 교육과정이라는 아이디어에 점점 더 끌리고 있다. 목적기반 교육과정은 기존의 학문적 교과에서 출발하지 않고, 그 대신 개인/노동자/시민으로서 충족된 삶(이라는 재화)에서 시작한다. 만일 이런 프로젝트들이 성공한다면, 전통적 교과는 20세기에 누렸던 수입원을 상실할 것이고, 21세기에는 자립해야 할 것이다. 그런 교과들(의 관련 부분)은 포괄적인 교육목적들을 실현하는 한 가지 방식이기 때문에, 다른 형태의 교육과정과 비교해서 경쟁력이 있음을 입증해야 할 것이다.

이 모든 사항은 '개인/시민의 좋은 삶의 구성요소'에 관한 힘든 철학적, 실천적 사고를 요구한다. 삶에서 실패하지 않고 성공하는 일이 그 핵심 가치다. 이는 영국과 미국의 청교도 전통에서도 중심 가치였고, 처음에는 구원론의 의미가 지배적으로 들어있었는데, 종교가 산업/상업 발달과 점점 더 얽혀지면서, 오늘날 우리에게 친숙한, 더욱 세속적 의미에서, 중심 가치로 변했다. 이제는 이처럼 돈/지위/명성에 초점을 둔 삶의 이상을 뛰어넘어서 더 소박하고, 따라서 더 보편적으로 성취될 수 있는, 다시 말해서 '자신이 선택한 활동과 관계에 전심으로 만족하면서 몰두하는 삶'을 토대로 삼는 '성공한 삶'의 비전으로 나가야 할 이유가 있다.

참고문헌

Aldrich, R. (1988) 'The national curriculum: an historical perspective', in D. Lawton and C. Chitty (eds) *The National Curriculum,* London: Institute of Education University of London.

Allen, B.M. (1934) *Sir Robert Morant,* London: Macmillan.

Anderson, R.D. (1983) *Education and Opportunity in Victorian Scotland,* Oxford: Clarendon Press.

Arnold, M. (1869) *Culture and Anarchy,* London: Smith, Elder and Co.

Baker, K. (1993) *The Turbulent Years: My Life in Politics,* London: Faber and Faber.

Barrelet, J.M. and Perret-Clermont, A.N. (1996) *Jean Piaget et Neuchâtel,* Lausanne: Payot.

Bebbington, D.W. (1989) *Evangelicalism in Modern Britain: A History from the 1730s to the 1980s,* London: Unwin Hyman.

Bellot, H.H. (1929) *University College, London 1826-1926,* London: University of London Press.

Bevington (n.d.) http: //www.rootsweb.com/~cotswold/MONTACUTE51.htm.

Binfield, C. (1977) *So Down to Prayers: Studies in English Nonconformity 1780-1920,* London: J.M. Dent.

Blum, J.M. (1978) *Pseudoscience and Mental Ability: The Origins and Fallacies of the IQ Controversy,* New York: Monthly Review Press.

Board of Education (1929) *Handbook of Suggestions for the Consideration of Teachers and Others Concerned in the Work of Public Elementary Schools* (6th impression), London: HMSO.

Brett-James, N. (n.d.) *The History of Mill Hill School 1807-1923,* Reigate: Surrey Fine Art Press.

Briggs, J.H.Y. (1994) *The English Baptists of the Nineteenth Century,* Didcot:

Baptist Historical Society.

Brookes, M. (2004) *Extreme Measures: The Dark Visions and Bright Ideas of Francis Galton,* New York: Bloomsbury.

Brown, C.G. (2001) *The Death of Christian Britain,* London: Routledge.

Burt, C.L. (1937) *The Backward Child,* New York: Appleton.

Burt, C.L. (1947) *Mental and Scholastic Tests* (second edition; first published 1921), London: Staples Press.

Burt, C.L. (1952) 'Cyril Burt', in E.G. Boring, H.S. Langfeld, H. Werner and R.M. Yerkes(eds) *History of Psychology in Autobiography,* Vol. IV, Worcester, MA: Clark University.

Burt, C.L. (1955) 'The evidence for the concept of intelligence', *British Journal of Educational Psychology,* 25: part 3; reprinted in S. Wiseman (ed.) (1973) *Intelligence and Ability,* Harmondsworth: Penguin.

Burt, C.L. (1959) 'The examination at eleven plus', *British Journal of Educational Studies,* 7(2): 99-117.

Burt, C.L. (1969) 'The mental differences between children', in C.B. Cox and A.E. Dyson (eds) *Black Paper Two,* London: Critical Quarterly Society.

Campbell, J. (2000) *Margaret Thatcher, Vol. One: The Grocer's Daughter,* London: Jonathan Cape.

Cattell, R.B. (1933) *Psychology and Social Progress: Mankind and Destiny from the Standpoint of a Scientist,* London: C.W. Daniel.

Cattell, R.B. (1974) 'Raymond B. Cattell', in G. Lindzey (ed.) *History of Psychology in Autobiography,* Vol. VI, Englewood Cliffs, NJ: Prentice Hall.

Checkland, S.G. (1964) *The Rise of Industrial Society in England,* 1815-1885, London: Longman.

Clarke, F. (1923) *Essays in the Politics of Education,* Oxford: Oxford University Press.

Clarke, F. (1940) *Education and Social Change: an English Interpretation,* London: Sheldon Press.

Combe, G. (1828) *The Constitution of Man Considered in Relation to External Objects* Edinburgh: Maclachlan and Steward.

Comenius, J.A. (1907) *The Great Didactic,* trans. M.W. Keatinge, London: Adam and Charles Black.

Cooter, R. (1984) *The Cultural Meaning of Popular Science: Phrenology and the Organization of Consent in Nineteenth–century Britain,* Cambridge: Cambridge University Press.

Copenhaver, B.P. and Schmitt, C.B. (1992) *Renaissance Philosophy,* Oxford: Oxford University Press.

Cowan, R.S. (1977) 'Nature and Nurture: the interplay of biology and politics in the work of Francis Galton', in W. Coleman and C. Limoges (eds) *Studies in History of Biology 1,* Baltimore, MD: Johns Hopkins University Press.

Cox, C.B. and Dyson, A.E. (eds) (1969) *Black Paper Two: The Crisis in Education,* London: Critical Quarterly Society.

Creelan, P.G. (1974) 'Watsonian behaviorism and the Calvinist conscience', *Journal of the History of the Behavioral Sciences,* X: 95–118.

Davidoff, L. and Hall, C. (1987) *Family Fortunes: Men and Women of the English Middle Class 1780–1850,* London: Hutchinson.

Department for Education and Employment/Qualifications and Curriculum Authority (DfEE/QCA) (1999) *The National Curriculum Handbook for Teachers in England* (two versions: primary and secondary), London: DfEE and QCA.

Department for Education and Skills (DfES) (2002) *Overview of the National Strategy for Gifted and Talented Education* (presented to its National Conference on Gifted and Talented Education 12–13 November 2002), London: DfES.

Department for Education and Skills (DfES) (2004) *Final Report of the Working Group on 14–19 Reform,* London: DfES.

Department of Education and Science (DES) (1989) *The Education Reform Act 1988; The School Curriculum and Assessment,* London: DES.

Dewey, J. (1916) *Democracy and Education,* New York: Macmillan.

Dewey, J. (1972) 'My pedagogic creed', in J. Dewey (ed.) *The Early Years of John Dewey 1882–1898, Vol. 5,* Carbondale, IL: Southern Illinois University Press, pp. 84–95. First published 1897.

Dewey, J. (1990) 'Mediocrity and individuality', in *The Middle Works of John Dewey 1899-1924, Vol. 13,* Carbondale, IL: Southern Illinois University Press.

Doddridge, P. (1763) *Lectures on Pneumatology, Ethics and Theology,* included in P. Doddridge (1803) *Works,* Vol. IV, published in Leeds.

Dore, R. (1997) *The Diploma Disease: Education, Qualification and Development,* London: Institute of Education University of London. First published 1976.

Downie, R.S., Loudfoot, E.M. and Telfer, E. (1974) *Education and Personal Relationships,* London: Methuen.

Dyhouse, C. (1981) *Girls Growing up in late Victorian and Edwardian England,* London: Routledge and Kegan Paul.

Eaglesham, E.J.R. (1967) *The Foundations of 20th Century Education in England,* London: Routledge and Kegan Paul.

Ellis, N.C. (2001) 'Alfred North Whitehead 1861-1947', in J. Palmer (ed.) *Fifty Major Thinkers on Education: From Confucius to Dewey,* London: Routledge.

Eyre, D. (2004) *Gifted Education: The English Model,* Warwick: National Academy for Gifted and Talented Youth.

Eysenck, H.J. (1975) 'Educational consequences of human inequality', in C.B. Cox and R. Boyson (eds) *Black Paper 1975,* London: J.M. Dent.

Eysenck, H.J. (1990) *Rebel with a Cause,* London: W. H. Allen.

Fancher, R.E. (1984) 'The examined life: competitive examinations in the thought of Francis Galton', *History of Psychology Bulletin,* 16: 13-20. Also at http://htpprints. yorku.ca/archive/00000130/.

Fancher, R.E. (2001) 'Eugenics and other Victorian "Secular Religions" ', in C.D. Green, M. Shore and T. Theo (eds) *The Transformation of Psychology,* Washington, DC: American Psychological Association.

Galindo-Rueda, F., Marcenaro-Gutierrez, O. and Vignoles, A. (2004) *The Widening Socioeconomic Gap in UK Higher Education,* London: National Institute Economic Review.

Gallie, W.B. (1960) *A New University: A.D. Lindsay and the Keele Experiment,* London: Chatto and Windus.

Galton, F. (1865) 'Hereditary talent and character', *Macmillan's Magazine,* 12: 157-

66; 318-27.

Galton, F. (1907) *Inquiries into Human Faculty and its Development,* London: J.M. Dent. First published 1883.

Galton, F. (1978) *Hereditary Genius,* reprint of 1892 edition, first published 1869, London: Friedmann.

Gardner, H. (1983) *Frames of Mind: The Theory of Multiple Intelligences,* London: Heinemann.

Gardner, H. (1999) *Intelligence Reframed: Multiple Intelligences for the 21st Century,* New York: Basic Books.

George, G.H. and George, K. (1961) *The Protestant Mind of the English Reformation,* Princeton, NJ: Princeton University Press.

Gibbon, C. (1878) *The Life of George Combe,* London: Macmillan.

Gibson, H.B. (1981) *Hans Eysenck,* London: Peter Owen.

Gillham, N.W. (2001) *A Life of Sir Francis Galton,* Oxford: Oxford University Press.

Goddard, H.H. (1912) *The Kallikak Family: A Study in the Heredity of Feeble-mindedness,* New York: Macmillan.

Goddard, H.H. (1920) *Human Efficiency and Levels of Intelligence,* Princeton, NJ: Princeton University Press.

Gould, S.J. (1981) *The Mismeasure of Man,* New York: Norton.

Grafton, A. and Jardine, L. (1986) *From Humanism to the Humanities: Education and the Liberal Arts in Fifteenth- and Sixteenth-century Europe,* London: Duckworth.

Greaves, R.L. (1969) *The Puritan Revolution and Educational Thought: Background for Reform,* New Brunswick, NJ: Rutgers University Press.

Gunn, S. and Bell, R. (2002) *Middle Classes: Their Rise and Sprawl,* London: Cassell.

Hamilton, D. (1990) *Curriculum History,* Geelong: Deakin University.

Hans, N. (1951) *New Trends in Education in the Eighteenth Century,* London: Routledge and Kegan Paul.

Hearnshaw, L.S. (1979) *Cyril Burt: Psychologist,* London: Hodder and Stoughton.

Hearnshaw, L.S. (1987) 'Burt, Sir Cyril Lodowic', in R.L. Gregory (ed.) *The Oxford Companion to the Mind,* Oxford: Oxford University Press.

Henking, S.E. (1992) 'Protestant religious experience and the rise of American sociology: evidence from the Bernard papers', *Journal of the History of the Behavioral Sciences,* 28: 325–39.

Herrnstein, R.J. (1971) *IQ in the Meritocracy,* Boston, MA: Atlantic Monthly Press.

Herrnstein, R.J. and Murray, C. (1994) *The Bell Curve,* New York: Free Press.

Hirst, P.H. (1965) 'Liberal education and the nature of knowledge', included in P.H. Hirst (1974) *Knowledge and the Curriculum,* London: Routledge and Kegan Paul.

Hirst, P.H. (1974) *Knowledge and the Curriculum,* London: Routledge and Kegan Paul.

Hirst, P.H. and Peters R.S (1970) *The Logic of Education,* London: Routledge and Kegan Paul.

Hofstadter, R. and Smith, W. (1961) *American Higher Education: A Documentary History* Vol. I, Chicago, IL: University of Chicago Press.

Hufton, O. (1995) *The Prospect Before Her: A History of Women in Western Europe, Vol.1: 1500–1800,* London: HarperCollins.

Jackson, William Fritz (1893) *James Jackson et ses Fils: notice sur leur vie. et sur les établissements qu'ils ont fondés ou dirigés en France,* Paris: Chamerot et Renouard.

Jensen, A.R. (1969) 'How much can we boost IQ and scholastic achievement?', *Harvard Educational Review,* 39(1): 1–123.

Jonçich, G.M., (1968) *The Sane Positivist: A Biography of Edward L. Thorndike,* Middletown, OH: Wesleyan University Press.

Jones, R.T. (1962) *Congregationalism in England 1662–1962,* London: Independent Press.

Kamin, L.J. (1977) *The Science and Politics of IQ,* Harmondsworth: Penguin.

Kleinig, J. (1982) *Philosophical Issues in Education,* London: Croom Helm.

Knox, H.M. (1953) *Two Hundred and Fifty Years of Scottish Education 1696–*

1946, Edinburgh: Oliver and Boyd.

Layard, R. (2005) *Happiness: Lessons from a New Science,* London: Penguin.

Lippman, W. (1922) 'The abuse of the tests', *The New Republic,* 15 November: 297-8.

Mack, P. (1998) 'Ramus, Petrus 1515-1572', in E. Craig (ed.) *Routledge Encyclopaedia of Philosophy,* Vol. 8, London: Routledge.

Maclure, J.S. (ed.) (1965) *Educational Documents: England and Wales 1816-1967,* London: Chapman and Hall.

McDougall, W. (1930) 'William McDougall', in C. Murchison (ed.) *History of Psychology in Autobiography,* Vol. I, Worcester, MA: Clark University.

McKibbin, R. (1998) *Classes and Cultures in England 1918-1951,* Oxford: Oxford University Press.

McKnight, D. (2003) *Schooling, the Puritan Imperative and the Molding of an American National Identity,* Mahwah, NJ: Lawrence Erlbaum.

McLachlan, H. (1931) *English Education under the Test Acts: Being the History of Nonconformist Academies 1660-1820,* Manchester: Manchester University Press.

Martin, J. (2002) *The Education of John Dewey,* New York: Columbia University Press.

Mensh, E. and Mensh, H. (1991) *The IQ Mythology, Carbondale,* IL: Southern Illinois University Press.

Mercer, M. (2001) 'Dissenting academies and the education of the laity, 1750-1850', *History of Education,* 30(1): 35-58.

Miele, F. (2002) *Intelligence, Race and Genetics,* Boulder, CO: Westview Press.

Miller, P. (1939) *The New England Mind: The Seventeenth Century,* New York: Macmillan.

Miller, P. (1953) *The New England Mind: From Colony to Province,* Cambridge, MA: Harvard University Press.

Minton, H.L.(1988) *Lewis M. Terman,* New York: New York University Press.

Montgomery, R.J. (1965) *Examinations,* London: Longmans.

Morgan, E.S. (1944) *The Puritan Family,* Boston, MA: Trustees of the Public

Library.

Morgan, J. (1986) *Godly Learning: Puritan Attitudes Towards Reason, Learning and Education, 1560-1640,* Cambridge: Cambridge University Press.

Mountford, Sir J. (1972) *Keele: An Historical Critique* London: Routledge and Kegan Paul.

Mulder, E. and Heyting, F. (1998) 'The Dutch curve: the introduction and reception of intelligence testing in the Netherlands, 1908-1940', *Journal of the History of the Behavioral Sciences,* 34(4): 349-66.

Norton, B. (1980) 'The meaning of intelligence', in J.V. Smit and D. Hamilton (eds) *The Meritocratic Intellect,* Aberdeen: Aberdeen University Press.

Oakeshott, M. (1971) 'Education, the engagement and the frustration', *Proceedings of the Philosophy of Education Society of Great Britain,* 5(1): 43-76.

O'Hear, A. (1991) *Father of Child-centredness: John Dewey and the Ideology of Modern Education,* London: Centre for Policy Studies.

Palmer, J. (ed.) (2001) *Fifty Major Thinkers on Education: From Confucius to Dewey,* London: Routledge.

Parker, I. (1914) *Dissenting Academies in England. Their Rise and Progress and their Place Among the Educational Systems of this Country,* Cambridge: Cambridge University Press.

Passmore, J. (1957) *A Hundred Years of Philosophy,* London: Duckworth.

Pastore, N. (1949) *The Nature-Nurture Controversy,* New York: King's Crown Press.

Pearson, E.S. (1938) *Karl Pearson: An Appreciation of Some Aspects of his Life and Work,* Cambridge: Cambridge University Press.

Pearson, K. (1914-30) *Life, Letters and Labours of Francis Galton,* 3 Vols, Cambridge: Cambridge University Press.

Peters, R.S. (1966) *Ethics and Education,* London: Allen and Unwin.

Piaget, J. (1952) 'Jean Piaget', in E.G. Boring, H.S. Langfeld, H. Werner and R.M. Yerkes(eds) *History of Psychology in Autobiography,* Vol. IV, Worcester, MA: Clark University.

Plato Republic, many editions.

Plummeridge, C. and Swanwick, K. (2004) 'Music', in J. White (ed.) *Rethinking the*

School Curriculum: Values, Aims and Purposes, London: RoutledgeFalmer.

Popper, K.R. (1963) *Conjectures and Refutations,* London: Routledge and Kegan Paul.

Ramus, P. (1969) *The Logike of the Moste Excellent Philosopher P. Ramus, Martyr,* trans. R. MacIlmaine (1574), ed. C.M. Dunn, Northridge, CA: San Fernando Valley State College.

Raz, J. (1986) *The Morality of Freedom,* Oxford: Clarendon Press.

Raz, J. (2003) *The Practice of Value,* Oxford: Clarendon Press.

Reid, T. (1785) *Essays on the Intellectual Powers of Man,* 1969 edition, Cambridge, MA: MIT Press.

Richards, G. (2002) *Putting Psychology in its Place,* New York: Routledge.

Richardson, K. (1998) *The Origins of Human Potential,* London: Routledge.

Richardson, K. (1999) *The Making of Intelligence,* London: Weidenfeld and Nicolson.

Roach, J. (1986) *A History of Secondary Education, 1800-1870,* London: Longman.

Rose, S., Kamin, L. and Lewontin, R.C. (1984) *Not in Our Genes: Biology, Ideology and Human Nature,* Harmondsworth: Penguin.

Ross, D. (1972) *G. Stanley Hall: The Psychologist as Prophet,* Chicago, IL: University of Chicago Press.

Routley, E.R. (1961) *The Story of Congregationalism,* London: Independent Press.

Rubinstein, W.D. (1998) 'Britain's élites in the interwar period, 1918-1939', in A. Kidd and D. Nicholls (eds) *The Making of the British Middle Class?,* Stroud: Sutton.

Rudolph, F. (1962) *The American College and University: A History,* 1990 edition, Athens, GA: University of Georgia Press.

Ryan, A. (1995) *John Dewey and the High Tide of American Liberalism,* New York: Norton.

Ryle, G. (1949) *The Concept of Mind,* London: Huchinson.

Schultz, D.P. and Schultz, S.E. (2000) *A History of Modern Psychology* (7th edition), Fort Worth, TX: Harcourt College Publishers.

Seacoe, M. (1975) *Terman and the Gifted,* Los Altos, CA: William Kaufman.

Simon, B. (1960) *Studies in the History of Education, 1780-1870,* London: Lawrence and Wishart.

Simon, B. (1974) *The Politics of Educational Reform 1920-1940,* London: Lawrence and Wishart.

Smith, J.W.A. (1955) *The Birth of Modern Education: The Contribution of the Dissenting Academies 1660-1800,* London: Independent Press.

Steers, J. (2004) 'Art and Design', in J. White (ed.) *Rethinking the School Curriculum: Values, Aims and Purposes,* London: RoutledgeFalmer.

Sternberg, R.J. (1996) *Successful Intelligence,* New York: Simon and Schuster.

Stowe, H. B. (1869 [1987]) *Oldtown Folks,* New Brunswick, NJ: Rutgers University Press.

Strong, J. (1909) *A History of Secondary Education in Scotland,* Oxford: Clarendon Press.

Tawney, R.H. (1926) *Religion and the Rise of Capitalism,* West Drayton: Penguin.

Taylor, C. (1989) *Sources of the Self: the Making of the Modern Identity,* Cambridge: Cambridge University Press.

Terman, L.M. (1916) *The Measurement of Intelligence,* Boston, MA: Houghton Mifflin.

Terman, L.M. (1919) *The Measurement of Intelligence* (English edition of Terman 1916), London: Harrap.

Terman, L.M. (1922) 'Were we born that way?', *World's Work,* 44.

Terman, L.M. (1923) 'Editor's Introduction', in V.E. Dickson, *Mental Tests and the Classroom Teacher* Yonkers, NY: World Book Company.

Terman, L.M. (1932) 'Autobiography', in C. Murchison (ed.) *History of Psychology in Autobiography,* Vol. II, Worcester, MA: Clark University.

Thompson, E.P. (1982) 'Time, work-discipline and industrial capitalism', in A. Giddens and D. Held (eds) *Classes Power and Conflict,* London: Macmillan.

Thomson, G.H. (1947) *The Trend of National Intelligence,* London: The Eugenics Society.

Thomson, G.H. (1969) *The Education of an Englishman,* Edinburgh: Moray House.

Thurstone, L.L. (1952) 'L.L.Thurstone', in E.G. Boring, H.S. Langfeld, H. Werner and R.M. Yerkes (eds) *History of Psychology in Autobiography,* Vol. IV,

Worcester, MA: Clark University.

Triche, S. and McKnight, D. (2004) 'The quest for method: the legacy of Peter Ramus', *History of Education,* 33(1): 39–54.

Vann, R.T. and Eversley, D. (1992) *Friends in Life and Death: the British and Irish Quakers in the Demographic Transition, 1650–1900,* Cambridge: Cambridge University Press.

Vernon, P.E., (1978) 'The Making of an Applied Psychologist', in T.S. Krawiec (ed.) *The Psychologists,* Vol. 3, Brandon, VT: Clinical Psychology Publishing.

Walvin, J. (1997) *The Quakers,* London: John Murray.

Walzer, M. (1966) *The Revolution of the Saints,* London: Weidenfeld and Nicolson.

Watts, I. (1996) *Logic: or the Right Use of Reason in the Inquiry after Truth,* Morgan, PA: Soli Deo Gloria (first published 1724).

Watts, M.R. (1978) *The Dissenters: Vol I: From the Reformation to the French Revolution,* Oxford: Clarendon Press.

Webb, J. (2004) 'Secret GOP weapon: the Scots-Irish vote', *Wall Street Journal,* October 19, available at www.opinionjournal.com/extra/?id=110005798.

Weber, M. (1930) *The Protestant Ethic and the Spirit of Capitalism,* London: Allen and Unwin.

White, J. (1969) 'Intelligence – the new Puritanism', *Times Educational Supplement,* 24 October: 4.

White, J. (1970) Correspondence with Cyril Burt 1969–70 (unpublished).

White, J. (1974) 'Intelligence and the logic of the nature-nurture issue', *Proceedings of the Philosophy of Education Society of Great Britain,* 8(1): 30–51.

White, J. (1975) 'The end of the compulsory curriculum: a historical investigation', in *The Curriculum: The Doris Lee Lectures,* London: Institute of Education, University of London.

White, J. (1997) *Education and the End of Work: A New Philosophy of Work and Learning,* London: Cassell.

White, J. (1998) *Do Howard Gardner's Multiple Intelligences Add Up?,* London: Institute of Education, University of London.

White, J. (2002a) *The Child's Mind,* London: RoutledgeFalmer.

White, J. (2002b) 'Education, the market and the nature of personal well–being', *British Journal of Educational Studies,* 50(4): 442–56.

White, J. (ed.) (2004) *Rethinking the School Curriculum: Values, Aims and Purposes,* London: RoutledgeFalmer.

White, J. (2005) 'Reassessing 1960s philosophy of the curriculum', *London Review of Education,* 3(2) 131–44.

White, J. (2006) 'Multiple invalidities?', in J.A. Schaler (ed.) *Gardner Under Fire: A Rebel Psychologist Faces His Critics, Chicago,* IL: Open Court Publishing Company.

Williams, R. (1961) *The Long Revolution,* London: Chatto and Windus.

Woodworth, R.S. (1932) 'R.S.Woodworth', in C. Murchison (ed.) *History of Psychology in Autobiography,* Vol. II, Worcester, MA: Clark University.

Yerkes, R.M, (1932) 'R.M. Yerkes', in C. Murchison (ed.) *History of Psychology in Autobiography,* Vol. II, Worcester, MA: Clark University.

Young, M. (1958) *The Rise of the Meritocracy 1870–2033,* London: Thames and Hudson.

Zenderland, L. (1998) *Measuring Minds: Henry Herbert Goddard and the Origins of American Intelligence Testing,* Cambridge: Cambridge University Press.

찾아보기

【내용】

【인명】